为什么家庭会生病

陈发展 —— 著

机械工业出版社
CHINA MACHINE PRESS

图书在版编目（CIP）数据

为什么家庭会生病 / 陈发展著. -- 北京：机械工业出版社，2021.8（2025.5 重印）
ISBN 978-7-111-68757-3

Ⅰ. ①为… Ⅱ. ①陈… Ⅲ. ①家庭关系 - 通俗读物 Ⅳ. ① C913.11-49

中国版本图书馆 CIP 数据核字（2021）第 147292 号

为什么家庭会生病

出版发行：机械工业出版社（北京市西城区百万庄大街 22 号　邮政编码：100037）
责任编辑：刘利英
责任校对：殷　虹
印　　刷：北京铭成印刷有限公司
版　　次：2025 年 5 月第 1 版第 10 次印刷
开　　本：147mm×210mm　1/32
印　　张：9.75
书　　号：ISBN 978-7-111-68757-3
定　　价：69.00 元

客服电话：(010) 88361066　68326294

版权所有·侵权必究
封底无防伪标均为盗版

家庭就像生命

喜欢发展博士的这本新书。

谈及"家"的话题,每个人都有话可说,因为每个人都是从家庭里走出来的,都能感同身受。然而,谈及"家的心理意义",不一定每个人都能说清楚,因为家庭是一个复杂的关系系统,像一个万花筒,既有血缘和情感纽带的联结,又千变万化、互为因果、相互作用。

家庭是一个自然的社会系统。它拥有自己的财产,发展自己的一套规则,成员各有角色分工,组织结构有力,交流方式复杂,形成了保证各种任务有效完成的协商和解决问题的方式。个体与个体之间的关系,以及家庭以外的大系统,制约着个人的行为及内在的心理过程,所有的问题或症状都可能是家庭面对挑战或挫折时的一种应对方式，将个体放入背景和系统中去理解（see people in context），把家庭当作一个系统去工作，改变家庭的动力和关系，从而达到帮助来访者及家庭的目的。这便是我们系统治疗师所秉持的基本治疗观，本书的第一部分就是围绕对这些核心理念的思考而展开的。

家庭是一个复杂的关系系统。 家庭成员之间的关系是深刻而多级的，这种关系建立在共同分享的历史、业已形成并内化的观念、关于世界的假设，以及共同的目标上，家庭中的个体与成员间被强有力的、互惠的情感依恋和忠诚联结在一起。家庭中生理、心理、经济、教育、娱乐、政治、宗教等七大功能的多面性，满足了人和社会的多种需要，家庭功能的有效发挥对个体、家庭、社区、社会的良性发展具有重要影响。在社会变迁的进程中，家庭动力、家庭功能、家庭结构等产生的紊乱，家族使命与家庭创伤的代际传承，影响着很多人。本书的第二部分就是关于我们在心理治疗室里看到或听到的来自各种家庭的故事。

家庭是一个有机的心理社会系统。 家庭作为有组织的整体而运作，整体大于部分之和；在多维、因果循环的复杂关系中，家庭中的规则有助于稳定和调节家庭功能；子系统有效运作、执行特定的家庭功能（如夫妻子系统）；边界用于分清系统内的各个子系统，其清晰性和渗透性对家庭功能具有重要的意义；家庭的开放程度决定系统的活力和发展，家庭还与更大的外部系统相互作用（学校、医疗、法律、宗教等）；与此同时，家庭的发展还与社会同步，每个家庭系统根植于社会特定的历史和空间中，因多种交互影响的现象而塑造成型，既有自己的特点，又具时代的特征。本书的第三部分，就重点向读者展示了新家庭的健康指南。

本书的主要内容来自发展博士在个人微信公众号"心理科陈博士"上发布的200多篇原创文章，是发展博士从一个家庭治疗师的专业视角，根据临床诊疗工作中接触的每一个真实案例，运用心理学尤其是家庭治疗的理论和方法，悉心陪伴和协助来访者或家庭穿越代际、跨过阻碍、挣脱牵绊、持续发展的心路历程，深入浅出、内涵丰富，文笔细腻、可读性强，相信会受到专业人士以及普通读者的喜爱。

我的导师李维榕博士曾经在一篇文章里写道："人是活在关系中的动物，在关系中我们不知不觉地跳起了一个不断重复的舞蹈，跳得不顺利时，总以为是别人踩了你的脚，却不知道自己也掐着对方的脖子。"但愿发展中的个体和家庭，在遇到困难、遭遇挫折、出现症状、发生障碍的时候，都能从关系的角度看到自己和他人。

每个人在从出生到衰老死亡的过程中，都会经历不同的时期，需要接受每个阶段的挑战，然后过渡到下一个阶段；家庭的发展也一样，需要从一个阶段走向另外一个阶段。当今社会，关系的纽带不是人与人的关系，而是家与家的关系，人的社会价值转化成了家庭价值，人的生命意义体现在家庭上。

一个家庭就像一个生命，家庭怎样改变，生命就会怎样改变。

孟馥

中国心理卫生协会心理治疗与心理咨询专业委员会副主任委员

家庭治疗学组主任委员

2021年3月

没有信念的陪伴，是没有意义的

大学毕业后，我在一家规模较小的精神病院工作，门诊病人非常少，医生不需要按常规坐班。有一天，轮到我值班，门诊有一个新病人需要我出诊。一对外地来苏州打工的年轻夫妻带着八九岁的女儿来看病，主诉是"孩子不愿意上学"。我按照精神科的常规流程做了检查，没有发现病理性的情绪和行为问题。我告诉那对夫妻，你们的女儿没有什么问题。"一个小孩不愿意去上学，那肯定是有问题啊，我们该怎么办呢？"那对夫妻显得非常着急和无奈。当时，我一下子被问住了，对呀，困扰这个家庭的问题怎么解决呢？我有些心虚："我也不知道怎么帮助你们，这不属于精神科的就诊范围。"我一直记得那对年轻夫妻焦急无助的眼神，还有我内心的不安。

这份不安促使我开始关注疾病之外的部分。

苏是一位绣娘,她的老伴在 60 岁时突发脑出血,虽然被抢救过来了,但是永久地失去了意识,成了植物人。她几乎每天都会去医院陪老伴,给他翻身、拍背、洗澡、料理大小便等。忙完之后,她就会拿出顶针和一小块绸布,打开收音机,坐在老伴的病床边开始绣花。苏的到来,给精神病院的老年病房增添了许多生机。但是,她似乎不太受医生、护士的欢迎,原因是她比较挑剔,今天这块床单有点硬,老伴睡了会不舒服,要求换一块;明天那个菜有些不合口,希望医院能重视特殊人群的健康需求。她总是有很多建议和反馈。医生和护士看到她,都尽量保持距离,生怕一不小心被她"告状"。

我到老年病房时,苏的老伴已经在那里住了十多年。同事们说起过她家的故事,建议我查房时要小心这个老太太。但是,这个与众不同的绣娘总有一股吸引我的力量。一个戴着老花镜的银发老妇人,头发油亮油亮的,挽成发髻挂在脑后,丝线随着右手上下翻腾,穿过洁白的绸缎,她哼着苏式小调,收音机里不时传来昆曲,陪着她的是没有意识的老伴。我觉得这个画面很美!

我经常到病房听她讲她和老伴的故事。苏不愿意相信老伴失去了意识,她觉得他只是睡着了,他还有喜怒哀乐,能感受到周围的一切,她甚至认为老伴还会醒过来。我尝试理解和共情她:"你们的故事真感人!你是一个好妻子。"她笑了笑,慈祥地看着我:"你将来会是一个好医生。"

我还是按捺不住自己的好奇和倔强,总想搞清楚苏是否真的不知道老伴不可能恢复意识了。我想告诉她接受现实,不要那么执着和难过了。那天,苏有点严肃:"陈医生,我是相信他能醒过来的。没有信念的陪伴,是没有意义的!"她不允许任何人以任何方式来质疑和修正她对老伴的态度。一年后,苏的老伴在肺部感染后生命体征不稳,她和家人签署了拒绝有创抢救的同意书。苏握着老伴的手,唱着昆曲,看着心电监护仪的数字逐渐下降。那些曲子是苏年轻时丈夫经常唱给她听的,丈夫用昆曲陪伴着夜间刺绣的妻子。

苏给我上了一堂非常生动的医学人文课,任何人的存在都不仅仅是个体的表达,疾病之外的意义有时候比疾病本身更重要。与"信念"(理解)、"陪伴"(互动)和"意义"(功能)相关的临床实践丰富了我的精神科知识体系,让我明白了人与人之间的互动和过往的经历会使症状具有超越疾病本身的功能和意义,这些意义比治疗疾病本身更具有价值。苏让已经是植物人的丈夫在这个充满美好情感的世界中离开,这远比把他看成一个无法醒来的、冰冷的人要高级许多。这种高级让我在日后的工作中,更多地看见了疾病治疗过程中的陪伴者,更愿意了解患者背后的家庭故事,这也让我的工作不那么枯燥乏味了。后来,直到我到上海师从赵旭东教授研习家庭治疗,才知道这叫系统式思维。

经过多年的专业训练,系统式思维让我具备了与传统线性思维不同的理解以及干预疾病的经验和视角。系统式思维的核心是"互动",在交互影响的人际系统中理解每个人,建构不同的意义,其中最重要的人际系统是家庭。在治疗每个患者的过程中,我都会详细了解他们的家庭故事,从家庭系统的角度来理解和干预。我将这些感悟、体验和理解整理成书,分享给诸多需要了解和理解自己,尤其是需要从家庭心理意义层面了解和理解自己的读者。

本书的第一部分主要从家庭心理理论中的基本概念出发,结合临床个案阐述家庭如何塑造和影响我们的心理状态。第二部分着重分享带着心理困扰前来寻求帮助的来访者的家庭问题，以及他们的改变历程，帮助你更进一步地理解家庭如何通过问题影响人、这些问题又是如何影响家庭建构的，从而达成对健康家庭的理解。第三部分介绍新组建家庭的常见议题、困难和冲突，着重介绍一些具体的、可操作的建议和方法，让每个人从新家庭伊始，学会健康地进行家庭互动。

本书所述仅仅是我个人的一些经验和看法，难免有疏漏和不当之处，请各位同行和读者批评指正。在这里，我要特别感谢我的家人、我的老师、我的患者和来访者，是你们的陪伴让我的生活更有意义。

声明

本书中涉及的所有案例均源于笔者的个人咨询,为了保护来访者的隐私,这些案例都经过了笔者的虚构、杂糅、夸张等加工处理,以确保没有透露任何来访者的身份信息和具体事件。请勿对号入座。

本书是心理自助类读物,不能代替专业的心理治疗和药物治疗。

推荐序

前言

声明

第一部分　家的心理意义

第 1 章　家庭如何塑造人　/2

第 2 章　家庭也会生病　/19

第 3 章　家庭中的越界行为　/43

第 4 章　家庭关系中的困境　/57

第 5 章　家庭中更高级的改变　/70

第 6 章　家庭中的代际传承　/81

第 7 章　步入全新生命周期的青少年家庭　/98

第 8 章　家庭中的父性　/106

第二部分 心理诊室中的家庭问题

第 9 章 守护家庭的卫士——孩子 /116

第 10 章 如何让家庭发生更大的改变 /123

第 11 章 父母有时并不那么爱你 /129

第 12 章 完美无缺的家庭恰恰可能是有问题的 /134

第 13 章 我们并非刻意获得生病的好处 /140

第 14 章 父亲缺席的母子盛宴 /147

第 15 章 什么时候家里就不需要笨小孩了 /152

第 16 章 我不再需要精神病了 /157

第 17 章 那些不辞而别的来访者，或许有更重要的事情等着他们去完成 /163

第 18 章 "有毒"的父母，"中毒"的孩子 /169

第 19 章 为什么有些孩子不肯上学 /177

第 20 章 如何把孩子从游戏中"夺回来" /185

第 21 章 心理诊室中的爱情故事 /190

第 22 章 孩子也许并不想活成你们想要的样子 /196

第 23 章 放弃完美父母的幻想吧 /202

第 24 章 父母为何要"引诱"孩子犯错 /207

第 25 章 这不是你的错 /219

第 26 章 家庭问题的解药 /224

第 27 章 什么样的家庭可能养出有问题的孩子 /237

第三部分　新家庭健康指南

第 28 章　从我到我们：新家庭的组建　/252

第 29 章　如何让婚姻渐入佳境　/258

第 30 章　如何做好新手父母　/270

第 31 章　如何培养孩子的健康人格　/278

第 32 章　如何健康地说分离　/282

第 33 章　新家庭面临的挑战　/287

参考文献　/295

基金项目　/297

第一部分

家的心理意义

头上有屋瓦，地上养着猪（豕），这便是家。在中国的传统文化中，没有住所就无法定居，便不能称之为家。对于家庭而言，猪是财富的象征，是家庭富足的体现，用今天的话来说，就是小康生活。由此来看，中国人自古就重视家庭的物质基础，有房住，有肉吃，便是理想的家庭生活了。随着社会经济文化的发展，现代家庭的物质生活得到了满足，家的心理意义日益受到重视，人们对家的心理需求的表达被逐渐外化。因为人们越来越发现，有房住，有肉吃，有时候却并不幸福。本部分将结合临床案例，着重介绍家是如何塑造具有心理功能的个体的。

第1章

家庭如何塑造人

家庭是社会运行的基本单位,是人类在婚姻关系、血缘关系或收养关系基础上建立的一种制度和群体形式。传统意义上的家庭成员主要包括父母和子女,随着社会的发展,多元文化共存,家庭构成也呈现多元化趋势。家庭构成多元化的显性变化其实较少,更多的家庭成长是社会发展背景下的家庭内涵的拓展,以及拓展过程中的代际冲突,这会形成新思想,也会产生新矛盾。社会发展越快,代际传承过程中的跨度就越大,代际传承断裂的机会就越多,家庭问题往往与社会发展相伴而生。现如今,儿童、青少年游戏成瘾、厌学、抑郁、自杀等情绪行为问题的日益增加,都在提示家庭在社会快速发展过程中的适应不良、代偿能力不足。

博宇是一位13岁的青春期少年,正在读初一,成绩优异。可是，他突然就不愿意再去学校了，原因是一到学校就会感到不安、紧张、注意力很难集中，并伴有心慌胸闷。母亲带儿子在医院做了全面检查，未发现器质性疾病，在内科医生建议下转诊至心理科就诊。博宇3岁时随母亲到上海生活，父亲则在老家做生意。这个家庭有一个众人皆知的"秘密"：父亲在老家还有一个"老婆"和儿子，小儿子比博宇小3岁。博宇的父亲大部分时间在老家生活，只是偶尔来上海，这样的生活持续已经10年。父亲和母亲达成协议，为了博宇的健康成长，他们不离婚，也不将此事告诉儿子。其实，博宇早已经知道自己还有一个同父异母的弟弟。他不仅要维护父亲辛苦养家不容易的形象，还要照顾一个婚姻受挫的母亲的心情，这个装作不知情的孩子比家里任何一个人都要辛苦。博宇的不良情绪、厌学行为和躯体症状，显然是面对家庭压力的一种反应，他不想再用这种方式来维护家庭不真实的和谐了。这个家庭的问题看起来是孩子不愿意上学，其实是家庭病了，如果父母不去面对和解决他们之间的问题，博宇的异常表现就会长期存在，从而被塑造成一个"心理有问题"的少年。

正常的家庭过程

什么样的家庭是正常的呢？早期的观点认为，没有问题或症状的家庭就是正常的。这种观点建立在传统的病理学缺陷取向基础之上，强调家庭过程中的病理成分，忽略了家庭互动过程中的正性资源。其实，"没有问题"到"幸福"之间还有很长一段路要走。

另一种观点则认为"常态家庭",即在相同社会文化背景之下大多数家庭的运行模式,是正常的。其实,常见的家庭模式未必是健康的,如在特定时期的重男轻女、家庭暴力,对家庭和个人都是具有破坏力的。不常见的家庭模式也未必是不健康的,比如离婚家庭,成年人能够勇敢地选择自己的爱情和婚姻,有时候反而更有利于家庭成员的成长。

还有学者提出了"健康家庭"的理念,以家庭最优功能的理想特质来定义正常家庭。人们一般会遵循主流社会价值,认为某些特定的运行模式对婚姻和子女教育是最理想、最正确或最重要的。社会学家和精神病学家在过去几十年都支持这个理论模型,把偏离标准的家庭定义为病理化家庭,这样会对那些非主流的家庭造成歧视,比如离异或丧偶家庭等。

上述三种所谓的正常家庭模型均基于传统的线性因果假设,即家庭发展过程中存在的某种现象或问题必然由对应的原因导致,常致力于找出家庭中的致病因子和罪魁祸首。著名的例子是"致精神分裂症的母亲"和"致自闭症的冰箱母亲"理论,认为孩子的精神分裂症和自闭症是由高控制且高情感表达或极度冷漠的母亲所导致的。这些理论忽略了家庭系统的整体性和动态平衡性,轻易地将某个问题产生的原因归咎于某个成员,这显然是不合理的。

中国有句俗语"家家有本难念的经",家庭问题其实并不是很容易找出对错的。在临床观察中我也发现,有问题的家庭背后有令人惊讶的相似之处:批评、指责、冷酷、紧张和控制是这些家庭的基调,但是这些让人不舒适的表达在家庭成员间是互为因果、相互塑造的。

因此，基于家庭系统理论的观点摈弃了"正常"和"异常"的概念，强调家庭中有利于维护家庭功能的整合和维持模式。也就是说，家庭是否健康要看家庭成员之间是如何交流和沟通的，能否达成家庭目标，完成家庭任务。

对于某些特定家庭，非常态运行模式反而可以维护家庭的良好功能。比如面临情感破裂的夫妻，分居或离异可能在当下更有利于家庭问题的解决和家庭成员的心身健康发展。家庭治疗大师萨尔瓦多·米纽庆（Salvador Minuchin）认为："家庭成员的构成远远没有家庭中的互动模式重要。"因此，家庭是否健康关键看家庭成员是如何对待彼此的，互动良好的家庭才是正常的家庭。

家庭的适应性

互动良好的家庭最重要的特征是适应性。适应性良好的家庭具有足够多的可供选择的互动模式，必要时可以调动这些模式的弹性。适应性良好的家庭的边界清晰且具有弹性，既可以制定规则和进行适当的惩罚，也可以在面临困难时发挥保护功能，随着家庭发展做出适应性调整。与适应性良好的家庭相对应的是僵化的家庭，这样的家庭很难应对环境的变化，在家庭发展的节点常常丧失功能。比如，青少年即将成年和离家之际，在这个关键点，他们常常会出现厌学、沉迷网络、人际敏感、抑郁、焦虑等问题，还有一些成绩优异的乖孩子考入大学后出现非适应性症状等，这些问题背后往往是家庭发展过程中的适应性问题。

雪华已经35岁了，还是单身。最近几年被父母催着相亲数十次，但是一个看中的都没有。1年前，她抑郁了。自从雪华被诊断为抑郁症以来，父母就再也不逼着她相亲了。雪华说，她不想结婚，不知道婚姻的意义和目的是什么，是要再制造一对和父母一样的夫妻以及一个和自己一样的孩子吗？雪华的父母不善言辞，要么不交流，要么就是吵架，家里的氛围始终都很压抑。父母对雪华异常严格，大学毕业之前不允许谈恋爱，不允许交朋友，更不允许夜不归宿。雪华长得很漂亮，高中时常被男生追求。其中有一个男生，雪华也是有些喜欢的，便答应一起去肯德基喝可乐。结果，正好被父亲撞见，在餐厅里，父亲打了女儿，并大骂了她一顿，一周后给她办理了转学手续。雪华回忆那段经历时感到特别委屈和难过，她想不到大庭广众之下侮辱她的人竟然是自己的父亲。此后的雪华只顾学习，几乎不与家人交流，也很少有朋友。工作后踏踏实实，但是职位一直没有晋升。没有朋友，没有成就，没有爱情，没有未来，这成了雪华近10年的写照，她最终抑郁了。

雪华的家庭在女儿进入青春期后，还没有做好变化的准备。家庭面对女儿的成长如临大敌，非常焦虑，只是一味按照父母单方面的意愿来执行家庭功能。由此，女儿始终保持一个孩子的心智化状态，很难适应社会发展和自我成长的需求。家庭规则30年都没有变化，最终雪华通过抑郁症才迫使父母做出了妥协。

夫妻系统

两个人从相识、相知、相爱，到步入婚姻殿堂，从我变成了我们，一个新的家庭诞生，夫妻系统得以建立。新婚夫妻面临的重要任务是如何相互适应。我国传统文化中的男主外、女主内就是一种在特定文化中形成的夫妻互补功能。一个来自男主外家庭中的女孩很难爱上一个男主内家庭中的男孩。人的心理活动源于原生家庭，夫妻适应是原生家庭模式适应性的延伸。

新婚夫妻往往会陷入"牙膏是从前挤还是从后挤"的争论中，"牙膏理论"体现的就是原生家庭互动模式的不适应性。一项很有意思的小调查显示，英国夫妻吵架的最常见原因是男士小便时不翻马桶盖，其次是某一方不随手关灯。矛盾的重点不在于是否翻马桶盖和关灯，而在于家庭中加入新的模式后原先的模式能否做出适应性调整。

夫妻系统的另一个重要功能是组建应对外来压力的避难所。丈夫失业了，极具挫败感地回到家中，妻子得知后倍感压力，良好的夫妻互动需要妻子给予丈夫安慰、理解和支持，共同渡过难关，甚至在一段时间内妻子为家庭提供更多的经济支持，反之亦然。

一对结婚不久的夫妻前来就诊，原因是创业的妻子觉得丈夫对她的项目经常挑剔，总给她的项目泼冷水，而丈夫则认为妻子固执，从不采纳他的建议，二人觉得日子没法过了。我进一步对夫妻系统之外的影响因素进行探索后发现，妻子的父亲在一年前得了重病，需要近百万的器官移植费用，作为独生女儿义不容辞地承担起照顾家人的重任，拼命工作赚钱，对于丈夫其实是怀有愧疚的，觉得丈夫娶了个"累赘"。而丈夫则认为家庭有困难应共同面对，而妻子总是一个人承担，自己好像是个外人。

在这个家庭中，妻子的固执是一种应对压力的策略，而丈夫的挑剔其实是渴望被重视和关注。结婚不久的夫妻常常习惯在原有模式中解读彼此，面临压力时更善于使用熟悉的应对方式，此时矛盾和冲突就会出现。新家庭冲突的出现也是优化夫妻系统的契机，跳出原先的定式去看看对方行为背后的真实动机和感受，或许是创造温暖港湾的重要一步。

家庭成员往往具有多种角色，一个男人可能是父亲、爷爷、儿子、丈夫、兄长，一个女人可能是女儿、母亲、妻子、奶奶、姐姐，不同关系中的角色功能是完全不同的。上述案例中的妻子在某种程度上是因为尚未协调好女儿和妻子的角色过渡，二者产生了冲突。清晰的边界是保证关系中特定角色功能的关键。丈夫在父母面前言听计从、压抑谨慎，如果将这些压抑和不快发泄给妻子，或者借妻子不尊敬老人而大发雷霆，我们就可以说丈夫的界限不清，夫妻系统没有得到很好的维护。

在家庭中，所有关系的核心是夫妻关系，夫妻系统的边界清晰、角色功能发挥良好，这个家庭才会健康良好地运行下去。

父母系统

父母系统与夫妻系统有着很大的不同，随着家庭生命周期的延伸，孩子降生，夫妻拓展为父母，二人世界变成了多人世界，并且还可能有其他系统的介入（爷爷奶奶、外公外婆等），因此家庭系统的运行更为复杂。

父母的首要功能是养育，养育过程中与孩子的日常互动是孩子依恋关系建立的根本，互动中的心理和身体的接触是依恋关系建立的基本前提。父母不能和孩子充分接触可以说是当今社会最需要思考的问题。

  20世纪90年代开始的打工潮导致数以千万的孩子成为留守儿童，他们从小与父母分离，丧失了与父母充分接触的机会。还记得贵州毕节三兄妹的自杀惨案吗？父亲长年在外地工作，母亲离家出走，被养育者忽略和抛弃的恐惧笼罩着幼小的心灵，他们最终选择了一种最极端的愤怒表达方式——毁灭自己。

  在城市中，社会生活节奏太快，年轻父母无暇顾及幼子。很多父母选择将孩子交给老人抚养，虽然养育替代者会补偿部分分离和丧失后的创伤，但是亲子依恋关系的剥夺对儿童的大脑发育、精神心理行为都会产生破坏性的影响。

  美国和挪威的科学家曾通过观察早期断奶的小猪来研究母婴关系的重要性。母猪通常在14～16周开始给小猪断奶，研究人员在2～3周内提前将小猪与妈妈分开，改用人工喂养。结果发现，早期断奶、与妈妈分开的小猪，长大后会表现出更多的攻击性，缺乏探索精神，认知和记忆功能显著受损。在临床治疗中我也发现，精神障碍患者幼年与母亲分离、遭受创伤的比例远远高于普通人群。

  与其他系统一样，父母系统也需要清晰的边界。家庭中存在一定的权力等级，父母处于权力等级的上端，子女处于下端，这是孩子学会将来如何与权威打交道的实验场。孩子幼年时，父母发挥指导、保护、制定规则等功能，随着孩子逐渐成长，获得足够的生理和心理能力，可以自我发展、独立发挥功能后，父母的功能也从养育、权威指导转向塑造孩子的自主性。

  部分家长或专家学者强调给予孩子充分的自主和平等，提倡和孩子做朋友，这种观点具有一定的现实意义，但是需要根据儿童不同阶段的心理和生理发展特点来确定，不能一概而论。一个生理和心理都未成熟的孩子，是无法与成年人平等，也是无法自主的。孩子需要父母成为他们的安全基地和避风港，与父母发展稳定的依恋关系，但他们有时并不希望父母是朋友。

过早承担父母功能的孩子很容易出现人格和心理活动的失衡。很多时候，孩子太乖或太懂事就是在承担不属于自己的任务，如母亲长期处于忧伤中、父母关系不和、家庭贫困等情况下，孩子很容易出现"亲职化"，即未成年的孩子承担了家庭中本该父母承担的任务。如果父母的心理发展水平较低，无法处理自身或关系中的冲突时，家庭中的压力通常就会转嫁至权力等级较低的孩子身上。这种关系下的孩子通常压抑、自卑、退缩，成长过程中应对困难和挫折的适应性能力也会下降。

家庭冲突

家庭中很难避免冲突，冲突是家庭运行模式的一种表达和优化。但是在家庭中，冲突很容易越过边界而干扰其他系统。与丈夫吵架后的妻子正满怀委屈或愤怒时，儿子回家了。因为母亲心情不好，儿子做事可能就得小心翼翼或故意讨好母亲，夫妻之间的冲突此时已经影响到了母子关系。而更常见的情况是，母亲反复痛诉父亲的种种不是，有意或无意地拉拢孩子，和自己站在批判父亲的战线上。家庭中两个人的冲突变成了三个人的冲突，这就是"家庭关系三角化"。

如果你家正有厌学、逃学、游戏成瘾的孩子，或者你总是觉得自己的孩子不争气，对他充满失望，或者你总是期望孩子能够出类拔萃，不惜一切代价培养他，那么此时，你需要静下心来看看你们的夫妻关系，是不是无意中将夫妻关系的冲突转移到孩子身上了。

当妻子无法在丈夫那里获得足够的爱和支持时，她只能紧紧抓住孩子，把期望寄托在下一代身上。这种紧密的母子关系不是真正的爱和支持，是母亲失望、焦虑、忧伤的补偿，是对丈夫无法胜任的愤怒，是夫妻关系失衡的代偿。

在这样的家庭里长大的孩子建立亲密关系的难度会增加，容易出现性心理或性功能问题。通过三角化来解决冲突的家庭，孩子长大后也更容易出现人格障碍、情绪障碍、躯体症状障碍等，实际上是以疾病的方式将关系冲突表达或转移了。

家庭冲突应该由产生冲突的双方解决，尽量控制在产生冲突的子系统内。"清官难断家务事"，冲突常常被拉入多个子系统，很难解决，尤其是跨代、跨系统的卷入模式，对家庭的打击常常是致命的。不管你是与配偶有冲突，还是与父母有矛盾，或者是对子女不满，都要记住：你们的冲突、矛盾和不满需要你们自己来解决。吵架的夫妻应该蹲下来心平气和地对孩子说："我和爸爸吵架是因为我们对某件事情的观点不一致，不是你的错，我们对你的爱始终都是一样的。"所有的战斗都有伤亡，与家人战斗伤的是家人；我们需要的不是和自己或家人战斗，而是要学会如何关怀自己和家人。

家庭的核心是夫妻，要想拥有幸福的生活，妻子就得好好地爱丈夫，丈夫就得用心地呵护妻子。在有爱的家庭中，家庭成员才会运用自组织系统雕刻属于自己的独特人生。

杨明大学毕业已经一年了,他在学校附近租了房子,不愿回老家,也不愿找工作,告诉父母自己需要调整一年。在这一年里,杨明四处旅游,花钱如流水,昼夜颠倒,唯一能坚持做的就是玩网络游戏。更让父母担心的是,杨明说活着没有意义,想离开这个世界。杨明离开父母已经4年多,但是依然用特殊的方式保持与父母的紧密联结:不工作、不长大、不想活,这些对父母来说都是致命性的担忧。

　　杨明出生后由爷爷奶奶抚养至3岁,然后回到父母身边。一家三代同堂,爷爷奶奶和父母在孩子的教育上产生了巨大的分歧。父母上班后,奶奶便在小杨明面前哭诉儿媳妇的种种不是。晚餐时,杨明常常不知道自己要吃什么,因为母亲让他多吃青菜,奶奶让他多吃肉,索性他就什么都不吃了。杨明成了家庭的焦点,他可以左右家庭关系,只要他不高兴或哭闹,奶奶和母亲立即就笑逐颜开,不再争吵。这导致了他骄纵任性的个性:只要我不开心,你们就得满足我。但是这种满足背后,是孩子对家庭完整性的忠诚,是对家庭不和谐的恐惧,用伤心难过来缓解长辈之间的冲突。如果一个家庭把情绪焦点放在孩子身上,那么孩子就很难真正地长大,很难适应社会和家庭之外的人际关系。

　　杨明出生后,基本切断了与父母的亲密联系,父母的养育功能由爷爷奶奶代替执行。3岁后,父母的加入让杨明与爷爷奶奶关系的纯度发生了变化,尤其是冲突性的控制关系,让小杨明不知所措,紧张而恐惧。他用自己创造的方法来缓解家庭的冲突,这个家庭的情绪性任务基本由小杨明来承担。一个常常紧张并时刻关注家庭冲突的孩子,是没有精力来发展自己的。他不想回家,是不想再做那个操心的小孩。他不想上班,是他对家里人的不放心，不敢长大。最终，他只能选择把生活过得没有意义，这样就保持了对家庭的忠诚，谁都不欠谁的。

家的心理意义

腾飞是一所重点大学大二的学生，学习成绩不错，性格温和，人际关系良好，连续两年获得特等奖学金。父亲开了一家公司，母亲是医生，家庭条件优越。然而，腾飞的另一面却鲜有人了解。他很自卑，认为自己无能，害怕别人不喜欢自己，所以处处谦逊有礼，为人和善。但是回到家，腾飞就变成了一个小魔王，认为自己的自卑是父母导致的，情绪不好时会动手打他们，严重的时候会拿刀架在母亲的脖子上。

是什么让这样一个优秀的孩子在家里和家外判若两人呢？家庭对个体而言其心理意义是什么？腾飞为什么那么恨父母呢？

1. 归属感

归属感是人类生存的心理基础，当我们在一个群体中没有感受到接纳、包容和理解时，就会焦虑、胆怯和不安，甚至回避。我们会采用熟悉的方式与这个世界接触，来确认自己的位置，选择一种恰当的模式让自己安全地生存下来，即适应性生存策略。这些策略最早来源于我们的原生家庭。家庭对儿童需求的顺应和在不同生活事件中与儿童稳定的互动模式，逐渐形成了他们的归属感。小时候，我们的需求得到满足，就会把世界解读为安全而接纳的,把自己理解为受欢迎且值得被尊重的。我们的需求得不到满足,或者遇到了困难,这时家庭成员的回应和解决方式,就会逐渐塑造我们成年后应对困难和挫折的模式。

小鸭子会把它们出生后首先看见的活动物体当作"妈妈",无论走到哪里都会跟随这个妈妈。如果超过30小时没有得到照料,小鸭子将不再会认任何物体为妈妈,变得孤独、不合群。动物心理学家康拉德·洛伦茨把这种现象称为"印刻效应",几乎在所有哺乳类动物身上都可以发现这种效应。人类也一样。

我们出生后倾向于与照料者亲近,并建立一种特殊的情感联结的现象称之为"依恋"。如果婴儿不寻求并维持与照料者的亲近,往往会出现各种心理或身体疾病。儿童只有把家庭作为安全基地,才能有效地探索周围的环境。

儿童与父母之间的依恋并不是通过喂食来维持的,而是通过亲子之间的互动和沟通来建立并维持的。如果母亲的情绪不稳定,对婴儿的需求回应迟钝或缺失,甚至发生暴力和虐待行为,婴儿就容易发展出不安全型的依恋关系。

不安全型依恋的儿童常常会有冷漠复杂的情感,紧张和过分依赖,对他人有过分的需求,无法容忍分开;或者回避、孤独、抑郁,不容易形成信任的亲密关系,认为他人是靠不住的,自己是不够好的。我们与照料者(常常是妈妈)的依恋关系质量逐渐内化,形成了一套我们对世界的固定的看法和习惯的反应模式。更为重要的是,依恋关系会穿越时空,我们的依恋类型在3岁以前基本确立,成年以后70%以上是维持不变的。

因此,我们小时候依恋谁,谁就是我们的依靠,我们与照料者之间日积月累的情感互动,会逐渐内化成我们内心的安全世界,即家的归属感。你是否回味过妈妈的味道，思念过爸爸的怀抱，体验过久别归家的喜悦和那想回却回不去的乡愁？这就是家——这个我们出发和回归的地方给你的感觉。

我们再来看看腾飞家里的故事。腾飞的母亲是一名优秀的内科医生，做事极其认真细致，对腾飞的照顾无微不至，同样也极其严格。腾飞的家里就像宾馆，干净整洁，物品大多是单色系。小时候的腾飞总是被母亲呵斥："哎呀，你又把沙发弄脏了，又把鞋子弄乱了！"他好像做什么都是错的。父母对腾飞的学习更为严格，一年级时，因为考试写错了一个字，没有得到满分，母亲拿着菜刀佯装砍腾飞的手。腾飞的那种被砍手的恐惧，一直持续到现在。

竭尽全力培养儿子的母亲，看到儿子如此优秀，却并不开心。腾飞说，母亲总是阴沉着脸，父亲很忙，很少回家。焦虑紧张、心情不好的母亲，忙碌而很少顾家的父亲，与一个曾经温顺而如今暴力的儿子，组成了这样一个特别的家庭。他们三个人在社会上都极其出色，但是家里却刀光剑影，互相攻击，对彼此不满。

家庭成员间的愤怒和攻击，背后隐藏的其实是一种期待，期待被家人理解和接纳。腾飞作为一个孩子，只有符合母亲制定的规则的行为才被允许，未被家庭允许的则被强行禁止，这种强制性"依恋"关系把孩子物化了。孩子成为父母实现自己理想的工具，他不再是一个人，而是一个工具。情绪需求不能被满足和看见时，不安全型依恋就在腾飞和父母之间形成并固定下来，一个自卑、认为自己不受欢迎，以讨好的方式建立人际关系的腾飞就被塑造出来了。他用一种继发性的依恋策略重新建立归属感，只是这个过程要比婴儿期艰难很多。

腾飞恨父母，但是又离不开父母，归属感无法建立，就很难离开这个家。他会用夸张的、激烈的、攻击的方式来试图得到父母的理解，就像小时候被父母粗暴地对待一样。

2. 分离感

　　成长的本质是逐渐远离原生家庭，与过去告别。因此，家庭的另一个重要心理功能是塑造分离感。最早的分离是我们从母亲的身体内出来，从恒温且营养丰富的子宫来到这个变化无常的世界，需要自己哭泣和表达才能得到回应和食物，这种感觉一定是不舒服的。分离总是不适的，但又是必需的。

　　长大后，慢慢发现身边还有父亲、爷爷奶奶、外公外婆、兄弟姐妹，以及同学和伙伴。我们通过参与家庭中不同人组成的子系统，逐步过渡到与家庭之外的人建立关系，获得进一步的分离体验，这些都是与母亲分离体验的延续。就这样，分离感在家庭中逐渐形成。如果一个家庭中，母子关系或者其中一个子系统的关系过于紧密，或者其他关系过于紧张，冲突较多，就会阻碍孩子与其他人建立关系，分离感的形成就会受阻，从而影响孩子的心理健康。

　　家庭如何塑造儿童的分离感呢？通过不同子系统的边界，让儿童体验不同的互动规则，获得与原先熟悉的互动规则不同的感受，即分离感。比如，婴儿哭泣，妈妈可能会抱着哄他，或者意识到他饿了或者大小便了，采取相应的措施来解决。如果是爸爸，可能也会哄孩子，但是他的方式与妈妈一定会有不同，这两种方式的不同即是孩子最早的人际分离原型，从二元母子关系过渡到三元或多元的家庭关系。

　　父亲或家庭中的其他重要他人，是孩子探索母子关系之外的关系的第一站。如果父亲很忙或者功能缺失，儿童的分离感发展缓慢，向外拓展和探索的动力就会削弱。此时，母子关系会越来越紧密，分离感越来越弱，越发无法启动探索的动力，这样成长就可能受阻。

腾飞在家庭中获得的独立感是弱的。父亲的缺席，让母亲的情绪和期待只能投注于儿子，这也是这个家庭中的冲突主要集中在母子之间的重要原因。越冲突，越亲密，将来分离就越辛苦。腾飞的母亲与父亲家族中的人也都较为疏远，与婆婆常年冷战，腾飞在家庭中与母亲之外的他人互动的机会较少，分离感几乎没有建立。虽然腾飞在学校与他人关系和谐，但是这个关系的本质还是母子关系的延续，没有建立起三元关系，仍然以牺牲自己、满足他人作为主要的互动模式。

3. 自我性

其实，归属感和分离感是二元一体的，当我们在一段关系中体验到充分的安全和归属时，我们才敢尝试着离开这段关系，去和他人建立关系。孩子与家庭一起成长，如果家庭顺应孩子的需求，就让孩子拥有了自我决定的体验，这种体验会逐渐让个体建立拥有界限的自主区域。

家庭通过顺应与分离塑造了我们特定的心理领域与交流领域，即自我性（selfhood）。家庭是归属感和分离感两种要素混合与配伍的场所，我们如何看待这个世界，如何与他人相处，取决于我们如何看待自己，我们对自己的认同往往来源于我们对原生家庭的认同。

家，给予了我们生命的底色，但不是生命中所有的颜色。如果我们执着于通过改变原生家庭或他人的态度，来试图改变自己的命运，这份执着其实就是与家庭成员或他人在重复早年的互动模式，没有形成充足的分离感。

腾飞和他的家庭正处在一个关键时期。家庭能否在顺应和分离两个维度上做出较大调整，是腾飞的自我性最后搭建成型的机会，也关系着这个家庭的健康发展。母亲说，她马上退休了，最大的心愿就是去学心理学，帮助儿子。这位母亲还在按照自己的意愿去理解孩子，即使孩子用如此剧烈的方式希望获得独立，也没有改变母亲与他的互动态度。我对这位母亲说："很高兴你能有自己的生活规划，但是，学心理学是为了你自己，不是为了帮儿子，当你和你老公不需要帮助了，你儿子可能也不再那么愤怒了。"让母亲将目光从已经成年的儿子身上转移，多关注自己的生活，多在自己的婚姻上用心，允许和要求丈夫多多参与家庭互动，是腾飞自我性重新建立的开始。

作为已经成年的家庭成员，我们需要学会从原生家庭角度理解自己，而不是将自己的成长受挫全都归咎于原生家庭。我们无须改变生命的底色，也无法改变，我们能做的是，尽量在底色之上加上我们自己的颜色。这不是悲观，是对幸福家庭最大的贡献和真诚。

家，除了遮风挡雨，还是一个塑造自我的地方。

第2章

家庭也会生病

老张今年60岁，每天一包烟、二两酒，日子过得逍遥自在。女儿劝他戒烟戒酒，他却总是自嘲道，都知天命的年纪了，好好享受余生，安度晚年喽。直到半年前，一次晨练后，老张突然感觉胸痛胸闷，倒在公园里，幸亏同伴们及时拨打120，医院检查结果是急性心梗，老张做了冠状动脉支架手术，捡回了一条命。

老张从此既不抽烟，也不喝酒了，而且没有任何戒断反应。相对于安度晚年的渴望，烟酒的愉悦已经不算什么。机体的病理性变化导致了症状的产生，症状改变了个人的行为，个人的行为又会影响机体的功能。

其实，症状出现之前，心脏的病理性变化已经发生，只是没有被感知到，没有被呈现出来。老张的心血管系统无力应对外来和自身的压力时，症状就出现了。心肌梗死的症状可能是胸痛胸闷，也可能是肩背部疼痛，或者牙痛和腹痛，有时甚至没有什么疼痛而猝死。症状是疾病发生过程中机体内的一系列机能、代谢和形态结构异常变化引起的主观上的异常感觉或客观病态改变。症状是生理系统的一种保护性警示，家庭也一样，家庭系统在代偿不足时也会生病。

家庭系统的病理机制

家庭是由家庭成员之间的互动，以及家庭成员与家庭之外的人相互作用形成的一个相对稳定的人际系统。就像我们的身体系统一样，家庭系统的运转出了问题，也会生病并出现症状。家庭中的症状并无特异性，但一定与家庭发展目标不一致，并且会引起家庭成员的痛苦和不适，常见的症状包括：情绪行为问题（例如青少年厌学、游戏成瘾、自杀或自伤、焦虑或抑郁等）、亲子冲突、夫妻冲突、躯体疾病等。

1. 什么样的家庭容易出现症状

当身体的免疫力下降、器官的功能衰退、代偿不良时，我们就容易生病。家庭的运转功能不良，例如，互动僵化、过于严格、气氛紧张压抑、批评指责过多、冲突不断，或家庭成员关系过于紧密纠缠，也很容易出现症状。

陈旸是一个 10 岁的男孩，头发枯黄，身形瘦小，衣服有点破旧，看起来只有六七岁的模样，完全不像一个上海中产家庭的孩子。他从上幼儿园开始出现厌食症状，吃得很少，明显消瘦，被儿童医院诊断为发育不良，吃了很多药和补品，均没有效果。这个孩子真的可以坚持一天不吃饭，只喝水，父母越催他，他就越不吃，从小到大几乎每天都会因为吃饭问题被打骂呵斥。

慢慢地，陈旸从一个不愿吃饭但其他方面还算听话的小孩，逐渐变得不仅不吃饭，还开始反抗父母，和父母对打对骂，摔东西，甚至站在窗台上要跳楼。父亲说，只要他吃饭，所有问题应该都能解决，可是他为什么不愿意吃饭呢？他们百思不得其解，实在没有办法，来到了心理科。

原来他们是想让医生来"修理"儿子。如果真的因为不吃饭才让家庭走投无路，应该5年前就来心理科，而不是现在。我猜测，让父母感到无助的可能是儿子开始公开挑衅家庭规则。而实际上，这个挑战从儿子不愿意吃饭时就存在了，只是父母没有意识到，或者不愿意去面对。

我眼前的陈旸显得霸道不羁，对父母毫无礼貌，甚至会骂粗话。我注意到他的头发和衣服与家庭环境不匹配，本就枯黄的头发凌乱不堪，像被剪刀随意剪过。父亲说，儿子没有去过理发店，他觉得没有必要去，一直是自己在家里用剪刀给儿子理发，衣服也都是穿了很多年的，或者是表哥的旧衣服。

陈旸对父母大声吼道："你们自己为什么不在家剪头发，不穿别人的旧衣服？"这个孩子几乎用尽了全身的力量在喊叫和哭泣，可是父母对儿子的伤心和愤怒似乎没有看见，没有任何回应。父亲微笑着说："小孩子要什么好看呀，穿着暖和就可以了。"我大概猜到这个孩子为何要用如此激烈和残酷的方式反抗了。

症状是家庭系统的产物，症状的出现是为了平衡家庭系统的失衡，或者是应对家庭系统的压力。陈旸父母的高控制，几乎剥夺了儿子的所有需求，儿子的一切都应该建立在父母的需要和需求之上，否则他就是有问题的。作为一个孩子，能够自我做主的只有那么几件事情：饮食和学习。所以，饮食和学习往往成为高控制家庭孩子成长过程中反抗父母的工具，症状的意义是创造一个新的适合家庭发展的平衡系统。

2. 谁容易出现症状

一般而言，家庭中权力等级较低的人，比如孩子和老人以及不受伴侣重视的妻子或丈夫，更容易出现症状。家庭是一个人际互动系统，需要达到一个稳定的状态，才能够发展和实现家庭目标。当家庭系统过于僵化、失衡时，关系中较弱或被动的一方就需要平衡权力分配，生病或折腾出一些事情来，这常常是家庭成员试图让原先的关系改变的一种策略。一个特别关注孩子学习的家庭，孩子往往选择厌学或者因为其他原因而无法上学来平衡关系，目的是从这种有压力的关系中解脱，来发展自己。

再比如，夫妻沟通不良，经常有冲突，甚至一方有外遇，感觉受到伤害的一方就容易出现症状，"我都生病了，你就不能改变一下吗"，目的是平衡这段关系中的权力分配。

陈旸家庭中的问题更加复杂。据陈旸父亲描述，陈旸的母亲工作能力很强，身处公司高管之位，对孩子也极其严格，严格到有些令常人无法理解的程度。陈旸的人生自出生就被设定好了，早教班是依据月龄来定制的，当陈旸的语言、运动、体重等发育指标稍微有些落后于其他小朋友，母亲就会立刻投诉早教老师和早教机构。幸运的是，陈旸很聪明，语言发展和学习总是比同龄孩子要快一些，但不幸的是，身体发育总比同龄人要慢很多。陈旸没有自己的私人空间，每天吃什么、做什么、玩什么，甚至想什么，都被设定好了。父母觉得，孩子去理发店剪头发就是在浪费时间。陈旸能自己决定的事情只有吃饭，因此"不吃饭"成了他的症状，也成了这个家庭中父母唯一决定不了的事情。不吃饭是他获得父母特别对待的一个砝码，是他极力想改变自己处境的一个无奈之举。

但是，这些症状往往不起作用。因症状而改变的关系，其实是被症状控制了，症状因其功能而保留下来。如果没有因为症状而改变关系，关系的不平衡一直存在，那么还会滋生出其他症状。陈旸试图用不吃饭改变父母对自己的高控制，获得孩子单纯的自由。在吃饭的博弈中，父母是挫败的，但是陈旸本人也被症状控制了。如果陈旸的家庭规则没有改变，随着他的成长，家庭中一定还会出现新的症状，暴力、抑郁、厌学甚至是自杀等问题会层出不穷。

3. 什么时候容易出现症状

有的家庭成员很纳闷，我们一直都是这样互动的，为什么原先没有问题，现在就出现问题了呢？家庭也有生命，随着家庭发展周期的不同，家庭的互动也需要调整。

比如，孩子小的时候，父母和孩子应该是相融的，孩子需要被照料、指导、管教，孩子基本上是按照父母的规划来成长的。当孩子步入青春期，开始具有自我独立意识时，家庭的教养方式需要随之改变，对待儿童的方式已经不能适应青少年。孩子长大离家，空巢家庭中只有夫妻关系，家庭的重心在转移，孩子开始独立发展自己的事业和家庭，原生家庭的三元或多元关系逐渐分化，父母和孩子都需要重新构建新的家庭规则。如果家庭结构缺乏韧性和可塑性，在家庭生命周期的转变过程中没有及时调整家庭规则，就容易出现症状，比如青少年的家庭、空巢家庭。这也是导致大部分精神心理问题多首发于青少年的一个重要因素。本质上而言，这些问题一直存在，只是随着家庭成员的发展需要，有些问题才被呈现了出来，这些问题本质上都是家庭关系问题。

陈旸的问题逐渐加重，严重到家庭成员不能自己解决，这迫使家庭自己发生改变或者寻求专业人士的帮助。陈旸将要步入青春期，归属感和分离感塑造的自我性需要快速发展，原先的家庭规则已经不能满足他的发展需要，家庭系统必须改变，否则这个家庭将会处于不断的冲突和暴力之中。

另外，当家庭面临压力时，也更容易出现问题，就像天气突然变热或变冷，人们容易生病一样。家庭常常遭受的压力包括以下四大类。

- **外部性压力**。家庭成员或整个家庭突然遭受不可预知的、外界的破坏，如自然灾害、人身伤害等，这类压力像晴天霹雳，突然降临到家庭，此时家庭成员就很容易出现症状。
- **发展性压力**。这类压力极为常见，例如结婚、生子、青春期、退休、离婚等，对每个家庭都是压力，如果家庭无法进行适应性调整，家庭中就容易出现代际冲突和症状。

- **结构性压力**。家庭结构是指家庭成员之间相对固定的沟通模式，这类压力常被忽略，像掩盖在平静家庭之下的炸弹，在某一时刻会引爆，打破这种平静。一个家教严格且守旧的家庭，可能会在女儿 30 岁还不结婚时，出现亲子大冲突，那个乖巧听话的女儿一下子变得暴躁叛逆："我的生活凭什么我自己不能做主。"
- **成员压力**。成员压力是指家庭成员的特征对家庭造成的压力，比如家庭中某一个成员极强的依赖性格、无能，或者慢性疾病等。

家庭中的病情转移

家庭是一个动态变化的系统，当一个家庭成员出现症状时，其他成员一定会对症状有所反应，从而引起整个系统的压力。如果家庭系统的病理机制没有改变，这些症状就可能会在不同成员身上发生转移。

林娜和丈夫经历了 3 年的恋爱，去年元旦步入了婚姻的殿堂。他们是研究生同学，毕业后一起来到上海，组建了自己的小家庭，为了将来美好的生活，发誓要一辈子打拼。他们没有房和车，有着对彼此的爱和对未来的憧憬。半年后，林娜的梦想逐渐破灭，工作不顺，房价居高不下，美好的生活似乎遥不可及。林娜抑郁了，她觉得无望无助，没有半点动力，一回到租住的房子里就满是压抑委屈，冲丈夫发火，摔东西，甚至想到了自杀。

林娜的丈夫是个充满激情的小伙子，事业蒸蒸日上，薪水节节攀升，除了忙碌的工作之外，最重要的事情就是哄林娜开心，每天给林娜准备"一碗鸡汤":"幸福生活贵在坚持""我们的未来一定会更美好"。林娜逐渐厌倦了,情绪越来越糟,她觉得丈夫畅想的未来都是虚无的狂想。

丈夫为林娜预约了心理咨询。林娜的抑郁很有特点,她在单位可以微笑面对任何人,甚至感觉不到情绪低落,只要一下班,她的抑郁就来了。似乎这个抑郁是为丈夫准备的。我问这对小夫妻:"有没有可能是你们的小家庭需要这个抑郁呢?"他们面面相觑,不置可否。

林娜说:"我不知道是不是我们需要抑郁,但是我在思考,如果我和他一样像打了鸡血似的奋斗,我们就不像夫妻了,感觉更像'合伙人'。"很显然,抑郁可能成了林娜应对家庭生命周期发展的策略。他们处在从个体进入新家庭的生命周期中,原生家庭的系统规则会在这个新家庭中相互作用,逐渐磨合,产生新的规则。在这个过程中,冲突和妥协就成了新家庭的主题。

随着林娜的抑郁一天天好转,她的工作有了起色,职位得到了晋升,似乎这个小家庭在平稳度过这个艰难的阶段。但是,我观察到,当林娜的抑郁好转时,丈夫似乎有些不安。我问林娜:"有没有可能你的抑郁好了,你老公会变得不开心?"林娜笑着说:"他会觉得自己没有价值,因为我不再需要他的那些鸡汤了。"在那次咨询后,这对小夫妻就没有再来。

半年后,林娜预约了咨询。她说:"我这次是为我老公预约的,他现在情绪很糟糕,像只被斗败的公鸡,整天垂头丧气,抱怨不断。"

这不就是一年前的林娜吗?我好奇地问林娜的丈夫:"你们家的'病'好像会转移,这次你是怎么把坏情绪转移到自己身上的呢?"林娜丈夫叹了一口气:"你上次说我妻子抑郁好了,我是不是有些不开心,我当时很惊讶。但是回去后我认真思考了这个问题,好像她的病好了,我会有更大的压力。"

其实,早在20世纪50年代,精神病学家就发现了一个令人迷惑的现象。当病人开始好转的时候,家庭中其他成员可能会变糟,就好像这个家庭需要一个有症状的人一样。家庭治疗先驱唐·杰克逊(Don Jackson)曾经治疗过一个患抑郁症的女性,当她开始好转时,她的丈夫却抱怨他的情况越来越糟糕;当她的情况继续改善时,丈夫失业了。最后,这位女性完全好了,她的丈夫却自杀了。

在这样的家庭互动中,就像玩捉迷藏的游戏,谁生病不重要,只要有人扮演这个角色就可以,这种现象被称为"病情转移"(shifting disturbance)。更为常见的病情转移发生在家庭中的孩子身上,他们常常被标签化为"有问题的孩子"。

家庭治疗大师米纽庆曾遇到过一个典型的病情转移案例。一个有着奇怪行为的年轻人因试图抓瞎自己的眼睛而多次住院,这个年轻人在医院表现正常,可是只要回家就会有自残行为。后来得知,这个年轻人与母亲的关系非常紧密,父亲是个病态的赌徒,经常无故消失,最长达7年。当父亲神秘地归来时,儿子开始有了奇怪的自残行为。

米纽庆在治疗中对年轻人的父母说:"他在用一种很奇怪的方式告诉你们,他愿意被看成一个孩子,在医院他23岁,回到家,他就变成了6岁。"米纽庆又对这个年轻人说:"你为了母亲抓伤自己的眼睛,于是她就有担心的事情了。你是个好孩子,好到要为父母牺牲自己。"

这个个案说明，父母有时候会用孩子作为缓冲器，去保护他们自己不能处理的亲密关系，孩子又无奈地接受了这个角色。

我病了，其实不是我病了

身体的某个部位出现症状，如果长期得不到有效控制，在生理系统的反馈作用机制之下可能会影响其他器官的功能，例如高血压长期控制不住可能会导致肾功能衰竭。同样，一个家庭成员症状的出现或消除，也可能会通过家庭系统的反馈机制影响其他成员的心理状态。不管是生理系统还是家庭系统，如果系统的反馈机制出了问题，器官和成员的功能很难得到有效代偿，离开这个环境或者系统发生健康性改变，疾病才能得到治疗。在临床治疗中，如果病人在医院的表现良好，回到家病情就会出现反复，或者依据规范化治疗，使用了很多药物依然无效，那么这类病人几乎都处于一个不健康的家庭系统之中。

明轩是一位24岁的小伙子，两年前被医院诊断为"双相障碍"，前后一共住了5次医院。他这两年的大部分时间是在精神病院度过的，已被迫从重点大学退学。他被医院判定为难治性病人，他让医生头疼的症状是，他总是说活着没有意义，出院后只要与母亲发生冲突，就会站在阳台上说要自杀。母亲苦苦哀求，答应他的全部要求，然后强行把他送到医院，如此反复。

最后一次住院，医生给他用了两种抗抑郁药、两种心境稳定剂、一种抗精神病药，其间还做了十余次电休克，但是消极的想法依然存在。他就这样打败了医生，被塑造成了一个无所不能的病人，但他也是一个无能的孩子。

明轩的家庭结构就像米纽庆描述的那个个案一样，与母亲特别亲密，父亲因工作原因长年在外地。母子关系既亲密又冲突，目前还没有分房睡，儿子用自杀的症状维护母亲存在的价值，让自己永远以孩子的角色留在家里，保护母亲，守护家庭，不让父母去面对自己的困难。

如果家庭关系不改变，用药是治不好这样的症状的。治病，要从改变家庭关系开始。

当丈夫心情烦躁、唉声叹气时，林娜也是以鸡汤文来鼓励丈夫："你很棒，你可以的，你可以这样做……"隐含的意思是："你的情绪不能这么糟糕，优秀的人是不能有坏情绪的。"经过一段时间的夫妻治疗，当丈夫抑郁时，林娜会安静地陪在他身边，倾听他的恐惧、无助和悲伤，甚至一起痛骂那个只让员工加班却不给加班费的老板。当外界的压力在家庭内部得到显著缓解时，这个家庭就具有了弹性，可以保护家人避免伤害，同时家庭成员间的凝聚力也会增强。当家庭开始改变沟通方式时，抑郁就无处遁形，也就从这个家里逐渐消失了。

明轩家的变化具有戏剧性。重性精神障碍患者的家庭关系改变是比较困难的，家庭关系在症状的反复作用下已经固化，每个父母都不可能拿孩子的生命来做赌注。两年内儿子的病情反复发作、多次住院，对于每个父母来说都很难接受，无望、无助是必然的。

我问那位绝望又带着希望而来的母亲："你们在中国最好的精神病院接受了最先进的药物和物理治疗，但明轩的病依旧反复发作，可能目前的治疗技术和手段对他来说效果有限，如果这样，你们将来有什么打算吗？"这位母亲被当头一棒，她一直在拯救儿子，可是儿子似乎并不想好起来。

后来，当明轩病情复发，再次站到阳台上要往下跳时，母亲不再选择阻拦，而是默默地走出家门。她想好了，如果儿子一直这样折腾下去，动不动以死相逼，真的生不如死，还不如死了算了。这就是我们治疗过程中讨论的，曾经被医生和家人回避的一个问题：如果病治不好，症状一直存在，该如何生活。

母亲下楼去隔壁超市转了一圈，但是心里一直在打鼓，儿子到底有没有跳楼。她走到小区门口，偷偷观察保安的动向，好像和平常一样。她上楼打开房门，儿子坐在客厅。明轩说，他已经走到了阳台，看着楼下来来往往的人群，又觉得生活还是有希望的。

当母亲换一种方式与孩子互动时，原先卡在关系里的症状就可能会消失。但是这个家庭另一段更重要的关系，即夫妻关系需要建立起来，才有机会让已经开始松绑的母子关系继续松动。当父母开始凭借自己的力量来处理家庭矛盾，重新开始对话时，焦点从孩子身上转移，孩子就会从枷锁中解脱出来，专心发展自己，疾病就会慢慢好转，甚至消失。

家庭关系的健康评估

家庭中最重要的关系是什么呢？著名家庭治疗师李维榕博士做过一个非常有意义的实验，通过测量孩子的电生理反应来评估在什么样的家庭关系中孩子的情绪反应最激烈。结果显示，导致孩子情绪反应最激烈的不是父母的批评指责或自己犯错，而是父母之间的冲突。也就是说，孩子最牵挂的是父母之间的关系，核心家庭最重要的关系是夫妻关系。对夫妻关系的评估是家庭关系健康评估中最重要的部分，离婚和分居是评估夫妻关系的重要索引。

1. 离婚家庭

离婚意味着夫妻关系的解体，对孩子的心理势必会产生负面影响，但是这种影响并非毁灭性的，处理得当还可能成为孩子学习处理冲突关系的资源。某明星夫妻离婚后，丈夫发了这样一条微博：孩他娘，内什么，永远爱你！妻子随后也回应道：爱和理智包容一切。

你已不是我的爱人，但你永远是孩子他妈或他爸，这个身份在孩子心目中不会变。对于孩子来说，离婚后的夫妻要尽到抚养和教育子女的责任，让孩子意识到被爱与离婚无关。夫妻之间的冲突一定不能将孩子卷入其中，否则孩子就会出现忠诚分裂，形成伤害。

记住，我们要让孩子明白：我们分开了，不是因为你，而是我们之间有些问题无法调和，分开比在一起更快乐。我们依然爱你！处理恰当的分离，会让孩子明白，人生的幸福可以从两个人的结合开始，也可以从一段关系的结束开始。这对于孩子来说，也是一个重要的人生经验。

因此，不能单单以是否"离婚"来判断家庭关系的健康度，关键是看离婚过程中的互动。是否用互相伤害的方式来解决问题？是否将婚姻问题扩展至孩子或他人？是否分开了还记恨对方？离婚是否让家庭从此愁云密布，很难开启新的生活？如果是，那么家庭关系的健康度将大打折扣。

另外，如果你作为父母，为了孩子而坚持一段没有情感甚至有伤害的夫妻关系，从伦理上来说无可厚非，每个人都有选择如何生活的自由。但是，请记住，这是你作为成年人的自主选择，不是孩子的选择，不要将你在这段婚姻中的伤痛和委屈附加到孩子身上。请不要告诉孩子："我都是为了你，才没有选择离婚！"孩子没必要为父母的婚姻背上沉重的枷锁。

2. 分居家庭

随着社会的快速发展、财富和资源分配的不均，分居家庭越来越常见。一种是由于夫妻一方工作的特殊性，不得已而分居，称为"被动分居"，夫妻之间的关系依然是和睦的；另一种是"主动分居"，由于夫妻关系不和，家庭系统失衡，因此家庭成员对分居达成默契。分居，让家庭成为形式上的存在，家庭成员的角色功能有一大部分只能靠想象来完成。

夫妻分居，尤其是主动分居的家庭对孩子的健康成长不利，很容易形成亲子联盟，孩子与父母中的一方关系特别紧密，与另一方的关系则较为疏远，甚至敌对。如果一个家庭长期被动分居，那么这种疏远的夫妻关系就可能是故意制造出来的。夫妻双方内心是否在恐惧什么？这种看起来的痛苦分离，可能是在避免更大的痛苦出现。

3. 夫妻关系失衡的家庭

作为家庭关系的核心，夫妻关系稍有不慎就会出现失衡。精神分析心理学家西奥多·利兹（Theodore Lidz）将夫妻关系失衡划分为两种形式：倾斜和分裂。

在倾斜的夫妻关系中，一方采用破坏性的沟通方式，另一方回应以顺从和柔弱，常见的模式是一方强势抱怨，另一方显得顺从、无助、回避。在家庭互动中，谁是因谁是果很难分清，一个强势而抱怨的妻子不明白，她的抱怨可能恰恰是丈夫退缩无能的重要原因。同样，没有一个懦弱的父亲，也很难有一个强悍的母亲。

分裂的夫妻常常互不相让、相互缠斗，都不想在关系中服输，彼此诋毁抱怨，时间久了可能会互不理睬、相互疏远。愤怒失望的丈夫或妻子看起来是在争取自己在家庭中的权力，实则可能是童年经历过类似的父母关系，成年后却用同样的破坏性方式表达对和谐家庭的渴望。他们的孩子在父母的争吵中，失去了适应双亲行为的机会，家庭互动被简单化为服从或不服从，将来也可能会用从原生家庭习得的模式与自己的伴侣重复类似的沟通模式。家庭创伤得以复制和传递。

家庭的核心关系失衡，容易出现亲子联盟，父母未解决的冲突将第三方，常常是孩子卷入其中，形成一种新的平衡。当没有其他关系介入时，亲子关系会越来越紧密，处于共生关系中。共生关系会让孩子一直处于心智不成熟的状态，很难发展出独立人格，被形象地称为"拿着脐带找妈妈"，依赖他人，缺乏动力和决断能力。轻者成为"妈宝男""妈宝女"，很难与他人建立稳定的亲密关系；重者就是出不了家门的"啃老族"，往往存在心身症状。

相反，为了摆脱与父母共生的关系，孩子会采取特别激烈的方式反抗父母，反社会行为、冲动伤人或自伤常常成为他们渴望独立的武器。

4. 关系僵化的家庭

互动良好的家庭最重要的特征是具有弹性。这样的家庭具有足够多的可供选择的互动模式，必要时可以调动这些模式的弹性。家庭的边界清晰且具有弹性，既可以制定规则和进行适当的惩罚，也可以在面临困难时发挥保护功能，随着家庭发展做出适应性的调整。

我曾接待过这样一个家庭，父母因为上初二的儿子注意力不集中，学习成绩下降，不听老师的话，来心理门诊咨询。在治疗室内，每当我想和男孩对话时，他父亲就会说："你看，他根本没听，不知道脑子里在想什么。"然后，男孩就不说话了。如果家庭中有一个成员总是沉默（往往是孩子），那么一般都有一个唠叨且严厉的家长。我进一步了解夫妻关系后发现，在这个家庭中，父亲经常挑剔母亲做的菜不够好吃，家务做得不够仔细，家中总是充满紧张的气氛。

这样的家庭关系是僵化的，父亲制定的家庭规则不允许别人打破，不允许家庭成员有错误和有个性，采用批评、指责、挑剔的互动模式来处理冲突，导致孩子在步入青春期后，很难建立有效的自我体系。在关系僵化的家庭中生活的孩子往往会出现适应不良，比如成绩优异的乖少年考入大学离家后，沉迷网络、厌学、人际敏感、抑郁、焦虑等非适应性症状随之出现。

然而，更多的僵化家庭披着关爱和照顾的外衣，让人很难识别。下面列举几种常见的"僵化家庭"类型。

完美的家庭

曾经有一对中年夫妻带着初三的儿子来找我看病。原因是，孩子经常肚子疼，疼的时候满地打滚，各大医院检查都未发现器质性病变，消化科医生建议看看心理医生。

15岁的孩子个子很高，1.75米，但是非常消瘦，低头不语，不肯和我对话。母亲在一旁愁眉不展，诉说着自己的家庭："我们都是当地有一些身份的人，社会关系良好，别人都很羡慕我们家，我和他爸爸是大学同学，关系很好，认识20年了，都没红过脸。真的不明白，孩子为什么会出现心理问题。"这听起来真的是一个完美无缺的家庭，让人羡慕。

我对男孩说："你们家看起来很完美，但是你好像有些不开心，是不是遇见什么困难了，自己非常想克服，但是又克服不了，你很努力，好像也很委屈。"男孩抑制不住自己的情绪，大声哭了起来："他们只关心我的身体和学习，从来都不问我是否开心。"

原来是孩子在学校受到了同学的霸凌，被勒索，感到害怕，便回来和父母说。但父母的反馈竟然是，一定是你的问题，不然为什么他们不欺负别人，就欺负你。父母觉得男子汉遇见这些问题不算什么，想给他一些挫折教育。此后，这个孩子就开始肚子疼，不愿上学，到处就医。

世界上没有完美的事物，但是有的家庭常常给人以完美的形象。你会发现，当你拥有完美父母时，你其实并不快乐，内疚、自责常常出现于你心中。是家庭没有缺点吗？不是。很可能你们家是一个不允许表达缺点和失败的家庭，表面看起来积极乐观、幸福美满，实际却暗流涌动，那些日常生活中的烦恼、挫折、失败去哪儿了呢？它们往往会通过躯体症状表达出来，比如慢性疾病或心身疾病，儿童常常会出现哮喘、过敏、感冒。

过于严格的家庭

我曾接待过一个抑郁症女孩，她的母亲是一位在文革时失去上大学机会的女性，自叹人生屡屡受挫，将全部心血投注在培养女儿上，希望女儿出人头地。在女儿出生后，母亲便辞去工作，全身心培养女儿。女儿也很争气，自小学到大学都是学霸，拿了许多奖项，母亲引以为傲。可是，女儿重点大学毕业进入职场不久，便开始紧张担心，生怕出错，终于有一天承受不了压力，打算割腕自杀。女儿说，她平素只敢报喜不敢报忧，怕母亲失望，但是自己真的觉得人生没有意义，自己很没用。

这类家庭中的父母主要表现为对子女成功的强烈渴望，要求极其严格，生怕子女的人生轨迹出现差错。父母因为自己曾经的某种需求被剥夺或未满足，便期望子女来替自己完成目标，这被称为"补偿综合征"。患"补偿综合征"的家长最主要的表现是对学业的严格和关注，不惜一切代价地参加各类补习班、高价外教班、特长班，甚至出国留学等。孩子的选择往往不是出于自己内心真正的需求，而是为了实现父母未完成的愿望，久而久之就会产生强烈的无意义感——我做的都不是我喜欢的，我喜欢的我却不能做或不敢做。

错位的家庭

2016年2月23日，被称为"史学天才"的西安中学生林嘉文跳楼自杀，年仅18岁。他在遗书中这样写道：希望我的父亲能知足，珍惜我的母亲，同时改掉自己家长制的脾气以及极差的饮食追求，认清自己实际的生活能力和状况。希望我的母亲能振作精神多抓抓工作，多去挣钱。这样若我父亲先离开，至少还可以维持生活。

林嘉文是一个非常懂事的孩子，理解父母的不容易，知道他们的艰辛，自己也非常努力，并取得了不小的成就。从这份遗书中可以看出，他像个家长，而父母却像孩子，他在替代父母履行本属于父母的职责。但是，谁理解或认真倾听过他内心的痛苦和作为一个孩子的需求呢？

儿童有相对独特的心理发展轨迹，顽皮、好奇、不懂事，甚至撒谎、"偷"东西，才是他们健康心理的表现。在错位的家庭中，父母往往像孩子，肆意释放自己的负面情绪，不能履行成熟父母的职责，而孩子往往像个大人，懂事、乖巧、善解人意。但是，这样的孩子内心常常极度压抑，总是考虑别人而忽略自己，抑郁、焦虑会成为他情绪的主流，甚至会自杀。

太有爱的家庭

小宋已经23岁了，大学毕业一年，母亲对她的生活仍然照顾得事无巨细，早上把牙膏挤好，早餐准备妥当，开车送到单位。母亲是一位强势精明的女性，对小宋的同事都了如指掌，经常在不告知小宋的情况下去领导家拜访，送一些礼物，要他们关照女儿。可是，女儿的表现却总是与母亲的期待相反，工作很难胜任，遇到压力就哭泣。换了多份工作都很难适应，与人相处困难，同事们对她的评价是："飞扬跋扈的脆弱女孩。"

母亲的保护实际上剥夺了女儿成长的机会，使她一直处于孩子的状态,从另一个角度来看,也是因为母亲害怕失控。子女稍有反抗,父母便会说:"我们这是为你好。"他们习惯用自己的经验替子女做决定,实际上这种"为你好"的道德绑架却毁了很多孩子。

在这样的关系中成长的孩子不会爱自己、不会爱别人、不会爱社会,肆意发出需求信号,像个长不大的婴儿,等待别人来满足自己,很难适应社会。

如何让家庭更健康

人体的病症大都会在免疫系统的作用下逐渐自愈,或者借助医疗技术帮助实现治愈。家庭系统具有自组织性,在面临压力时会自我优化,形成有利于家庭成员发展的新的家庭规则和模式。如果症状持续存在,家庭成员束手无策,那么还可以寻求心理医生的帮助。

其实,每个家庭都会遇到内部的或者外部的压力。健康家庭的核心是良性的沟通模式与具有弹性和可塑性的家庭规则,如果压力演变成症状,那么依然是家庭内部的结构性问题。家庭并不是天生优良的,在不同阶段的结构性调整,是对家庭的考验。

家,就像一个人的身体一样,天冷需要加衣,饿了需要吃饭,累了需要休息,合理饮食,健康运动。经营家庭,就像照顾你的身体一样。你能接纳家人的不足和缺点吗?你能感到家人的支持和帮助吗?你能看到家人的优点和长处吗?你能欣赏和爱你的家人吗?

我问了陈旸的父母同样的问题。他们面面相觑，说不出孩子的一个优点。家庭成员互相只看到了缺点，就像你的身体处于极度疲劳的耗竭状态，没有营养供给，将会崩溃。我给陈旸的家庭开的治疗处方是：

- 把孩子当作一个普通孩子来养，慢慢放弃那些刻板而有压力的教养方式，认识到自己的孩子并不比别人家的孩子聪明多少，但是也不比别人家的孩子笨和弱多少。
- 父母要写对方和孩子的至少50条优点、长处、做过的有意义的事情，2～3周后在家庭会议上大声宣读，并贴在客厅。
- 父母每周至少花1个小时的时间在自己的房间开秘密会议，主要讨论：你们为什么害怕孩子不优秀？你们怕的到底是什么？只讨论害怕和恐惧的后果。不能让孩子参加，但是可以告诉他，你们在开会。
- 单双日作业：单日里，陈旸和以前一样，坚持做自己，拼命反抗父母，父母越是让他吃饭，就越不吃饭。双日里，父母把陈旸当作一个大人来看，让他自己决定如何吃饭、何时吃饭以及如何学习。如果父母感到担心和恐慌，就关上房门做第3个作业。
- 父母观察孩子在接下来的日子里的变化，尤其是好的变化，并记录下来。

这些作业旨在让家庭从原先焦虑式的高控制互动中，逐渐解脱出来，拓展他们理解家庭、理解孩子和理解自己的方式，激发家庭的沉默资源，启动家庭系统的自组织性，达到解决家庭的结构性压力和健康发展的目的。

1个月后,陈旸和父母来见我。陈旸换了一个发型,他说是第一次去理发店,一点都不好玩,理发的人很凶。单双日作业只坚持了一周,父母就不再逼着陈旸吃饭了,他依然吃得不多,但是家里不再为吃饭而争吵了。当我在陈旸面前宣读父母写的他的50条优点时,他很得意,却也很难过。他得意的是,终于获得了父母的认可,难过的是,过程真的好辛苦!

如何让家庭保持健康的互动水平,从而抵御外来压力,实现家庭目标,以下几点原则需要遵守。

1. 用欣赏的态度对待家庭成员

一个焦虑万分的母亲带着正上初二的女儿前来就诊,原因是14岁的女儿坚持要转学,否则就不再上学。在母亲眼里,女儿是内向、敏感、懒惰、拖延、叛逆、不努力的女孩。我问这位母亲,如果孩子的同学、老师、父亲今天也在现场,除了你说的这些缺点之外,他们可能会说她什么优点吗?母亲说,可能会说她娴静乖巧、敏锐、自主而坚定、聪明机灵、很有个性。我说:"这两个都是你的女儿,你喜欢哪一个,就去发现哪一个。"

美国著名心理学家罗森塔尔曾做过一个实验,他和助手来到一所小学,对3个班的学生进行了所谓的"未来发展测验",然后将发展潜能较大的学生名单交给校长和老师,并叮嘱要保密。其实,罗森塔尔撒了一个权威性谎言,名单上的学生是随机挑选的,与测验结果无关。但是,令人惊讶的是,8个月后,这些被挑选出来的学生的成绩比其他学生有了较大的进步,且性格活泼开朗,自信满满，求知欲旺盛，更乐于和别人打交道。

这就是著名的罗森塔尔效应，当我们积极正向、满怀期待、热情地对待他人时，别人便会朝着我们的期待发展，这种现象在家庭和学校中尤其常见。

因此，改善家庭关系的第一步就是：欣赏和表扬。世界上没有完美的事物和人，同样也没有完全不美的事物和人。从今天开始，看看自己的丈夫、妻子、孩子、父母身上有哪些值得欣赏的地方，可以悄悄地写下来，作为礼物送给他们。

2. 家长要自我成长

有的家长说，我很难发现孩子身上的优点，看见孩子调皮、学习差、不听话就一肚子气，还表扬他？此时，家长们要静下心来审视一下自己的情绪和内心，是孩子没有优点，还是我们自己内心充满了自卑？

因此，家庭关系改善的第二步是：家长的自我成长。人格独立和内心健康的人才能处理自己的未完成事件和情绪，而不会牵涉他人。人格不独立的父母非常容易将自己的负面情绪和未完成的心愿投注给孩子，孩子并不情愿承接这些本不属于自己的任务和情绪，所以易形成情绪行为问题或身体疾病，产生亲子冲突。

3. 建立清晰而有弹性的家庭规则

家庭中要充满理解和包容，但不要一味地纵容，建立家庭规则是必要的。家庭规则是在家庭互动中逐渐建立起来的，在不同的阶段，家庭规则是不同的，要灵活变动。清晰而有弹性的家庭规则让家庭成员既能感受到适当的约束力，又能感受到温暖和安全，获得力量。

比如在婴幼儿阶段，家庭主要的职责是养育，满足孩子基本的生理需要，父母指导和教育，手把手教孩子怎么做。当孩子长大，逐渐获得生活能力后，我们要培养他们的自理能力，当父母拿着勺子追着七八岁的孩子喂饭时，我们说这个家庭的规则一定是不清晰的。父母的强大剥夺了孩子成长的权利。

同样，当孩子长到青春期时，思想开始独立，渴望长大，父母要学会得体地退出，而不是仍按照对待婴幼儿的方式来照料他。一个十多岁的少年仍然与父母同床睡觉，这样的家庭也一定是规则不清晰的。

清晰的家庭规则的特征是，允许家庭成员具有独立思考和做决定的权利，相互欣赏和鼓励，但是遇到困难或者决策失败时，可以互相支持、尊重和包容，不批评指责，不拉帮结派，不暗度陈仓。

4. 夫妻保持和睦

最后，也是最关键的是夫妻和睦。好好爱自己的另一半，他（她）比你的孩子或父母更重要。夫妻是家庭的核心，夫妻关系和谐才能更好地处理亲子关系和婆媳关系，这样你的家庭才会更健康。如果你想让孩子健康地成长，不妨试试以下心理处方：每周在孩子面前夸奖你的伴侣 1～2 次。

第3章

家庭中的越界行为

一张桌子之所以被识别为桌子,是因为它与周围的环境有清晰可见的边界,边界之内皆为桌子的属性。我们之所以成为自己,是因为我们有与他人不同的知情意行定义的自我。自我与他人互动中的规定和规则,就是我们的心理边界。同样,家庭之所以具有心理意义,是因为家庭也有结构和边界。当家庭内部人际互动的界限不清晰时,个体的行为就很容易越界,造成家庭功能不良。

家庭结构

在大街上,一个男人、一个女人和一个孩子从你身边经过,他们可能是三个陌生人,也可能是一家人。为什么你会认为他们是一家人呢？当这三个人在一起交流互动时，彼此瞩目的眼神、相互亲密的动作和说话的方式中，有可以被识别并定义为家庭的信息。这些可以被识别为家庭的互动模式，即为家庭结构。

每个家庭都具有独特的结构，这些结构是在日常生活中被塑造出来的。孩子遇到学习难题，寻求父亲的帮助，父亲说："孩子，我很忙，你去找妈妈吧。"妻子体谅丈夫工作不易，放下手头的工作来辅导孩子。此后，这个家庭的孩子一遇到学习问题就倾向于找母亲，母亲照顾孩子需要花费大量的时间，于是只能逐渐减少工作，将重心放在孩子的学习上。久而久之，这位母亲觉得自己在家里耗费的精力太多，希望丈夫能多辅导孩子的功课，但是丈夫认为自己工作太忙，实在抽不出时间陪孩子。妻子觉得非常委屈，自己可以放弃工作照顾家，为什么丈夫就不可以舍弃一点呢？此时，丈夫可能会觉得妻子不理解自己，他认为自己也在用另一种方式为家庭付出。夫妻之间开始埋怨、争吵，甚至要离婚。孩子觉察到了父母之间的冲突，不想让父母离婚，既难过又紧张，便没有心思学习了。孩子的学习成绩下降，情绪出了问题，甚至自伤、自杀，这时父母停止争吵，放下怨恨，开始一起来关注和帮助孩子。

这个家庭呈现的结构特点是冲突而疏离的夫妻关系和紧密的母子关系，当父母冲突严重时，孩子开始出现问题，孩子的问题吸引了父母的关注，夫妻冲突减少。如果这样的家庭没有得到专业干预，这种结构持续存在，情况就可能发展为没有感情的夫妻为了孩子而选择在一起，孩子为了维护家庭稳定不断出现问题。慢慢地，夫妻俩都可能会认为，家庭的不幸是因为孩子的问题。"问题孩子"就这样逐渐被家庭雕刻出来。

家庭结构本质上是家庭成员间的互动模式，这些模式又是动态变化的，会随着家庭生命周期的发展做出调整和优化。家庭结构的第一个特征是存在"权力等级"，在家庭中，制定目标、任务和规则的人是权力等级最高的。核心家庭是指夫妻和未婚子女组成的家庭。在核心家庭中，夫妻的权力等级最高，也就是说这个家是由夫妻说了算。如果核心家庭的事务不能由夫妻来决定，而是由祖父母来决定，即家庭权力等级下移受阻，家庭结构动力发生变化，出现三角化的可能性就会增加，家庭的任务执行和目标实现过程就会受到负面影响。婆媳问题表面看起来是媳妇与婆婆之争，本质上是夫妻在家庭中争取最高权力等级的过程。如果父母懂得子女成家后的事务应该由子女和其伴侣来决定，或者丈夫能够与妻子共同建立新家庭的规则，那么婆媳问题就会少很多，家庭就可能会朝着健康的方向发展。

　　家庭结构的第二个特征是具有"独特性"，即我们与家人和家庭之外的其他人的互动期待是不同的，家庭互动是人际关系中一种具有独特性质的互动。家庭是一个情绪单位，核心情绪是焦虑，家庭成员在互动过程中传递的情绪信息多于内容信息。家庭的一个重要功能是应对和缓解家庭成员在家庭内部和外部获得的焦虑情绪。当妻子对丈夫说"亲爱的，我今天头疼得厉害"时，她可能不仅仅需要丈夫递给她一片止痛片，还希望得到关怀、理解、支持和陪伴，丈夫如果能取消外面的应酬来陪她就更好了。在家庭之外的团体互动中，内容信息的传递往往要多于情绪信息。

　　家庭成员的互动期待随着家庭生命周期的发展而变化，甚至原初的性质经过一段时间也会完全不同。你还记得，恋爱时对另一半的期待和要求吗？你还记得，新婚不久你对婚姻生活的设想吗？你还记得，孩子出生时你对他未来的期许吗？10年过去了，那些最初的梦想如今都实现了吗？随着情绪信息在家庭成员间的不断流动和渗透，眼前这个外表看起来变化不大的家人，在你心目中的情绪地位已经较过去发生了很大的改变。你们之间可能会彼此更加了解，更加相信和理解对方，家庭凝聚力更强，情感更深厚；也可能相互了解后出现了嫌隙，彼此两相厌，却分不开，家庭成为你痛苦的来源。家庭成员在相互妥协中，逐渐发展出一个独特的情绪互动系统。

家庭结构的第三个特征是具有"维持性"。家庭行为的不断重复，会催生对下一个行为的预期，如果预期实现，则有助于建立稳固的互动模式。一旦模式建立，家庭成员就会倾向于采取被家庭模式允许的行为，家庭系统倾向于维持自身偏好的模式。我的一个14岁的小亲戚谈恋爱被家人发现，遭到所有人的强烈反对，小亲戚一气之下离家出走。两天后她回来了，母亲打了她一顿，又请来众亲戚当说客。最终，小亲戚抵不过整个家族的攻势，选择妥协，放弃了那段爱情。她为什么要放弃爱情，选择维护家庭的稳定？这源于家庭成员对家的忠诚。夫妻之间如此，父母和孩子之间亦如此。如果家庭成员的行为超过了家庭的期待，家庭就会对超预期行为实施惩罚。除了愤怒之下的强行制止，还有伤心、难过、失落、无望等悲伤情绪的软惩罚，这会让实施超预期行为的家庭成员产生内疚和自责，从而终止行为，选择与家庭保持一致。例如，妈妈对孩子说，你要认真学习，成为一个有价值的人。当孩子不学习而选择玩游戏时，妈妈会制止他的游戏行为，并对他的未来表现出担心甚至失望。孩子为了让妈妈放心，遂放弃了游戏，回去做作业。

家庭结构的第四个特征是具有"适应性"。如果我的小亲戚不听从家人的建议，坚决与小男友在一起，家人该怎么办？家庭结构要具有足够多的可供选择的交往模式,家庭成员在压力之下可以调动这些模式的弹性,做出适应性的改变,让家庭渡过难关,向前发展。小亲戚的母亲向我求助,我问她:"你们平时交流多吗?"母亲说:"女儿不太愿意与我说话,回家就把房门锁上了。""女儿为何不太愿意与你们沟通呢?"母亲听到这个问题时,开始抱怨女儿不懂事、不体谅大人、贪玩、幼稚……"那你们之间有可以良好沟通、充满温情的时候吗?"母亲不置可否,竟然一时想不起来。果然,女儿也有和妈妈一样的想法,认为父母不理解自己,还经常批评指责自己。小亲戚家的结构维持性较强,适应性较弱,应对青少年的成长问题较困难。如果他们不调整家庭结构的弹性,将来孩子的问题会层出不穷。我告诉小亲戚的母亲,女儿不愿意和你交流,就写一封信给她吧,首先要恭喜女儿有了爱情,谈谈对女儿成长的欣慰和喜悦,重点要分享青少年进入爱情后的性生理和性心理健康知识。

家庭边界

家庭中有一套看不见的功能需求,不断重复的互动模式决定了家庭成员如何、何时以及与谁产生关联,这些模式又决定了家庭的发展方向。家庭是通过子系统的分化来实现其功能的。一个男人在家庭中可能是父亲、儿子、丈夫或兄弟,一个女人可能是母亲、女儿、妻子或姐妹,在与不同的家庭成员互动时具有不同的身份特征,互动也有不同的规则。每个子系统中家庭成员的互动都有独特的规则,这就是家庭的边界。例如,一个男人和母亲互动时是儿子的身份，可能会希望从母亲那里得到理解、照顾和宠爱；当他和妻子互动时就变成了丈夫的身份，此时他要给予妻子支持、理解和关爱。如果他与妻子还是以儿子的身份规则来互动，希望妻子像妈妈一样照顾和宠爱自己，这就是界限不清。

米纽庆将家庭边界分为疏离型、清晰型和纠缠型三种。

疏离型的家庭边界是指子系统的互动中情绪信息和内容信息都较少，同时内容信息交换多于情绪信息。例如，夫妻间很少说话聊天，只就家庭事务做最高效的沟通，分房睡或者睡在一起但没有亲密动作，或者以批评、指责的模式互动，传递的多是必须、应该、一定等僵化教条的信息。疏离型的家庭边界保护功能较弱，信息交换困难，界限僵化，适应性较差。很多孩子在家庭之外遭遇困境时，不敢告诉家人，怕受到批评和惩罚，怕父母失望，不相信家人能够站在自己的角度来理解和保护自己。前面提到的小亲戚家的边界就属于疏离型。

在清晰型的家庭边界中，互动规则能在不同子系统间做出适应性切换，情绪信息和内容信息依据家庭结构的目标和任务进行交换分配。家庭成员能够相互理解、支持、尊重，可以亲密，也允许远离，互动时没有心理负担，负面情绪很容易在互动中化解。清晰的家庭边界就是"在其位，谋其职"，有效地完成家庭任务，实现家庭目标。

纠缠型的家庭边界是指互动过程中不同子系统间的规则松散，相互渗透和影响，情绪信息和内容信息的传递丰富，情绪信息多于内容信息。纠缠型的家庭互动中充满了情绪，有时候其乐融融，你好、我好、大家都好，可以起到支持保护作用；有时候一言不合，便会愤怒、指责。例如，一位含辛茹苦将儿子养大的单亲母亲，有各种情绪均会和儿子分享。儿子进入青春期后，开始具有独立的思维，不太想成为一个只会听妈妈伤心往事的孩子，但是又不能让妈妈伤心，于是会在冲突的内心趋力下表现出焦虑、抑郁。母亲感受到儿子越来越不想和自己沟通，可能会悲伤、失眠，觉得孩子越来越不懂事。纠缠型的家庭互动规则是松散的，你中有我，我中有你，分化不良，容易出现依赖、情绪化和不独立的现象。

三种家庭边界并非固定不变，也没有绝对的好坏之分，而是动态发展的。在有婴幼儿的家庭中，父母与孩子的互动边界是纠缠型的，孩子的吃穿住行由父母决定，孩子没有自我或者自我很弱。当孩子长大后，界限会越来越清晰，他们有属于自己的想法和情绪，父母也更多地尊重他们的决定。成年离家后的亲子关系逐渐趋于疏离，父母与孩子的沟通交流越来越少。

由家庭界限不清而导致的越界行为

父母对孩子的欣赏、鼓励和表扬，可以很好地培养孩子的自恋需要，对健康人格的形成是有帮助的。但是，如果过分关注孩子的一言一行，即使是正向的鼓励和欣赏，也会适得其反，会限制孩子自我拓展的空间，这是一种纠缠型的边界。例如，冲奶精确到克，饭点精确到分钟，和孩子同床到七八岁，陪孩子做作业到十七八岁，这种关注背后传递的是对孩子成长失败的恐慌，容易让亲子关系融合，你我不分，从而分化困难。又或者走向另外一个极端，父母从不表扬子女，多是批评指责，传递的是对孩子的失望，并对孩子施以严格的管教。两种教育和养育方式背后体现的都是父母的焦虑，他们倾向于依据自己的需要来设定孩子的成长轨迹，孩子的需求往往被忽略。在这样的养育过程中，孩子会调动自己的行为和情绪去迎合父母：父母开心，自己才是好孩子。孩子仿佛成了一种满足父母需要的工具，即物化。物化让本应该只属于个体的情绪和行为来满足他人的需求，使得个体容易迷失自我。父母的这种行为可能是为了修复自己幼年被忽视的创伤，让自己退化到儿童期来弥补自己缺失的部分，而孩子却承担了父母的功能。这种"在其位，不谋其职"的家庭互动模式就是越界的、功能失调的家庭结构的表现。

家庭中的边界是家庭健康发展的关键，能够有效执行家庭任务、实现家庭目标的家庭才是功能良好的家庭。家庭中的界限不清，就很容易出现越界行为。在过度越界的家庭关系中成长的儿童，成年后与其他人的关系中也会带有界限不清的特质，阻碍健康关系的建立和发展。下面我将给大家介绍几种由家庭界限不清而导致的越界行为。

1. 爱抱怨的父母

爱抱怨的父母总觉得自己生不逢时，当初的社会环境让自己失去了成功的机会，如今在一个人际复杂的工作环境中处处被刁难，成了人际斗争的牺牲品。这种抱怨背后隐藏的是从未被满足的愿望，例如婴儿期的孩子对一切未知充满好奇和美好的期待。对不公平、错失良机、人际复杂等的抱怨其实是在表达自己未满足的欲望。抱怨的背后是一种索取和期待，潜在的逻辑是：如果你不帮我，我就活不下去了。

家庭中的抱怨实质是情感上的索取，在生活中往往只有孩子会成为忠实的听众。可以想象，面对四处索取怜悯的父母，孩子会怎样？孩子会像父母一样去照顾像孩子的父母，承接他们的愤怒。这种愤怒如果反向形成，自我攻击即可能导致抑郁；如果外向投射，则可能导致反社会型人格，或双相障碍，即躁狂抑郁交替出现。

还有一种抱怨更常见，那就是对伴侣的不满。妻子指责丈夫没出息、没品位，抱怨丈夫成了家常便饭。当对伴侣的索取失败后，子女稍有差池，她便肆无忌惮地用语言指责，因为此时只有孩子才能被她指责。她很难体会对方的痛苦，这种抱怨和指责会让孩子的自我功能支离破碎。是否"有其父必有其子"，还要看母亲如何看待父亲。嫌弃丈夫的妻子，总希望儿子不要像他父亲一样没出息，结果往往儿子和父亲一样窝囊，让母亲的愿望永远无法实现。

2. 无微不至的父母

文青是一个 23 岁的患有焦虑症的女孩，她有一个无微不至的母亲，对女儿的照顾渗透到了各个领域：每天几点起床，早饭吃什么，出门穿什么衣服；到了单位如何和领导沟通，如何和同事相处；如果工作不满意，立即会联系好下一家单位供女儿选择，甚至背着女儿到领导家中拜访。结果，从名牌大学毕业的女儿工作两个月就病了，而且一病就是两年多。在这种家庭互动模式中，"无微不至"的母亲通过将子女婴儿化来获得全能感，即一种崇高的被需求感。这样的方式会养育出一个成年婴儿，他们可能在某些领域具有较高的能力，但是在人际关系中往往非常"低能"。在他们的世界里，自己永远是需要被特殊照顾的孩子，他们没有在亲密关系中被当作成年人对待的经验。一个婴儿适应成年人的社会一定会困难重重，问题百出，这样母亲会更有理由将自己的"无微不至"继续下去。这本质上是父母不想让孩子长大，对分离和成长充满恐慌。

3. 疾病缠身的父母

在另外一种家庭中，父母常常疾病缠身，部分是确有疾病，大部分是躯体化表现，并没有真正的身体疾病，目的是退缩成一个需要别人照顾的角色。他们常常身体不适，大病小病不断，有时候甚至查不出是什么问题。在这样的家庭中，孩子往往比较独立，懂得照顾父母，体谅家庭不易，表面上看是加强了家庭亲密度，塑造了一个孝顺懂事的好孩子，实质上是父母用生病的方式避免了自己的成长，巧妙地将孩子置换成父母的角色，来获得早年生活经验中被忽视的部分。在这样的家庭中成长的孩子，看起来善于为别人考虑，但是压抑、自卑、习惯于讨好，极容易成为奉献者，他们活得并不开心，甚至会觉得人生没有意义。

4. 过度严厉的父亲

中国有句俗语"严父慈母"，父亲在家中扮演"黑脸"，一副严厉的、权威的样子，太严厉的父亲往往不能控制自己的情绪，以至于与孩子疏离。这种情况下可能的解释是：父亲内心有一个更加可怕的东西。这个让父亲害怕的东西可能是来自童年的创伤，例如被虐待、遗弃、忽视等。严厉的父亲本不想把自己的创伤传递给孩子，但是这种疏离的亲子关系会大大增加孩子对温柔父亲的渴望。过度严厉的父亲，可能会让男孩的性身份认同受挫，让女孩对性爱有强烈的渴望，边界不清晰，婚姻、情感反复受挫，或者不愿建立亲密关系。

5. 工作狂父亲

一心扑在工作上的父亲视工作为生命，让整个家庭的父亲角色缺失，孩子和妻子都有很强的丧失感。这种父亲过度沉溺于工作是为了避免和家人有实质性的接触，回避内心的焦虑。这样的家庭中长大的孩子往往游走在碌碌无为中，接纳了父亲的回避，憎恨那个曾经比自己还重要的"工作"，常常有挫败感，容易出现抑郁。

6. 脾气暴躁的父亲

父亲角色的另一种越界表现是与妻子对着干，你让我穿西装我偏穿休闲服，你让我打领带我偏不打。他常常因为家庭琐事肆无忌惮地指责妻子，发泄情绪。这种肆无忌惮的父亲更像一个被妈妈忽视的孩子，他们不在乎时间地点，只顾及自己的需求。像孩子一样的父亲很难照顾好妻子和孩子的情绪，他会经常以"坏情绪"来表达存在感。没有被父亲温柔对待过的孩子，常常会自卑、压抑，也以脾气暴躁来武装那个弱小的自己。

7. 不苟言笑的家庭

家庭中缺乏生机、谈话范围狭窄、心理需求过度象征化、规则刻板等也是越界行为的表现。在这样的家庭中，家庭成员往往就事论事，以最精准的用词来表达需要和需求，"必须""应该""一定"是家庭互动中的常用词。他们常常用象征化的信息来表达需求，而不是用语言呈现。例如，妻子对丈夫不与自己亲近感到不满，她会用疼痛、失眠等来表达，而不是直接告诉丈夫。僵化的家庭往往恐惧真实情感的表达，这会让孩子失去感受真实情绪的机会和能力，他们只能通过父母的非真实传递方式来意会。躯体症状最容易出现在这种家庭中，体弱多病的孩子往往是这些越界关系的产物。

8. 隔代抚养的家庭

中国家庭结构中较为常见的一种养育模式是隔代抚养，即小夫妻生了孩子以后交给孩子的祖父母或外祖父母抚养。隔代抚养的结果是父母无法直接面对孩子，需要祖父母、外祖父母或其他长辈来稀释亲子互动的浓度。中国传统文化是回避亲密关系的，但是隔代亲是一种令人惊奇的现象，似乎父母也接受这种不受孩子打扰的方式。隔代抚养包含"遗弃"的成分，孩子的紊乱行为表面看是爷爷奶奶娇惯的结果，其实是孩子对这种"遗弃"的愤怒和抗争。把孩子交给自己的父母养育，是父母在用孩子置换自己得以成长的空间，用孩子来安慰自己成年后原生家庭里失落的父母。

9. 孩子拒学的家庭

孩子的主要社会任务是学习，如果放弃学业，唯一的结果就是留在家中。拒学孩子的家里往往有他放心不下的事或人，一般而言，让孩子不能安心的事情常常是父母关系不和，担心失去家人。"如果我去上学了，就可能要离开父母，那我就不是好孩子了。"孩子用拒学这种越界行为，来守护父母和家庭。

青少年拒学除了上述意义之外，还有另一个功能：平衡权力，表达反抗。"你们希望我上学，我偏不上，我得不到我想要的，也让你们得不到你们想要的。"他们用这种极端的方式来获得自己在家中的掌控感和存在感。拒学青少年的家庭常常比较僵化、严格，缺乏温情，或者矛盾重重，无人顾及孩子的感受。

如何规避越界行为

孩子与父母早年的互动模式，会逐渐发展为成年后与其他男性和女性的互动模式。因此，家庭关系中的越界行为对于个体发展有着至关重要的影响，决定着个体将来的分化程度。父亲、母亲、孩子在家庭结构中有属于自己的角色，如果界限不清晰，家庭角色功能失调，就会导致序列混乱，影响个体的心理健康发展。作为家庭中的成年人，父母应该学会规避越界行为。

以下几个问题可以帮你评估家庭中是否存在越界行为。

- 你的孩子经常会让你产生负面情绪吗？
- 你会经常对孩子的未来感到担心吗？
- 你会经常和孩子分享你的负面情绪吗？
- 你后悔结婚或者生孩子吗？

如果你对上述 4 个问题中至少一个回答"是"，那么你的家庭中就可能存在越界行为。如果孩子非常容易让你产生负面情绪，这可能不是孩子的错，而是父母把自己置于了与孩子对等的角色，将自己置换成了孩子，渴望孩子理解和关心自己。

要想规避或尽可能减少越界行为，父母首先要将孩子看作孩子，学习不同年龄阶段孩子的心理、生理发展特点，了解自己孩子的心理发育水平，选择合适的互动模式，制定合理的社会化目标。例如，一个爱动的男孩注意力不那么集中，甚至不那么爱学习，那么运动可能更有利于他的健康成长，而不是安静地坐在书桌旁。甚至，你的孩子可能没有什么学习天赋，那么就接纳并理解他，选择适合他发展的人生道路。

其次，父母要将自己看作成年人。在孩子面前，你的角色是父母，如果你有情绪化的非理性部分，尽可能选择在与其他成年人（例如伴侣、父母、朋友等）的互动中去分享，而不要将孩子当作成年人，让他来替你分担忧愁，他还没有这个能力。

再次，做一个自信的家长。你要相信，孩子不会太差，对孩子的智力、外貌和能力要抱有自信，鼓励孩子去做他喜欢的事情。如果父母担心孩子的未来，那么多半是父母对自己不够自信。如果你真的不够自信，那么努力去完善自己的能力吧，而不是让孩子来弥补你的人生。

最后，多陪孩子玩，尊重他在游戏中的决定和角色。

家庭关系中的困境

每个家庭都有朝着健康方向发展的期待,当家庭成员遇到困难时,健康的家庭会做出适应性的调整和改变,但是有的家庭使出各种办法都无法解决问题,家庭成员就像被某种力量困住了,动弹不得。处于困境中的家庭往往被某个成员的症状吸引,拼命解决问题,却不知真正的问题可能是家庭关系。哪些家庭互动可能让家庭被困住呢?

被困在家中的女孩

5年前,韵荇的母亲第一次来到我的诊室,那是韵荇休学一年返校后不久。女儿还是无法正常完成学业,主要的困难是情绪低落、懒散，终日躺在床上，几乎不与任何人交流，也不愿意来见医生，母亲无奈之下自己前来寻求帮助。

韵荇出生于美丽的江南小城，她如同她的名字一样，温润柔和、娴静而美丽。韵荇不仅长得标致，成绩也异常优异，从小学到高中都是年级第一名。她在旁人眼中几乎没有缺点，只有挑食、瘦弱一直是妈妈和奶奶为之困扰的问题，每日想方设法、变着花样给她准备美食。面对色香味俱全的营养美食，韵荇始终没有胃口，简单吃两口就回房间温习功课了。爸爸是当地税务局的干部，妈妈也是公务员，爷爷奶奶是退休工程师，家境相对优越。她聪明漂亮、成绩优秀，成了邻居和父母周围同事子女学习的典范。不负所望，韵荇以全县第一名的成绩考上了上海某重点大学。

进入大学后，韵荇像一只被放飞的小鸟，只是自由飞翔的同时会有些孤独和不知所措。她过腻了被安排和保护的生活，想用自己的方式来规划将来。她报名参加学生社团，却屡屡被婉拒，努力结交朋友，同学们谈论时下热点话题她又总是插不上话。韵荇努力地想融入这个陌生的校园，却力不从心，最终她选择了网络。

在网络世界里，韵荇可以不顾及别人的眼光，自由地表达，她找到了一种非常有效的生活方式，整夜不睡地写帖子，和大家分享自己的作品，期待得到他人的认可。第二天，极度疲乏的她只能在课堂上呼呼大睡，渐渐地觉得上课毫无意义。期末来临，韵荇一下子慌了神，面对整洁如新的课本，从未在学习上遭遇过困难的她不知如何是好。韵荇只好整日躺在宿舍，用被子蒙住，浑浑噩噩地大睡，不吃不喝，不洗不漱，似乎这样就可以躲开那些困难。

当辅导员通知韵荇父母来校时，他们既惊愕又心疼，3个月未见的女儿如今蓬头垢面，目光呆滞，不愿与任何人交流。母亲百思不得其解，乖巧、聪明、美丽的女儿去哪了呢？父亲暴跳如雷，认为女儿思想品德出了问题，必须严加管教，当即没收了手机和电脑，将韵荇带回了老家。一直将孙女视若明珠的爷爷奶奶也不敢过多问及韵荇的事情，一如既往地在饮食上尽自己所能照顾孙女的胃口。韵荇的作息逐渐规律起来，在走亲访友过程中也如同常人一样。看着韵荇的变化，父母也慢慢将心放下。寒假过后，韵荇坚持不让父母送，自己拖着行李箱踏上了返校的列车，并对父母许下了努力学习的诺言。父母每天打电话了解韵荇的情况，韵荇说自己很好，让他们放心。

一周后，韵荇渐渐不再接电话，声称不想让父母过分干涉自己的生活。两周后不好的消息再次传来，韵荇又开始不去上课了，躺在宿舍，缓考的科目有三门没有通过。父母放下工作再次来到上海，父亲平生第一次打了女儿，认为女儿给家庭丢脸，不求上进、品德败坏，女儿也与父亲针锋相对："我不都是你们养出来的吗？"母亲在一旁流泪。最后，全家人决定休学一年，好好解决问题。

回到老家后，韵荇吃的东西越来越少，爷爷奶奶一如既往为她的饮食操碎了心。一次，全家五口人同桌吃饭，奶奶像往常一样给孙女夹很多菜，韵荇皱着眉头用脚踢妈妈。妈妈心领神会，对婆婆说："她不喜欢吃那个菜，你不用给她夹了。"奶奶瞬间不高兴了："不是她不喜欢吃，是你不让她吃吧，你们就是看我不顺眼！"老人一把鼻涕一把泪地大哭起来。爸爸甚是气愤，批评妈妈不孝敬老人，要求其向奶奶道歉。妈妈没有同意，拉着韵荇回了娘家。这是这个模范家庭第一次公开争吵。

几天后,温柔贤惠的母亲在家人的劝说下回家了,并向婆婆道歉。家里又恢复了往日的平静与美好。韵荇也逐渐恢复了常态,只是奶奶给孙女夹菜的频率减少了很多。父亲仍未允许韵荇使用网络,坚持认为女儿被网络害了,避而不谈女儿的问题。韵荇又过上了与以往相似的生活,平静而且被保护得很好。

一年之后,韵荇回到了学校。不出所料,两周后她的症状再次出现。无奈之下,母亲辞去工作,在学校附近租了房子,全程陪读。即使有母亲陪读,韵荇仍无法和其他同学一样按时上课,总是找各种理由不肯出门,比如天冷起不了床,头晕没有胃口等等。逐渐地,韵荇连理由都不给,不想上课时就躺在床上不吃不喝不动。母亲无助而伤心,觉得女儿可能心理出了问题,遂带韵荇去精神卫生中心就诊。精神科医生认为韵荇患上了抑郁症,予以抗抑郁药物治疗。服药一段时间后,她的状况没有改善。再次复诊时,医生又认为韵荇可能是精神分裂症,予以抗精神病药物治疗。一个月后,另一个医生说韵荇应该是人格障碍,建议进行心理治疗。反复就诊后,韵荇认为医生不理解自己,服药也没有效果,还经常改变诊断,不再愿意就医。

转眼间,一学期又过去了。暑假期间,韵荇回到了那个熟悉的小城,在上海的所有症状不久就逐渐缓解,她又恢复了常态。只是母亲与父亲间的矛盾似乎增多了。韵荇家的房子很大,有两个卫生间,奶奶将客厅的卫生间用来储藏杂物,全家人都使用父母卧室内的卫生间,包括夜间上厕所和洗澡。母亲一直对此有意见,认为婆婆侵犯了自己的私人空间。但是,丈夫认为使用卫生间不是什么大事,一直不愿意出面说服母亲。韵荇的母亲为此与丈夫在私下争吵了好多回，都无济于事，只能向女儿抱怨。韵荇默默地听着，不知道如何去处理母亲与奶奶之间的矛盾。

暑假结束了，韵荇也努力地将所有缓考都通过了，母亲选择留在上海陪女儿。两周后，韵荇再次表现出既往类似的症状。韵荇的症状有一个规律，来到学校后逐渐出现，回到家里后逐渐消失，似乎症状在某个情境下才有出现的必要。症状让韵荇成了一个无法离家的女孩，被困在了家中。

家庭关系中的三角化

韵荇的母亲和父亲结婚后，一直和公公婆婆生活在一起，但是她在这个家中从未有过归属感，婆婆对家的控制把她的私人空间压缩得荡然无存。唯一属于自己的"财产"就是女儿，她的委屈、难过、悲伤、愤怒，只能向女儿倾诉，母女关系越来越紧密。

在这个有些守旧的知识分子家庭，大家不爱表达矛盾和缺点，人际冲突全都隐藏在刻板的相敬如宾之下，通过象征性的症状来表达诉求，比如饮食、卫生间的使用以及女儿的症状等。父亲虽已经成家立业，但是心理层面上尚未完成与原生家庭的分化，家庭的权力依然掌握在公公婆婆手里，权力没有下沉，权力转移的斗争就一直存在。一个新家庭中，权力等级最高的应该是核心家庭的夫妻，而不是公公婆婆。自从韵荇离开家上大学，这个家庭就在潜移默化地发生自组织。

五口之家，分居两地，母亲和女儿在上海生活，父亲和爷爷奶奶在老家，这个家庭在形式上呈现分裂状，而这种可见的分裂，恰恰就是这个家庭内在动力的外化呈现，韵荇的症状平衡了离家后家庭系统的失衡。

韵荇的离家打破了原先家庭系统的平衡，无论是韵荇的挑食、瘦弱还是成绩优异，都是原先家庭系统的产物，是这个家庭的需要。"离家"给这个家庭系统植入了新的信息，家庭系统失衡，旧有的系统有维持原先模式的动力，试图保持平衡，抵制改变。韵荇一到学校就出现症状，一回到家中症状即消失，症状让她无法离开家。但是，个体的独立成长需求又迫使她必须改变，在博弈当中，家庭矛盾就会不断出现。这个家庭中的冲突无法公开表达，和谐家庭之下的矛盾和不满暗流涌动，家庭成员通过转移矛盾来缓解各自的痛楚。

一种情况是当家庭中某两个人的关系紧张时，其中一方或双方会把注意力投向第三方，第三方则会参与到两人的问题中，来缓解他们间的压力和紧张，此时就形成了家庭关系中的"三角化"。另一种情况是第三方对其中一个人的焦虑或者对两个人的冲突比较敏感，主动投入到冲突的二人关系中，形成一个"三角化"。

在韵荇的家中，母亲与祖母之间的冲突通过拉入孙女形成三角化，冲突得到转移但未解决，饮食和躯体化成为权力博弈的砝码，孙女也心领神会地继续维持症状，让冲突不公开。在不允许表达冲突的模范家庭中，三角化是最常用来解决问题的方式。当妻子觉得私人空间被侵犯时，丈夫未能站在自己一边给予支持，妻子只能与女儿结盟，来平衡倾斜的夫妻关系和失衡的婆媳关系，而失衡的婆媳关系背后是丈夫原生家庭中紧密而不健康的母子关系。

在家庭中，两个人之间关系紧张，若个体成熟理性，不那么受情绪控制，他们就会很容易处理冲突和矛盾，而且不会扩散至他人；若两人不理性，情绪化地处理冲突，常常拉入第三个成员来处理冲突、缓解焦虑，形成家庭关系的三角化，那么这两个人的事情就变成三个人的问题了。

三角化的形成过程常常表现为以下两种形式：第一种情况是，家庭中成年人之间有未解决的冲突时，很容易把关注点从冲突转移到孩子的消极面，孩子成了"替罪羊"。如父母一不开心就拿孩子撒气，就会导致儿童虐待、子女叛逆、干涉子女婚姻等。第二种情况是，冲突的双方或者一方尝试获得孩子的支持来反对另一方，一方过度关注和投入，而另一方不断退缩和越来越没有反应。尝试获得孩子支持的时候，孩子通常得到的关注是支持性的而不是批评性的，使得三角化更加隐蔽，称为"隐形三角化"。

三角化是一种僵化的、破坏性的家庭互动模式，通过转移矛盾和冲突提供一种稳定的关系，但是功能不良，常常导致三角中的一个人或多个人出现躯体症状或情绪障碍。这些功能不良的家庭结构的"坏处"，常常在家庭生命周期变化过程中才会被发现，如退休、结婚、家中的孩子进入青春期、孩子出生等。

家庭关系三角化对未成年人的影响是非常大的，常常以孩子出现某种情绪行为问题来提示家庭功能不良，常见的症状有：

- "病孩子"：孩子会经常生病，其实是通过生病转移家庭内部的冲突。
- "熊孩子"：孩子通过各种令人讨厌的行为来表达对家庭冲突的不满和失望。

- "小大人":孩子通过承担成年人本该承担的责任,例如照料家人、操持家务,甚至外出工作,试图来解决冲突,这本质上是对父母一方或双方的支持。
- "小情人":孩子通过体贴、懂事、努力等来安慰受伤的父母一方,像个温柔体贴的情人一样。

因此,"坏孩子"要警惕,"乖孩子"也要当心。

家庭关系中的双重束缚

王女士最近很焦虑,因为她12岁的儿子越来越叛逆了。儿子每天放学后,书包一扔,要么看电视,要么听音乐,就是不做作业。吃完晚饭后,磨磨蹭蹭地开始掏出书本,一直做到很晚才能休息。王女士很是不解,明明可以放学后早点开始写作业,偏偏要拖到半夜才完成。儿子似乎对妈妈的建议无动于衷,你让我向东,我偏向西。为此,王女士很是焦虑,不知如何是好,前来咨询。

我问王女士,当儿子不做作业时,你在做什么呢?她着急地说,我一直在催啊,担心他完不成。我问她儿子,妈妈一般情况下是怎么催你的?男孩义愤填膺地说,她就不停地唠叨,比唐僧还烦,说我没救了,今天肯定完不成作业,成绩肯定又要下降,肯定考不上重点高中……我又追问,如果你按时做了作业,妈妈又会有什么反应?儿子不屑地扫了妈妈一眼说,我做了她一样唠叨,嫌我做得慢,嫌我不认真,做和不做都一样。我似乎明白了这个男孩的处境。

"做作业"模式是中国家庭中最常见的亲子互动模式之一，放学后妈妈或爸爸对孩子说："快点做作业……你怎么做得这么慢啊……你看你一点都不认真，做完再吃零食……你这样不如不做，拖拖拉拉怎么能学好。"

在"做作业"模式中，父母传递了两种截然不同的信息：你应该去做，但是你做不好。这种似是而非的指令让接受者不知所措，索性原地不动。这种家庭成员间的信息传递模式被称为"双重束缚"。比如，妈妈对孩子说我爱你，同时却扭过头去不理孩子，或者陪伴孩子时显得不耐烦，这时候孩子就受到了双重束缚："你们说爱我，但是我感受到的是嫌弃。"父母可能会说："我都抽出时间陪你了，你还想怎样？"双重束缚总是让人无所适从，孩子接收了矛盾的信息，却被禁止评述这种矛盾，以致他们不得不回应，但同时这种回应方式又注定是失败的。如果孩子长期反复暴露于这种模式中，就会发展出典型的病理行为：轻则对抗、厌学，重则退缩、孤僻、淡漠，甚至有学者认为这是精神分裂症产生的重要家庭病因。

双重束缚是家庭系统中常见的导致心理问题的病理性沟通模式。当一个人与他人处于一种重要的关系之中时，如果同时收到两个互相矛盾的信息，就会陷入两难的境地。格雷格里·贝特森（Gregory Bateson）将双重束缚的沟通模式的特征总结如下：

- 两个或更多的人处在重要的关系之中。
- 似是而非的互动模式反复发生。
- 有一个负向或者否定的信息传递了这样的内容，禁止做某事或者做某事会受到处罚。

- 同时还有另外一个与上述信息相冲突的指令，用惩罚和威胁的口气来强化，或者以非言语的形式呈现。
- 第三个指令是禁止逃避并要求回答，被限制在两难的情境中。
- 一旦双重束缚的模式形成，任何一点小动静就足以引发当事人的愤怒或痛苦。

比如，小明放学回家后，打开电视看动画片。此时，妈妈说："你天天就知道看动画片，也不知道帮妈妈做点家务，懒得要死！"小明接收到的信息是：我不应该看动画片，应该帮妈妈做家务，应该懂得体谅家人的辛苦，我是个不懂得体贴家人的孩子，我很懒。看动画片的行为需要被禁止，否则妈妈就认为我是个不好的孩子（惩罚性的评价）。然后，小明关掉电视去帮妈妈洗碗，在洗碗的过程中，妈妈又非常不满意："你看你弄得到处都是水，和你说过多少次了，还是不会洗。你说你为什么这么笨，连碗都不会洗呢？"这段话又传递了与上面相矛盾的信息：你就不该来洗碗，洗得很差，你是个笨小孩。还要求孩子解释和回应。如果这种模式持续下去，小明回家后是该做家务还是不该做家务呢？不做被骂懒，做了被骂笨。小明每次回家时可能就会紧张不安，长此以往，就可能精神崩溃。

双重束缚模式在现代家庭中常常被忽略，但其实很常见。例如，父母口口声声说"孩子，我爱你"，却一直在玩手机。你说爱孩子，行为上却表现得更爱手机。

王女士的儿子采取的应对模式就是双重束缚下的典型反应，他是被捆绑的小孩，动弹不得。我想起了督导案例中的一个女大学生。她在现场沉默不语，表情木然，好似与周围环境隔离，父母一再下指令，希望女儿说说自己内心的想法。但是女儿一旦表达，父母就会反驳："你的想法是不对的……"最终，女儿就整天待在宿舍不去上课，因为她无论怎么做都是不对的。当然，这种信息传递模式在某种情况下对家庭是有利的，它使得母亲的焦虑不被扩大。王女士的丈夫常年在千里之外的城市工作，难得回家，照顾儿子的责任让她不容闪失，"困住儿子"，她才能在外安心工作。

双重束缚不仅仅在家庭中出现，在日常生活中，这种信息传递也是不可避免的。比如，领导让我们做一件事情，他却总是不满意，我们无法改变他制定的规则，只能重复失败，结果就"崩溃了"。有效的团队机制可以反馈这种矛盾信息，减少消极应对，提高工作效率。

对于家庭来说，要想解放被捆绑的孩子，识别和扰动双重束缚模式至关重要，父亲角色的加入可以大大抵消这种模式的破坏性。作为父母，最好不要将自己未完成的愿望或曾经遭受的创伤过多地以焦虑形式投注给孩子，解决焦虑问题的最好办法是从过去的不幸和失望中，看到坚持走过来的自己，并将目光聚焦在当下，把现实生活过得更有价值和意义，避免把孩子当成实现自己价值和意义的工具。

如何解除家庭关系中的困境

三角化和双重束缚是家庭关系中最常见的两种困境模式，这样的家庭关系并非仅仅来源于互动的双方，与整个家庭系统是息息相关的。有时候，第三方的加入和改变恰恰才是解除家庭困境的最好办法。

从某种程度上看，韵荇的症状是具有功能和意义的，她用症状将母亲从父亲的原生家庭中拉了出来，试图用一己之力组建一个真正意义上的三口之家。韵荇生病既是对家庭冲突的反抗，又是对家庭的忠诚和至亲至爱的不离不弃和无奈。可惜的是，全家人都未意识到这些，仍然通过关注韵荇的学习和症状，反复使用三角化的模式来解决问题。

而双重束缚的破坏性在某种程度上也是互动双方的"共谋"，王女士不停地用指责挑剔的方式传递指令，儿子也逐渐用不良行为来诱导母亲的焦虑，在二元关系内形成了一个死循环。双方共同筹划了"紧张的母子关系"，目的是让父亲（丈夫）关注和参与。如果王女士和丈夫没有意识到这一点，就可能在这样的家庭困境中逐渐塑造出一个有问题的孩子。

如何解除家庭关系中的困境呢？解除的前提是家庭中的成年人要以成熟的方式来解决问题，即分离个体化。对于韵荇一家来说，家庭成员首先要理解韵荇的行为，理解一个遇到困难的女儿的无助和悲伤，鼓励和表扬她在克服困难过程中的积极行为。其次，逐渐减少对女儿的保护，支持她自己解决学习问题，如自己和老师联系办理缓考事宜，自己想办法解决关于作业的问题等，除非女儿主动向父母求助，否则学习都由她自己负责。

最重要的是提高夫妻关系的权力等级，父母和孩子组建的核心家庭的规则由夫妻决定，而不是家里的长辈。父亲要学会与原生家庭划清界限，更多地支持理解妻子。我给他们家的作业是，父亲每个月至少来上海一次，目的是看看妻子和女儿在这里过得怎么样，而不是监督女儿的学习。

　　几次治疗后，母亲首先采取了行动，她的理解和支持让韵荇的作息开始规律，间断性地去上课，并愿意见心理医生。母亲的这些变化通过反馈作用会影响家庭系统，其他成员通过这个变化会接收到新的信息。不久，父亲也加入心理治疗中来，共同面对遇到的困难。

　　母亲在上海陪读四年，直至韵荇大学毕业，我也陪伴了这个家庭四年。韵荇毕业后回到了当地的省会城市工作，母亲重新回到工作岗位，父母经常会去省城看望女儿。其实，韵荇的独立才刚刚开始，将来的人生中还会遇到各种挫折和困难，但是这些都是她成长中必须要经历的，否则永远都长不大。最终，他们花了四年的时间，重建了家庭结构。重建从父亲决定启用老家房间内的第二个卫生间开始。

　　王女士儿子的问题也是类似的道理，如果父亲和丈夫的功能不加强，双重束缚的破坏性会持续存在，除非母亲做出巨大的改变，但是单方面的改变很难。

家庭中更高级的改变

前面提到了家庭在个体成长过程中的心理意义，阐述了生病家庭的病理机制，也讲述了处于困境中的家庭如何谋求积极的变化。可是，有时候大家越努力，症状越严重，甚至出现慢性化。家庭成员常常很无助：到底该如何改变，才能解决问题呢？

改变与症状的相处模式

一天，我在楼下米粉店吃饭，两个三四岁的男孩在妈妈的陪同下一起玩耍。大一点的可能是老板娘的儿子，小一点的可能是来串门的老乡。不一会儿，就听见小男孩哇哇大哭，原因是大男孩抢了小男孩的玩具车。老板娘训斥了儿子："你是哥哥，要让着弟弟啊，把玩具给弟弟玩一会儿。"大男孩当然不愿意："这是我的玩具，凭什么给他玩。"边说边声嘶力竭地哭了起来。

此时，小男孩的妈妈对儿子说："你看哥哥在和你比赛哭呢，你再大声点。"小男孩噉的一声加大了马力，意想不到的是大男孩突然哈哈大笑，接着小男孩也停止了哭泣，咯咯发笑。瞬间，他们小哥俩就忘记了有关玩具车的争执，注意力转向了别的游戏。

看着这小哥俩，我想到了曾接诊的一个个案。

19 岁的念之因为反复的腹部疼痛，无法上学，已经在家里待了 5 年。在这 5 年里，念之和家人辗转于各大医院，均未发现可解释腹痛的身体疾病。念之是一个非常聪明又坚强的女孩，她在剧烈腹痛的情况下，并没有完全放弃学业，在家坚持自学，3 年前考上了本市的重点高中，后来又考上了国内的某重点大学。上大学前，念之和家人做足了功课，包括提前到大学考察环境，到大学所在城市小住几日等，他们抱着一定要战胜病痛的信念。

开学后，父母还是不太放心，陪着念之来到学校，住在学校附近的宾馆里，希望减轻念之的压力。报到、缴费、购置生活用品、领取学习材料等，念之都顺利地完成了，第二天要正式上课，父母也准备回家了。凌晨，念之在学校宿舍突然给父母打电话，说自己不想活了，已经割腕。父母立即赶到学校，所幸伤口很浅，简单包扎之后，将念之带回宾馆。念之说，她的肚子又开始疼了，疼得难以忍受，她知道自己的一切努力都白费了，疼痛来了，意味着她又无法继续上学了，特别绝望和自责。念之办理了休学手续，随父母又回到了家里。这次，他们决定去找心理科医生。

念之似乎想好了"对付"心理医生的策略，她说自己特别独立，很坚强，很努力，也认可自己很聪明，父母很爱自己，家庭氛围良好。她特别强调自己最大的问题就是肚子疼，疼得无法忍受，甚至会失去意识，没有办法去学校上课，希望我尽快帮她解决肚子疼的问题。

她传递的信息是，我的心理很健康，我的家庭很幸福，目前只是疼痛阻碍了我的发展，请医生帮帮我！一个与疼痛斗争了5年的家庭，疼痛已经不仅仅是一种感受或症状，它成了这个家庭的一员。如果我们同意念之的请求，和她一起制定赶走疼痛的策略，可能就失去了了解病痛在家庭中的作用和意义的机会。更重要的是，一种没有被理解的症状，是不可能离开这个家的。

如此独立的念之，恰恰因为疼痛，一直留在家里无法独立，她在为之懊恼。如果疼痛真的是心理因素引起的，那么留在家里一定是有意义的，所以才会借疼痛之名不离家。无法离家，意味着念之还不想长大或者不敢长大，还想做一个小孩。

"做一个小孩，对你和家庭来说有什么好处吗？"我这样问念之。念之有些不满，说我在胡说八道，做小孩没有好处，她也没有意愿在家里做小孩。"我不知道在你们家里有没有这样的好处，但是其他家庭里就有。成年人一直生病，内心的真实想法是不想长大。不长大的好处就是不用负责，不用负成年人的责任，也不用负自己的责任。"我笑着把这个听起来有点惊悚的解释抛了出来。念之未对此做回应和解释，但是从眼神里看得出是不服气的。

再来见我的时候，已经过去两周。念之的母亲说，这两周女儿特别委屈，觉得医生不理解自己，生病不是为了逃避责任。这么多年，女儿特别不容易，也很努力，她是一个非常有责任心的女孩。看来我的治疗要起效了，因为念之和家人从另一个层面开始和我对话了。

"那你的肚子还疼吗？"我转过来问念之，但发言的是妈妈，我想把发言权还给念之，让她开始学会用语言表达自己内心的感受。念之没有说症状，把准备好的"控诉稿"拿出来读了一遍。念之在来的前一天，花了一天时间把在治疗室想说的话都写了下来。满篇都是在诉说自己的委屈和这么多年的不容易，她极力在证明自己是一个很有责任心的女孩。她非常想长大，却用一种特殊的方式在家待了5年。我想，她不仅仅是读给我听，也是读给父母听的。

父亲说，女儿从来都没有这么直接地表达过不满情绪，她永远都是迁就别人，隐忍自己，是一个特别好的女孩。其实，念之不是没有表达，而是用疼痛的方式在表达负面情绪，很多人可能没有听懂，甚至包括她自己。

当疼痛被解释为一种情绪表达、一种想离却离不开的无奈和纠结、一种成长的方式时，"疼痛仅仅是疾病"的内涵就被极大丰富了，也不再需要进行控制了。

当念之和我在"生病是否意味着不需要承担责任"这条逻辑线上沟通时，不管结果怎样，这种对话总比"如何控制疼痛"要高级的多。念之说，她的症状开始减轻，甚至消失了。当你改变与症状的相处方式时，症状也会改变对你的负面影响。

改变常常发生在不合逻辑之时

欧洲有一个这样的典故。一位女公爵带领军队攻打敌方城堡，已将城堡团团围住。而城堡位于一处十分险峻的岩石之上，地势足以抵挡一切直接的攻击，唯有长期围困，逼其弹尽粮绝，方可取得胜利。果然，一段时间后，城堡守军的粮食开始吃紧，只剩下最后一头牛和两袋大麦。这个时候，城堡将军做了一个看似愚蠢的决定。他命令士兵把那头牛宰了，把仅剩的大麦塞进牛腹中，然后将牛尸抛下悬崖，落在敌人的阵营前。女公爵收到这个消息后，轻蔑地立即撤了包围，转向他处了。

米粉店里的小男孩妈妈和城堡将军都用不符合逻辑的方式，化解了冲突，逃离了险境。现实生活中，我们常常会陷入一些合乎逻辑的规则中，将自己置入困境。失眠的人会想尽一切办法让自己顺其自然地入睡，如早上床、听音乐、数羊、换窗帘等，岂不知当你"想办法"让睡眠变得自然时，睡眠就已经被置于不自然的境地了，结果当然是无论如何也睡不着。

当你伸出仗义之手想帮助抑郁的人尽快走出情绪低落的阴霾，告诉他世界这么大，我们可以出去看看时，他会更加抑郁——这么美好的世界，只有我无比糟糕。焦虑的人会尽善尽美地处理周遭事务，结果发现没有可完全掌控的东西，于是就会更加焦虑。

努力解决"问题"的方式却让问题得以保留或加重，这呈现出了一种悖论状态：你越努力，结果越糟糕，理想渐行渐远。念之和家人越想控制症状，症状越不离开。我们常常被自以为是的逻辑困住，动弹不得。

为什么处于困境时，合乎逻辑的行为往往会导致失败呢？简单来说，问题之所以被保留下来，就是因为原先解决问题的模式没有效果，而这种解决问题的模式常常是我们之前惯用的、符合家庭期待的、合乎逻辑的解决问题之道。原先的规则无法达到或实现目标时，即进入了困境，此时需要改变原有规则才能激发更高层次的变化。

小男孩的妈妈在二人争执不下时,在"争抢玩具导致哭泣"的逻辑中巧妙地植入了"哭泣是为了比赛",结果冲突消失。城堡将军在两军对垒中,智慧地放弃了粮食,打破了"围困即会弹尽粮绝"的规则。在对念之和家人进行心理治疗时,我用的是悖论干预技术,在越控制越失败的困境中,植入了"不控制"和"偏控制"的模式,这会打破原先事与愿违的悖论规则。

在临床实践中,我们常常鼓励睡不着的人从今天开始不睡觉,使用了那么多方法都睡不着,不如放弃与睡眠斗争,结果反而会安然入睡。我们会给焦虑不安的来访者布置作业,每天拿出1～2小时专门用来焦虑,去想那些你不敢面对的事情。针对躯体反复不适的患者,让他们每周单日做彻彻底底的病人,放弃和疾病做斗争,双日里做坚强地和疾病做斗争的勇士。这些不合逻辑的行为本身不是为了让他们继续生病,而是通过植入新的规则,将"人—控制行为—症状—人—控制行为—症状"的逻辑扰动,激发新的、更高层次的系统变化。

如果我们在生活中也被"问题"困住,可以尝试停下来,看看我们是如何对待这些问题的。以下几个问题,可以供你对自己进行一次"悖论干预"。

- 你的"问题"是什么?出现多久了?对你有什么影响?
- 你是怎么做到让这个"问题"伴随你这么久的?
- 你怎么才能让这个"问题"困扰你再久一些呢?
- 你还准备让这个"问题"困扰你多久?
- 如果这个"问题"消失了,那么你的生活里可能最让你烦心的事是什么?

- 如果这个"问题"消失了,你想再邀请它来一次,你会怎么做?
- 如果这个"问题"马上就要离开了,你最想和它说哪些道别的话?

(注:如果有自伤、自杀或伤害他人风险的症状,请不要自行使用悖论干预。)

逻辑和常理行得通时,固然可以使问题迎刃而解,但是按照常理出牌,遭受挫折、困境越陷越深时,合乎逻辑的行为则常常会导致失败。当我们埋头苦干,终不得志,抱怨天不遂人意、世界不公时,可以静下心来看看我们的人生是否需要换挡,看看这些将我们人生困住的问题,是否还有其他更有趣的意义!

家庭中的改变并不容易

靖真开始上班了,在一家流浪动物救助站,负责照料小动物。她从家里搬了出来,和单位的两个阿姨一起合租。距离上次家庭治疗已经两个月,靖真略带欣喜地诉说着她的变化。两年前,靖真在大学毕业时被诊断为抑郁症,每天躺在床上,夜醒昼眠,抱着手机和电脑,不知道自己可以做些什么。

靖真说,她讨厌她的家庭,讨厌父母无休止的争吵,讨厌家里凌乱的布局和像垃圾场一样脏的地板。她本以为,考上大学,学业完成,就可以远走高飞,永远离开那个让她烦心的地方。可是她也不知道为什么,最终却以这样独特的方式又在家里待了两年,好像又回到了过去,一切努力都白费了,她绝望而无助,但是却怎么也行动不起来。

靖真说,经过前面的家庭治疗,她发现,以自我摧毁的方式来试图改变父母已经不太可能,而且太不值得。她决定放弃那种"愚蠢"的方式,开始为自己负责,她决定去做自己喜欢的工作。父亲却说,一个名牌大学的毕业生竟然跑去养流浪狗,没有保险,工资还那么低,读书有什么用?但第一次咨询时,父亲在女儿面前痛哭流涕地承诺,只要女儿健康快乐,他做什么都可以。

可见,家庭的改变,有时候并不容易。家庭成员往往只会接纳按照自己的期待发生的改变。

宗泽是一个四年级的男孩,5月份的一天突然决定不去上学了,这件事把父母急坏了。威逼利诱,鼓励表扬,外出游玩,甚至下放了手机权限,可以自由自在地玩游戏,小宗泽还是不愿意上学。他没有理由,就是不想上学,觉得上学没有意义。宗泽被诊断为儿童情绪障碍,施以药物治疗加心理治疗。治疗师告诉妈妈,宗泽自幼由爷爷奶奶带大,没有与父母形成良好的依恋关系,缺乏安全感。于是,妈妈辞去了工作,在家全身心照料儿子,她想用母爱让儿子成长。

9月份开学,小宗泽来到学校门口,却拼命挣脱父母之手逃跑了。无计可施的父母绝望至极,决定放弃让孩子上学的努力。妈妈对宗泽说,从今天开始你不用再上学了,但是妈妈要养你,要去上班,不能在家照顾你,我们养你到18岁,以后的人生你自己决定。第二天,宗泽早早地起床,整理了书包,对妈妈说:"你们都不在家,我一个人在家多无聊啊,还是去上学吧!"

靖真已经习惯父母对自己不停地期待、失望、批评、责备,然后补偿和忏悔。当她处于极度糟糕状态,嚷着要自杀时,父母会非常有诚意地做出很多改变来平息纷争,"为了孩子,我们可以牺牲一切",这是靖真父母常说的一句话。可是,当靖真一好转,或者开始努力为自己而活时,父母就又开始无休止的争吵了,家里就又变成了战场。靖真大四的时候,妈妈哭诉,再也受不了爸爸的冷落和暴力,决定离婚。不久,靖真就病倒了,再也走不出家门!靖真一直用牺牲自己的方式来维持家庭的稳定和平衡,父母一直用转移矛盾的方式来缓解夫妻冲突。

当母亲决定改变,决定用成人成熟的方式(离婚)来解决夫妻矛盾时,靖真却没有"同意",她用生病的方式再一次维系了家庭形态的存在。这是一个孩子对家庭的忠诚,是人的本能。靖真知道,父母会为她做出改变,但是这种牺牲让她精疲力尽,厌烦至极。

父母和靖真都做了很多努力和付出,每个人都很辛苦,都满腹委屈,但是整个家庭却越来越糟糕,没有丝毫的改变!

向更高级的改变靠近

靖真及家人的努力和付出都是在内容层面做的改变。家庭问题出现后,光有内容层面的改变是远远不够的,最重要的是更高层级的关系变化。简单来说,内容改变是给一个残缺破损的瓷瓶涂上各种治愈系的油彩,让它光彩夺目,却无法还原本来面目。关系改变则是将瓷瓶打碎再重组,可能没那么耀眼,甚至很痛,却可以多一次重生的机会。

靖真被裹挟在父母冲突不断的婚姻中,她努力用自己来拯救家庭，学习努力、听话乖巧、待业在家，甚至生病，都是内容改变，光鲜的背后是惨烈的付出。这不仅不美好，还没有用！当靖真开始放弃这种期待和拯救的方式，决定为自己而活时，关系改变才刚刚开始。但是，父亲惯性的模式依然有强大的虹吸力，他对女儿尝试独立、外出工作的改变非常不满意。父亲提出的更高的要求和期待，是一种维护家庭稳定的策略，只是这种方式已经不能满足家庭更高层级的发展了。如果女儿开始回应他的期待，就又回到了原先的模式。

在已死的婚姻中，唯一可期待的就是孩子，如果夫妻双方不能正视自己在死亡婚姻中的责任，选择用孩子来维系关系，那么这个家庭的所有努力就都是低级的内容改变。靖真的选择可能会让这个家庭继续发生高层级的改变。当女儿放弃成为冲突转移对象时，夫妻会慢慢终止原先的模式，来思考如何让自己成长。靖真可能会成为父母眼中的"坏女儿"，却可能以另一种方式促进家庭的变化。

宗泽的妈妈一直在用补偿的心态对待儿子，补偿幼时没有陪伴的愧疚。辞职、奖励、玩游戏等都是为了避免儿子再次被伤害，实则是在逃避自己内心的愧疚和自责，避免自己成为一个"坏妈妈"。可儿子偏偏认为她就是一个坏妈妈，其他的事情都答应我了，为什么就这件事情不同意？你就是个坏妈妈，如果你不是坏妈妈，那我就是个坏孩子。

改变不在于她为儿子做多少，而在于她如何看待儿子心目中的自己。当她决定承认自己可能就是个"坏妈妈"，并打算不再为愧疚、自责过分补偿时，她反而更有可能成为一个"好妈妈"。宗泽的妈妈当天思考了好久，真的没办法让孩子上学了吗？如果儿子真的不读书了，会怎么样？她的第一反应是自责和愧疚，而不是其他妈妈感受到的焦虑和担忧。她一下子明白了，她所做的一切都是为了让自己安心。

　　家庭中谁先改变呢？谁有能力谁先改变，谁更健康谁先改变。生病的那个人，往往是首先意识到家庭问题的人。家庭是一个情绪单位，核心情绪是焦虑，传递焦虑的纽带是忠诚。家庭处理情绪的方式有很多种，如果结构性的压力长期存在，就可能对家庭具有伤害性。结构性压力常见的表现形式有：冲突（激烈地表达情绪和攻击，目的是获得认同）、疏离（冲突久了，就慢慢疏远了）、倾斜（一方获胜，另一方被迫投降和顺从）和转移（谈不拢也解决不了，将注意力转向其他领域，最常见的是关注孩子）。这四种处理压力的方式都无法真正解决问题，而是让焦虑情绪在家庭中升级式传递，最终在某一个家庭成员身上以问题的形式呈现出来。

　　家庭情绪问题的解决，首先是识别家庭情绪的传递和问题解决办法，避免上述具有伤害性的方式。如果每个人都很努力，但是问题依然存在，那么可能是互动和沟通层面出了问题，而不是内容层面的不断重复，此时需要调整的是家庭成员间彼此的态度和期待（关系层面），勇敢地去探索问题背后的深层次原因。

　　虽然付出了一些代价，但是念之、靖真和宗泽的家庭都开始向更高级的变化靠近了！

家庭中的代际传承

每个人都在两个家庭中获得成长。一个是与父母和兄弟姐妹生活的家庭，即原生家庭。另一个是与自己的伴侣和孩子生活的家庭，即核心家庭。你的核心家庭，是孩子的原生家庭。我们从原生家庭习得的心理意义，会在核心家庭中复制重演，传承下去。文化和生命会传承，痛苦和疾病也会在家族中世代传递。核心家庭中的孩子不断成长，当他们长大到需要离开原生家庭时，共生的亲子关系就会让独立变得并不那么容易，导致常常上演血雨腥风的家庭故事。

家庭中的传承和派遣

家庭是生命轮回和文化传承的载体。一代代新生命出现，一个个旧生命离去，家族中浓厚的感情和文化象征却一直延续下来。如果我们去参观一栋历史悠久的老宅，就会发现里面的一桌一椅、一草一木，甚至某个角落里的刻痕都有故事。当女儿坐在古朴的梳妆台前时，可以感受到一股家族传承的厚重力量，从而被家族文化所影响。

家庭中代代相传的不仅有古董，而且有疾病（比如高血压、糖尿病等遗传性疾病），还有人际关系模式。上一代人经历的点点滴滴，不管是有形的还是无形的，都会记录在家庭账簿上；上一代人未完成的愿望，下一代会继承，形成一条看不见的忠诚纽带。

卡尔·荣格（Carl G. Jung）曾说过："对孩子最有影响力的是父母尚未实现的愿望。"家庭总是倾向于将重要的使命或未完成的愿望派遣给新生力量，将派遣者和被派遣者紧密连接在一起的是"忠诚"。这条忠诚纽带起源于早年的亲子关系，尤其是母子关系。在这段最亲密的关系中，受到委托、派遣的孩子可以获得更多的关注和鼓励，带着重要使命离开父母，去到外部世界。帮助孩子长大和离开是父母至关重要的任务，他们会带着希望远行。德国心理学家赫尔姆·史第尔林（Helm Stierlin）将之称为家庭中的派遣。

派遣者和被派遣者一起完成家族精神和文化的传递，这是一种必要的、合理的关系过程，赋予了生活以意义和方向。但是，家庭中也常会出现一些派遣偏倚情况，派遣无法传递和执行，或者中断，或者裹足不前。同济大学医学院教授赵旭东依据派遣理论总结了家庭中常见的几种派遣偏倚：①家庭对孩子提出了超过其禀赋、能力、素质的要求，简单说就是揠苗助长。②家庭给孩子分派很多任务，父亲说一套，母亲说一套，孩子不知道要完成谁的任务；或者家庭派遣的任务之间有冲突，一会儿要当明星，一会儿要当科学家，一会儿要当官。③孝心冲突，这是离婚家庭、不和谐家庭最大的问题，孩子被要求忠诚其中一方，不知道如何是好，或者两边受气。④派遣不出去，临门一脚踢不走。在这样的家庭中，父母常常过分溺爱孩子，没有遵循孩子成长发育的心理特点，没有学会慢慢放手，没有把孩子正常派遣出去执行任务，即派遣失败。⑤孩子从小被忽视，或者受到虐待，不知道被爱、被期待是什么滋味，不知道自己有什么使命和任务，即派遣不足或派遣模糊。派遣偏倚家庭的孩子常常出现各种情绪行为问题，该上学的时候不愿意上学，该离家独立时不能离家，严重者甚至会出现精神疾病或躯体疾病。

影响家庭派遣的最重要因素是核心家庭的情绪。默里·鲍温（Murray Bowen）将家庭看成一个情绪系统，家庭成员间依靠情绪和信念连接，基本情绪是焦虑。如果父母的情绪不稳定，会不知不觉投注给家庭中最敏感的孩子，把孩子当成情感的寄托，使得这个孩子在情绪反应上受到的影响大于其他兄弟姐妹，这个过程称为家庭投射过程。

在家庭情绪投射过程中，孩子与父母的情绪融合，分化不良，易形成不安全型的亲子依恋关系，从而影响家庭派遣过程的正常发展。孩子可能在学校懂事、乖巧、安静、有礼貌、上进，在家中却是"暴君"，或出现各种心身症状，让父母一方面投注更多精力关注他，另一方面却不知所措。

一个灾难深重的家庭

文华的父亲因为当初家庭贫困，初中未毕业就被迫辍学外出打工。有着读书梦想的父亲不遗余力地培养女儿，与其他外出的农民工不同，他回家给孩子带的礼物多数是书。女儿也没有辜负父母的期望，从小学到高中始终名列前茅。两年前，文华高分考入重点大学，父母终于舒了一口气。

可是，这个家庭在女儿离家后，却发生了意想不到的变化。首先是父亲被查出甲状腺癌，做了甲状腺切除手术，长期服药，身体机能一落千丈。不久，母亲被查出白血病，生命几度垂危。上天似乎又眷顾这个家庭，父母疾病的治疗效果很好，逐渐恢复，并可从事一些简单的工作，但是疾病让这个农民家庭失去了持续运转的力量，一贫如洗。

这些似乎都没有压垮这个家庭，直到文华出了问题。文华进入大学半年后，开始出现情绪低落和自杀，被诊断为"双相情感障碍"，在精神病院住院治疗两个月后，治疗效果并不理想。文华无法继续完成学业，休学在家，情绪极度不稳定，每日抱怨父亲替自己选择的大学如何不堪，要求退学重新高考；认为母亲无能、唠叨、思想愚昧落后，甚至辱骂母亲。她整天待在家中不做任何家务，也不温习功课。一个温柔的学霸在半年内就变成了一个"暴君"。

曾经一心想去外面的世界看看的文华，如今却因疾病无法远行。文华说，她很想离开那个家，越远越好。父母是包办婚姻，父亲并不爱母亲。在文华的记忆中，他们总是争吵，互相打骂和指责，家中几乎无完好的家具，都被他们争吵时砸坏了。家，这个别人期望温暖和爱的地方，让文华感受到的是恐惧和暴力。她努力学习，一方面是父亲的期待，另一方面也是为了自己，她希望离开上海，除了学习，几乎没有什么办法可以改变命运。可是高考后，父亲强行改了她的志愿，把她留在了上海的高校，她远行的希望破灭。

此后，文华出现了情绪问题，远行和忠诚发生了冲突。

父亲说，女儿以前是多么优秀，什么夫妻冲突、家庭不和、疾病缠身、贫困交加，他都不在乎，女儿给家庭带来了希望，也给他带来了生命的意义。如今，甚是绝望，女儿竟然变成了这般模样。可是这位坚强而执着的父亲没有看到，他们也是女儿的希望啊，愤怒的父亲、忧伤的母亲、无止境的指责和批评，让女儿看不到家里的任何希望，她无法安心离家。

文华的家庭派遣出现了偏倚，她被期待带着任务远行，结果却被家庭中强烈的不安情绪拉了回来。远行，她将会无比内疚和自责，辜负了父母的期待，更放心不下濒临破碎的家。留下，她将继续忍受家中让人窒息的气氛，以及她内心从未得到安慰和关注的情绪。生病成了她此刻最无助的选择，她以一种特殊的方式留在了家里，中断了派遣，留下更多时空来处理家庭中的情绪问题。

孩子不是白纸，不会被动接受父母自上而下的影响，而是可能反过来"利用"亲子关系，甚至"剥削"父母。子女的发展往往会超出父母精心安排的轨迹，有时候会完全相反，呈现一种"钟摆"现象。成功的家庭派遣促使亲子双方"共同进化"，在期待和派遣中互为对方远行的希望，孩子是父母派遣的使者，父母是孩子远行的基石。

留在家里不是文华的最终目的，远行才是。机缘巧合，文华申请了我们的公益性教学个案治疗项目。在过去的4年里，她和家人接受了家庭治疗，这个灾难深重的家庭获得了喘息的机会。

这是一个拥有朴素价值观的家庭，他们都愿意为对方做出改变。在理解了家庭关系对女儿影响如此之大后，首先做出改变的是父亲。一个血气方刚的汉子突然间变得很温和，文华说，刚开始她很不适应，甚至不相信父亲会改变。这4年，父亲再也没有对孩子和妻子发过火。接着改变的是母亲，文化程度不高的母亲说："我不太理解你们说的话，但是我知道家和万事兴，我保证以后不再和她爸吵架，不骂孩子了。"

这也是一个让我感动且记忆深刻的家庭，第一次治疗结束时，几乎没有人会相信这个家庭能够改变。因为不太能接受女儿的病与家庭有关这样一个解释，父亲对第一次治疗有些失望。此后的几次治疗中，我们都惊讶于这个家庭动员资源的能力和强大的家庭弹性。这4年里，文华复学，谈恋爱，大学毕业，留在上海工作，然后结婚。她还在服用小剂量的精神类药物，但是工作和生活基本稳定，夫妻关系良好。她没有离开上海，却终于完成了从家里远行的使命。

父亲选择了宗教信仰，每周日会去教堂做礼拜，他有了新的生活轨迹。他外卖送餐，和比他小20多岁的年轻人一起工作和竞争，但是他的收入是小组中最高的。母亲大部分时间在家做家务，偶尔去打打零工，依然有些唠叨，但是当女儿或者丈夫不开心的时候，她会选择停止和自我批评。

这个灾难深重的家庭在极端情况下释放的家庭光芒，让我们看到了贫瘠中迸发的力量和资源。他们做到了，家终于成了女儿远行的基石，女儿延续了家族的传承。文华决定继续考研深造，这次既是为了父母，也是为了自己。

父母是孩子远行的基石，孩子是家庭派遣的使者。

逃离父母

很多年轻人有和文华一样的感受，在成年后特别想离开家。黄峰是我的好友，高考后偷偷地改了父亲填写的志愿，来到千里之外的上海求学，18年来第一次自己做主。研究生毕业时，黄峰本想留在上海发展，却遭到父亲的反对。父亲坚决要求他回老家工作，并告诉儿子已经给他购置好了房产和汽车。一向孝顺的黄峰无力拒绝，父母的期待让他满怀愧疚。

回家后的黄峰面对一切都被安排好的生活显得很不适应。半年后，再次偷偷地跳槽至离家百里之外的城市工作。父亲暴跳如雷，指责黄峰擅自做主，认为儿子的决定幼稚可笑，将来一定会后悔。倔强的黄峰没有与父亲争论，自己租房，又开启了"独立"生活。此后的3年内，黄峰在以家为圆心、直径百里的大大小小的城市换了好几份工作，都不太如意。他最终选择了继续深造，来到所在省份的省会城市读博。

后来，父亲来到省城，准备为儿子购买一套房子。黄峰对父亲说："你买的房子与我无关，不要写我的名字。"面对儿子无情的拒绝，父亲失去了往日的霸气，泪流满面，认为儿子变了。面对伤心的父亲，黄峰自责、无助而愤怒。他拒绝了父亲，也拒绝了自己，此后的黄峰经常情绪低落，特别容易发火，感觉父亲是生命中的阴影，一直笼罩在自己周围，压得他喘不过气来。

无独有偶，我回老家与高中同学陈成小聚时，他也谈到了与父母的关系。他说自己想离开老家，到江浙一带谋生。谋生？我不禁笑了起来。陈成当初从重点大学研究生毕业后，出乎意料地选择回我们当地的小城市做了公务员。他说他就是想过一种安逸的生活，照顾年迈的父母。如今他要放弃当初选择的安逸，外出谋生，着实让我惊讶而不解。

陈成说他的事业还算成功，自己也比较满意，但是活得不开心。他欲言又止，好似有满腹的话不知从何说起。原来，当初雄心壮志的陈成已经选择了大城市的优越工作，让他改变主意的是母亲的威逼利诱。母亲得知儿子不愿回老家工作后，天天给他打电话，一哭二闹三上吊，声称儿子如果不回老家工作，就到他的单位和学校去大闹，让他没有好下场。

陈成有一个不幸的童年，母亲情绪极度不稳定，一不开心就打他，甚至用绳子捆起来吊打。陈成从小就经常做噩梦，梦见自己被扔进万丈深渊，在恐惧中大叫。无奈之下，陈成选择回到老家工作。不久，娶妻生子，生活幸福美满，可是母亲始终不满意，经常辱骂他娶了媳妇忘了娘，教育他要时刻惦记着她，到了单位必须打电话汇报，否则就家无片刻安宁。

在外人的眼里，陈成是一个活泼开朗、优秀能干、知书达理的完美男人。可是，近两年，他感觉自己出了问题，在单位生龙活虎，回到家里就极度抑郁而烦躁，与母亲的冲突越来越多，甚至想到用刀砍死母亲后自杀，数次梦见母亲拿刀把自己砍得鲜血淋淋。这些可怕的念头让他痛苦不已。近几年，母亲逐渐衰老，但是他的仇恨却与日俱增。

陈成决定改变，不想再做任母亲摆布的儿子，将父母送回乡下老家。但是，母亲并不善罢甘休，只要不开心就会电话突然来袭，辱骂陈成是个不孝子，不接就会不停地打，关机了就跑到单位，美其名曰："我想儿子了，来看看他！"关上办公室的门，破口大骂，然后满脸得意地离开。

从表面上看，陈成的母亲是个优雅明理的女士。无论如何也想象不出他们母子互动的可怕场景，作为见了很多惊悚案例的心理治疗师，我都不禁毛骨悚然了。陈成想逃离，越远越好，哪怕再清贫，他也愿意。

共生的亲子关系

黄峰说，他一点都不想回家，强势的父亲总是一意孤行地给他安排一切，让他很无助和愤怒。他怕控制不了自己的情绪对父亲出言不逊，所以选择离家。但是他又不敢远离，否则会无比自责。在别人眼里，他有一个让人羡慕的完美父亲，有钱、有权、温文尔雅。可是他说宁愿父亲什么都没有，自己会更加自由和快乐。

提到儿子，黄峰的父亲很是满意，儿子是他的杰作，少不了在他人面前夸奖，顺带夸奖一下自己。在黄峰看来，小时候学习是为了父母，长大后工作是为了父母，娶妻生子也是为了父母，而自己的需求是什么呢？一切都是为了父母，让黄峰和父亲的一切都悄悄地捆绑在了一起，你的是我的，我的就是你的，两个人相依相生，永远无法成为独立的个体。

陈成的情况比较极端，但绝不是个例。新闻中经常可以看见父母虐待子女的事件，虽然我们有理由相信母亲的行为是有原因和道理的，但是谁来理解和善待那个无辜受到牵连的孩子呢？陈成说，他很庆幸遇见了妻子，否则他至今都认为天下的父母都是一样的。妻子和岳父母的温柔大度让他越发恐惧，恐惧自己心底的那个信念：父母根本就不爱自己！

他挣扎过，反复告诫自己母亲是爱他的，只是爱的方式不同而已，但是现实又赤裸裸地打击他，他丝毫感受不到来自母亲的爱。他叙述自己的经历时，数度情绪失控，时而愤怒拳头紧握，时而痛哭蜷缩在椅子上，像个被遗弃的婴儿，他需要一双温暖的手拥抱他。他像个被捆绑住手脚的孩子，努力挣脱，却无能为力，绝望无助而恐惧，绑架他的是他认为的爱。

一个家庭有了孩子，从二元关系变成了三元关系，家庭得以衍生，文化得以传承，亲子关系是家庭传承的主要载体。亲子关系衍生自夫妻关系，夫妻关系牢固，构建的家庭三角关系才能稳定而具有生命力。在这样的家庭呵护下，孩子最终离家，走向远方，直到遇见他生命中的伴侣，组建新的家庭，孕育出下一代，家庭的一个生命周期过程得以完成。

当家庭的生命周期无法延续或发展延迟时，我们说这个家庭可能生病了，家庭的病往往发生于生命周期的转折点。我们从生理和心理都趋于一个成熟的个体时，有着强烈的独立愿望，希望踏入社会，开始一个人的旅程。这是家庭生命周期的开始，充满挑战和困难，年轻人兴奋而迷茫，焦虑和抑郁时常会出现。

据调查，75%的精神障碍首发于25岁以前，这除了与神经发育的特点有关外，还与年轻人的心理状态密不可分。在探索世界的过程中遇到挫折后，我们往往会有逃回原生家庭的冲动，依赖和独立成了一个矛盾综合体。如果原生家庭温暖而接纳，具有弹性的家庭关系就会有助于我们继续前进。哪个年轻人在独自走入社会后，没有思念过家人呢？这是一种有温度的冲动。

年轻人的核心情感是接受自己在情感和经济上的责任，发展性任务是拓展家庭之外的人际关系，建立亲密关系，努力实现经济独立，从原生家庭中逐渐分化。但是有些年轻人，是从家里"逃"走的，再也不想回去了。黄峰和陈成就是如此。

情感阻断

如果你厌烦曾经的家，盼望着早日离开，或者离开后再也不想和家人联系，那么你在与家人联结的过程中，可能采用的是情感阻断的方式。情感阻断是一个孤独、撤退、逃离的过程，否认家庭的重要性，实质是两代人之间的紧张关系。这种方式还会无意中复制到你生命中的其他重要关系中。直到遇见另一个也想要保持距离的人，看起来是彼此尊重，实则是回避内心的恐惧。

与原生家庭的情感越紧密，阻断的愿望就会越强烈，例如，父子共生的黄峰和被母爱绑架的陈成。这种逃离父母的阻断，可能让自己婚姻中产生比原生家庭问题更极端的问题，新家庭中的孩子也越可能有更强烈的情感阻断愿望。黄峰结婚后不久就选择去外地继续攻读博士学位，妻子在老家工作。毕业后，他来到上海工作，并没有带妻子和女儿，长期两地分居。陈成对妻子颇为依赖，但是远走他乡的计划中并没有妻子。他说，只有在拼命工作时，自己才会有安全感。

还有一种情况与黄峰和陈成不同，他们看起来更温和、更体贴，实则也是一种阻断。部分年轻人会秉持这样一个观念："报喜不报忧"，不好的遭遇是不能和父母说的，不然他们会担心。我常常会问："你担心的是什么？"

年轻人无非是担心父母不开心，或者害怕他们失望，怕被批评指责。父母如果经常对孩子表达担心、失望，把自己未完成的心愿强加于孩子，就会编织出一副看不见的枷锁。孩子用优秀来掩盖父母的失望和痛苦，形成一个强大的假性自我：我是好的，所以你们不用担心了，隐含的意思是：我害怕你们失望，我讨厌那个不优秀的自己。那个不好的自己被隔离起来，与世人阻断。这是抑郁的重要原因之一。为了避免内心的冲突，情感阻断形成了一个强大的自我保护机制。流浪的人、隐居之人、工作狂人和沉迷游戏之人，某种程度上来说都是采用情感阻断的方式与这个世界建立关系。

我会尝试与每一个前来寻求帮助之人，讨论他们与他人的关系。如果你的家人知道你目前的处境，他们会怎样？你的担心是什么？你是如何用这种阻断的方式保护自己和你身边重要他人的？当我们与家人、原生家庭，甚至家族的历史有着反复的接触时，才能确立自我的精神性存在，才能过好自己的生活。相反，如果我们时刻保持距离，假性自我就会不断强化，真性自我就会越来越弱小，以致焦虑和抑郁的程度不断增加，形成各种症状。

真正的成长是与原生家庭分离之后，既保持独立的自我，又与原生家庭保持恰当的接触和融合。当我们的忧伤、失败、恐惧、无助被允许在家庭里表达时，成功、优秀、独立的自我就可能在离家之后得以实现。如果很不幸，我们的原生家庭不允许，那么就尝试着允许自己去理解那个不优秀的真性自我吧。父母可能对我们很失望，但是我们尽量不要因为他们的失望而对自己产生失望。

我对黄峰和陈成说，你们试图用客观距离上的逃离，摆脱束缚，努力切断那份伤害和困扰的关系。殊不知，越是逃离，越是忠诚，逃脱的是距离，忠诚的是关系，是对理想父母的期待。我相信有不爱孩子的父母，但是我绝不相信有不爱父母的孩子，你们只是悄悄地将爱深藏心底。你们从现在开始认真地感谢曾经的自己吧，感谢那个自小就为了父母而付出一切的小孩；感谢那个悄悄将爱藏在心底的小孩，是他们用苦难铸就了如今的自己。你们也要感谢现在的自己，感谢自己能够宽恕那个曾经充满自责的小孩，感谢自己能够用抑郁的方式解救那个遭受不公平对待的小孩，感谢自己用更加直率的表达方式找回了原来的自己。

后来，黄峰决定与妻子离婚，定居上海，父母会偶尔来与儿子小住，父子关系缓和了许多。黄峰说："父母来到我的房子里，我会觉得这是我的家，对他们就没有不满了。"陈成最终没有去外地工作，他选择了与父母和解。他说："我认命了，谁叫她是我妈呢。"陈成不再用顺从的方式来满足母亲，他对母亲表达了拒绝、反抗，甚至发生过激烈的冲突。在一次冲突后，他向母亲表达了从小到大受到的伤害，感受到的痛苦和数次想要轻生的冲动。母亲第一次知道，爱是会伤人的。

黄峰和陈成最终都明白了一个道理，有些关系是逃不掉的。

不良行为背后的家庭传承

文华、黄峰和陈成虽然已是成年人，在某种程度上因为家庭传承和派遣中的偏倚，让他们采取了"孩子"般的行为来表达自己对家庭的诉求。这种用"不良行为"来表达诉求的案例故事，在我的诊室内几乎每天都在上演。

在一次门诊中，一位妈妈质问我："如果你的女儿是这个样子,你也会说不是她的错吗?"她的女儿13岁,不愿意去上学,反复用刀片割伤自己的手臂,两次自杀未遂,被诊断为抑郁症,服药两个月仍没有任何好转。妈妈心急如焚,责怪女儿不够坚强,也责怪我没有给出让女儿去上学的建议。另一位妈妈在儿子独自就医半年后,终于出现在心理科诊室里。她的儿子35岁,被诊断为双相情感障碍,病情一直没有明显好转。这位妈妈对医生的诊断颇为不满:"我儿子那么优秀怎么可能有精神病,都是之前的工作压力太大导致的。"

两位妈妈都很坚定,第一个妈妈认为孩子要为自己的问题承担责任,需要被纠正;第二个妈妈则相反,认为"孩子"(35岁了依然被妈妈称为孩子)的问题是别人导致的,不需要治疗,应该治疗的是别人。这两个患者的治疗都特别困难,因为家庭无法让渡出足够的空间用于建立个人的归属感和价值感。孩子如此,父母更是如此:他们不能容忍家里有一个失败的孩子!

儿童心理学家鲁道夫·德雷克斯(Rudolf Dreikurs)说过:"一个行为不当的孩子,一定是一个丧失信心的孩子。"而丧失信心的孩子,背后往往有一个丧失信心的家庭。当每个人的归属感和价值感无法建立和满足时,家庭就会被焦虑包裹,无望、无力、无趣弥散在家中。此时,孩子会通过不良行为,尤其是与家庭期待相反的行为来迂回满足内心的需求。

家庭中存在功能不良的互动模式时,或者在家庭中被当作孩子对待时,家庭成员往往会通过不良行为来试图满足内心的需求。简·尼尔森(Jane Nelsen)在《正面管教》一书里描述了孩子不良行为背后的四种心理机制:寻求关注、获取权力、报复行为和自暴自弃,而这四种心理需求又与家庭动力息息相关。

1. 寻求关注

这样的家庭一般会忽视孩子，或者对孩子采取错误的回应方式。父母很忙或者自身情绪不稳定，无暇顾及孩子的内心需要。此时，孩子往往以为只有得到关注，自己才是有价值的，才会有归属感。他们会想尽一切办法来吸引父母或他人的注意，最终的大杀器就是家庭和社会不允许的极端行为。自杀和自伤的孩子，通常不是真正想死，他们只是渴望被认真地对待一回。

2. 获取权力

家就像钢筋和混凝土铸成的墙，看似坚固稳重，实则冰冷压抑，每个人都无比自律而努力，但都不快乐。家人之间常用的沟通句式是"应该"和"必须"，惯常的态度是批评和指责，家庭的规则是不允许犯错，更不允许表现出软弱、无能和失败。在这样的家庭中，只有胜利者，才有说话和生存的机会。

其实，强势的父母大都是纸老虎，他们都非常在意对方，尤其是在意孩子。但是，孩子往往认为，只有我说了算或者至少不是由你发号施令时，我才有所归属。叛逆的孩子常常是在寻求权力，他们不是恨父母，更不想伤害自己，只是渴望被温柔地对待一回！

3. 报复行为

家庭中缺乏温情，家庭成员彼此之间冷漠寡淡，甚至会有羞辱、打骂等虐待行为，孩子成为实现家庭梦想的工具（人被物化），或者以无能的名义被忽视。

父母错误地以为一切都是为了孩子好，殊不知是将孩子物化为满足自己未曾实现的愿望的工具。父母认为很爱孩子，可是孩子感受到的是不信任、不满意和被嫌弃，以为父母爱的是那个优秀的自己，而不是真正的自己。

孩子愤怒的是，我已经很努力了，但是依然得不到认可。我得不到认可，那就不用努力了，我的不良行为至少能让你们不那么好过。其实，孩子并不想伤害父母，只想被好好地爱一回！

4. 自暴自弃

当孩子用尽了各种办法，还是无法获得归属感和价值感时，常常会放弃，放弃从父母和他人那里获得关注和平衡权力的机会。他们觉得自己不可能有价值，会选择自暴自弃，厌学或拒学、违法犯罪、吸毒或网络成瘾、伤害自己或者他人，甚至自杀。此时，他们可能会恨父母，往往更恨自己，恨的程度有多深，曾经对爱的渴望就有多大。

当一个孩子出现"不良行为"时，这就提示家庭中的派遣过程可能出了问题，父母要尝试读懂这些"问题行为"背后的心理需求。

- 孩子可能以不良行为（如不做作业、不学习）来获得关注：快点来看看我，你已经好久没有关注我了！
- 孩子可能以反抗或拒绝父母的建议来显示权力：你制服不了我！
- 孩子也可能以自我牺牲来"报复"父母：你们觉得成绩比我重要，这让我很伤心，所以我也要让你们伤心！

◇ 孩子的不良行为也可能在表达无力感：我真的不行，我真的不会，我真的做不到！

前面提到的自杀的女孩，她的行为背后的心理机制是"报复"心态下的"自我毁灭"。一个视学习比女儿的命还重要的妈妈，可想而知这个女孩为何要如此"报复"："你们到底在意的是我还是成绩？如果你们更在意成绩，那么我也不会让你们得逞，我绝对不会好好学习的！"

第二个男孩渴望得到是一种权力，他从家庭关系中的失序逐渐延伸至社会关系中的失序，以致被定义为精神疾病。一个坚持认为自己的孩子无错的母亲，实则可能是在恐惧自己"创造"的产品被定义为"劣质"，因为这个定性将摧毁她的毕生心血，在母亲的心里，她和孩子是一体的。

35岁的成年人在母亲眼里还是个孩子，即一个被家庭操控的成年孩子（巨婴），他必须用被父母看起来失智的无序行为，才能逐渐建立属于自己的有序世界。可悲的是，无论他怎么失智无序，父母都坚信儿子没有问题，并且满怀慈爱地说："儿子，你是最棒的！"要知道，她的儿子已经无法正常上学和工作十余年。35岁的他，真正需要的是在家里被当成一个成年人来对待，并获得成人在家庭中应有的权力地位，而不再是被看作一个孩子。

当一个成年人试图用不良行为来获得成长时，他可能永远都是个孩子，这就是"成长悖论"。当不良行为背后的内心需求，被重要他人读懂时，这个孩子才会获得成长的机会。当孩子能够以健康有序的行为表达内心需求并被读懂时，亲子关系才能发挥家庭传承的纽带作用。

步入全新生命周期的青少年家庭

当核心家庭中的孩子开始性发育时,他们就步入了一个全新的家庭生命周期。孩子从儿童成长为了少年,青春期时期的家庭结构需要随之发生适应性改变。父母需要调整与孩子的相处方式,不断迎接挑战。这个时候的家庭就像战场,硝烟弥漫,但最终都是为了成长。

青春期的故事

博洋是一名 13 岁的初一男生,因为一次作业没有完成,遭到父母的斥责后,不愿再去上学,整日在家打游戏。父母打过、骂过,甚至将手机砸坏,但是博洋依然坚持不去上学,并扬言,如果再逼他，他就从楼上跳下去。博洋不愿意见任何人，拒绝就医，拒绝见心理咨询师，拒绝老师和同学的来访。每天的生活就是打游戏、睡觉，然后发呆！

欣怡是一名 13 岁的重点中学女生，学习成绩十分优异。因为受不了班主任的"混账"言论，在学校与老师发生冲突，情绪崩溃，被校方叫了家长。父母进一步和女儿沟通发现，欣怡近期情绪一直很低落，并反复用美工刀割伤自己的左前臂，她说，有时候想死，有时候只是想让自己疼一下，感觉舒服一些。

书轩说，他从初中开始就有一个邪恶的念头，经常期盼父母出意外死去。他从来没有和别人说过这个想法，只想着父母死了后就自由了，没有任何负担了。在 18 岁的生日晚宴上，满怀喜悦的父母肯定想不到，儿子在他们面前许下的心愿就是，希望父母早一点出意外死去！书轩成绩很好，钢琴十级，爱好漫画，唱歌好听，但是他不知道人生的意义是什么。进入大学一年后，他决定不再上学，理由是不知道为什么要上学！

这些都是我日常门诊的患者和家庭的真实情况，抑郁、自杀或自伤、网络成瘾、拒学已经成为目前青少年最突出的情绪行为问题的表现，也是他们用来对抗父母和学校"最好"的手段。我们不禁要问，青少年到底是怎么了？

研究显示，青少年群体中符合抑郁症标准的比率高达 11%，远高于普通人群（普通人群的抑郁症患病率约为 2%，所有人抑郁症的患病率约为 6%）；20% 的青少年有过自杀想法，5%～8% 尝试过自杀（自杀未遂），自伤的发生率高达 14%～56%。世界卫生组织的调查显示，自杀已经成为 15～29 岁人群的第二大死因。世界卫生组织疾病分类（ICD-11）已经将游戏障碍正式列为精神障碍类别，目前尚缺乏准确的患病率数据，据估计游戏障碍的患病率在 1% ～ 10%，青少年占绝大部分。另一个让家庭和学校烦恼的现象是拒学，在一项对 6369 名中学生的调查中，22.5% 的学生曾有过拒绝上学的行为。

　　青春期可能是一道亮丽的风景，也可能是一场具有摧毁性的风暴，青少年生理和心理的急速发展且不平衡，造就了这段独特的人生经历。青春期指以生殖器官发育成熟、第二性征发育为标志的初次有繁殖能力的时期，人类及高等灵长类以雌性第一次月经出现和雄性第一次遗精为标志。青春期是由儿童逐渐发育成为成年人的过渡时期，是一个相对模糊的概念，一般而言 12 ～ 18 岁是典型的青春期阶段，但是也有学者强调 25 岁之前都属于青春期。青春期的心理特点包括三大方面：①自我认同基础上的独立和亲密的需要以及冲突；②家庭生命周期转变过程中家庭结构的压力；③社会化过程中的成长压力。而这三个青春期心理议题的发展关键是家庭。

　　青少年既不是成年人，也不是儿童，他们比儿童有更多自我认同基础上的独立需要，又渴望得到父母温柔的对待。同时也可以说，青少年既是儿童，又是成年人，他们期待被像成年人一样对待，客观上又不具备成年人的能力，二者内在的需求冲突决定了他们的情绪化和发展中的受挫。青少年的自我正在塑造中，自我的界限处在与原生家庭的分化过程中，与家庭似离非离、似融非融。自我的不稳定和界限的不清晰，导致青少年非常容易受到外界的影响，而家庭与青少年共用自我界限系统，对他们的成长至关重要。

　　内在的自我认同冲突，让青少年传递出来的信息常常似是而非。他们常说的话是："不用你们管，你们烦死了。"这似乎在告诉父母或周围的人，我需要独立和空间，请你们离远点！但是，当周围的人真的不关注他们，甚至不管他们时，他们又会很愤怒："你们根本就不在意我，不理解我，不爱我！"似乎又想让他人靠近自己。这种"双重束缚"的沟通模式对家庭极具挑战性，常常令父母无所适从、焦虑万分。

网上曾流传过这样一个小故事："当年我十几岁进入青春期时，感觉老妈真的是太烦了，就对她破口大骂'臭老婆子'，没想到我妈开心得不得了，笑逐颜开地向我爸报喜'咱家儿子终于进入叛逆期了，庆祝一下'！当天晚上，美滋滋地煮了象征吉祥的红豆饭，还在门口的邮筒上贴了告示'我家也有叛逆期的儿子啦'。年少的我意识到，这样下去只会让老妈越来越开心，叛逆期一天就结束了！"

故事里的妈妈使用的方法在家庭治疗中叫"悖论干预"，这个妈妈将儿子叛逆中的成长部分扩大，用喜悦来呈现，忽略了沟通中的攻击部分，以一种非常规的手段，巧妙地化解了青少年家庭中的双重束缚模式。

青少年家庭的常见问题

青少年家庭的核心议题是加强家庭边界的灵活性，以适应孩子的独立性和祖辈的衰老，这是家庭生命周期的关键转折点。这个时期的家庭要经历孩子从未成年向成年的过渡，可以预见的是孩子即将离开家庭，家庭结构将会发生很大的改变。如果家庭结构具有病理性的互动模式，例如在僵化或纠缠基础上的三角化，家庭就可能被卡在这个生命周期，无法进入另一个发展阶段，孩子无法正常离家，或者发展受挫。拒学、抑郁、网瘾等与家庭期待相反的问题就会应运而生,这本质上是家庭的结构性压力所致。

卡在生命周期中的青少年家庭,最常见的三种问题如下。

1. 父母抱怨与孩子之间的交流困难

这种抱怨掩盖了父母的恐惧,恐惧与孩子之间的联结中断,恐惧日益迫近的关系丧失!父母可能有这样一个假设:孩子长大就意味着断绝关系。孩子身上出现的各种症状都可能是对父母过分关注的反应。

2. 对孩子的发展不满意

青少年留在家里一直做"小孩",不上学或读书不认真,不符合同龄人的行为规范,像被宠坏的小孩,而父母一方或双方抱怨青少年没有按照计划去发展自己,本质上是这个家庭"不想长大"。如果青少年留在家里不愿意发展自己,务必对父母的婚姻关系进行评估。一旦孩子离开家庭,父母的婚姻可能将无法挽回!

3. 从抱怨孩子很快过渡到婚姻出现危机

有青春期孩子的家庭中出现的问题往往呈现戏剧性的变化,当孩子的问题无法解决时,很快就会让位于夫妻之间的互相抱怨,甚至出现婚姻危机。或者这个家庭原本就存在比较严重的夫妻关系问题,青少年问题只是家庭关系问题的缩影。父母面对青少年的快速成长,会感到不安,父母间的互动以及他们自身未解决的问题正在左右着家庭的发展，问题或许不在孩子身上！整个家庭对孩子成长的焦虑，与未解决的家庭或婚姻问题有关，这些问题又与过往代际中未解决的议题有关。

有青春期孩子的家庭有时候就像一个硝烟弥漫的战场，从根本上说是青少年寻求与父母间的一种崭新的联结方式，为将来离家做准备！博洋、欣怡和书轩都被家庭和学校定义为问题少年，他们有不同的问题呈现形式，甚至被诊断为某种精神疾病，他们都是有故事的孩子。

父母在博洋出生后，就再也没有过性生活，他们之间几乎没有任何交流。博洋小时候是由邻居阿姨带大的，上学后，父母也从来没有接送过他。博洋成绩很好，也很乖，他最早的记忆是，天黑了，幼儿园只剩他和老师，他不知道阿姨还会不会来接他。再大一点，邻居阿姨经常忘记来接他，他就一个人走回家。他自小是他人眼中的"别人家的孩子"，成绩好，听话，没有惹过任何麻烦。直到初中，他觉得人生没有意义，如果以这样的方式生活一辈子，他宁愿不上学。

欣怡和书轩也都是同样的想法。没有意义，成了他们的价值观。

博洋的妈妈说，她不爱丈夫，当初因为年龄大了，就找了一个可以结婚的男人。欣怡从3个月大时就交由保姆抚养，一直和保姆同床睡到12岁，小学毕业后，保姆突然被妈妈辞退。没过多久，妈妈告诉女儿，她想离婚！书轩的妈妈自从嫁给丈夫，就背上了"小三"的骂名，因为他们恋爱时，丈夫和前妻还没有办离婚手续。争吵不断，委屈满腹，成为书轩妈妈的常态，她对这段婚姻充满了后悔和自责。

这些孩子每时每刻都在被这些张力极大的家庭结构性压力塑

形,他们需要付出很大的代价来成长,除了发展性压力,还要扮演家庭的拯救者,承担本不该他们承担的压力。青春期这个张力十足的阶段将家庭压力进一步放大,放大到全家人必须为之改变,甚至到你死我活的地步。

如何做好青少年的父母

家有青少年的父母面临的主要议题是如何调整家庭结构,从与儿童互动的旧模式向与青少年相处过渡。在这个过程中,父母要了解和理解青少年的生理和心理发展过程,采用具有弹性的教养模式。

1. 用发展的眼光看待问题

青少年在心理上倾向于认同自己是成年人,但是在能力和成熟度上又与成年人有较大差距,这种对自我认识的不一致让青少年不断遭遇挫折和困难成为必然。所以,青少年问题的重要意义是提示父母:你们的孩子在成长。父母在这个过程中,需要不断重构孩子行为问题的意义,避免焦虑扩散。

2. 用欣赏的眼光看待孩子

如果只看到青少年的成长意图,而忽略他们对父母依恋的需要,可能会增加他们寻求关注的不良行为。青少年时期的另一个重要议题是"依恋",青少年需要来自家庭的认可和欣赏,从家庭中汲取营养,才能踏上远行的征程。如果父母不太愿意欣赏和表扬孩子,那么可能的主要问题是父母害怕分离,不想让孩子成长,这是一种隐形的控制。这个世界上没有完美的孩子,也没有完全没有优点的孩子。

3. 用成熟的方式处理家庭关系

每个家庭都或多或少会遇到一些问题,关键是如何处理这些问题,问题本身不重要,重要的是解决方式。成熟的家长会在父母系统中处理自身的问题,不会利用孩子来平衡家庭关系。父母要做到情绪稳定、夫妻和睦,如果做不到,也要让孩子知道这是你们的问题,不是他的问题。

基于上述三个原则,青少年的父母可以尝试做以下几个家庭作业。

- 和你的伴侣一起写下孩子的 50 条优点、长处或者做过的有意义的事情,并反馈给孩子。
- 写下伴侣的 50 条优点、长处或者做过的让你感动的事情,并反馈给你的伴侣。
- 规划孩子长大离家后的生活,从现在就开始准备。
- 每天在孩子面前表扬你的伴侣 1 次,坚持 1 个月。

还记得网上段子里的妈妈吗?她之所以采取智慧性的行为,是因为有一个支持她做决定的丈夫。

家庭中的父性

虽然现代社会发展呈现多元化,家庭角色不再是传统意义上的父亲、母亲和孩子,但是父亲、母亲依然是大多数家庭的组成要件。其实,父亲对家庭的心理作用不亚于母亲,但是很长一段时间内,家庭心理的研究只关注母亲,而忽略了父亲。父亲在家庭中发挥哪些作用呢?

万劫不复的母亲

我曾看过这样一篇文章《母亲越强势,对家庭的毁灭性越大》,文中列举了强势母亲的几大特征和罪状。强势母亲的特质有:自以为是、颐指气使、指手画脚和吹毛求疵。这些强势特质常见的表现形式有要求他人服从，监视、控制和干涉他人。该文强调，强势的母亲培养的儿子懦弱、女儿霸道，下一代会出现情绪行为问题，并且终将一事无成。文章最后给出的建议是，聪明的母亲应该让孩子随时感到父亲的存在。

不知道母亲们看了这篇文章是何感受，是愧疚、自责、反省、愤怒，还是悲伤？如果一个家庭需要母亲足够聪明来维护父亲的存在，那么父亲的责任是什么呢？这篇文章就像在心理咨询中，咨询师指出了关系中某人应该承担的责任，其实于事无补，除了当事人感受到强烈的指责外，无助于问题的解决。

家庭治疗最早来源于对精神分裂家庭的观察，的确发现了如同该文描述的现象：强势（高情感表达）的母亲和弱势的父亲，并创造了一个耸人听闻的词"致精神分裂症的母亲"。母亲一下子成了家庭的致病因子，踏入了万劫不复的境遇。依据这样的假设去干预家庭，结果发现问题不但解决不了，反而可能使家庭成员的状况恶化。

心理学家在实践中不断观察并修复家庭理论，强势母亲的背后更多的是当前系统或原生家庭系统病理性互动的呈现，强势的母亲也是"受害者"。著名精神分析学家利兹更进一步观察到了家庭互动的核心其实是夫妻关系，他把强弱不等的婚姻关系分为两类：婚姻分裂和婚姻倾斜，将丈夫的角色纳入家庭治疗中。

后期，心理学家对家庭问题的理解进行了拓展，不再强调某个家庭成员的责任，而认为是家庭系统互动的问题。孩子情绪波动最明显的时候不是母亲或父亲对他进行指责和批评时，而是父母之间出现争执和分裂时。因此，孩子出现问题，绝不仅仅是强势的母亲一手导致的，而是需要整个家庭共同去反省和修正。

强势的母亲更可能是在父亲缺席时对家庭系统进行保护。父亲在家庭中缺席，母亲如果不强势，也处于隐形状态或缺失，那么这个家庭将会遇到更大的困难。2013 年 6 月，南京吸毒母亲乐燕在丈夫服刑期间，将两个分别只有 2 岁和 1 岁的女儿反锁家中长达 1 个月，结果双双被饿死。2015 年 6 月 9 日，震惊全国的毕节四兄妹绝望自杀，他们的母亲因家暴离家，父亲常年在外打工。这样极端的案件每年都在发生，而回归到常态家庭中来看，母亲通过无助的强势，甚至是牺牲某些家庭成员的部分利益，来努力避免家庭遭遇更大的创伤，是值得钦佩和理解的，而不应该指责。

　　我们不禁要问，家庭中的父亲都去哪儿了呢？

江湖中的父亲

　　当代心理分析家鲁格·肇嘉（Luigi Zoja）在《父性》一书中，描述了西格蒙德·弗洛伊德（Sigmund Freud）幼年时期与父亲互动的一个场景。

　　某个星期六，父亲雅各布·弗洛伊德（Jacob Freud）穿戴整齐，戴着崭新的皮礼帽在弗莱贝格市的街道上散步。拐进一个转角时，被一个高大的男人挡住了去路。雅各布·弗洛伊德继续向前迈步，却有点胆怯，那个男人傲慢地上前，一巴掌将他头上的帽子打落在烂泥中，并吼道："从人行道上滚下去，你这个犹太人！"小西格蒙德·弗洛伊德听到父亲讲到这儿时，急切地问父亲："那么，你是怎么做的？"父亲十分平静地回答道："我走下人行道，然后捡起帽子。"这个之前被儿子视为完美榜样的男人身上，英雄主义美感突然缺失，就像一根大棒砸落在西格蒙德·弗洛伊德的心灵上，继而决定了这位精神分析创始人后来的道路。

电影《老炮儿》也是讲述了这样一个父与子的故事。

张学军是北京大院里的小混混，年轻时勇猛无比，军刀一挥，以一敌十、舍生取义，也臣服过一帮生死相依的兄弟。他的江湖是讲理的，一码归一码，走的是义气，行的是人品，被人尊称为"六爷"。六爷是个规矩之人，他教训在自己地界撒野的小偷，让小偷将身份证给原主人寄回去。兄弟灯罩儿无照经营，煎饼摊被城管没收，还被打了一大耳光；六爷替兄弟交了罚款，上缴了经营设施，但是必须要还回粗暴执法的城管那一大嘴巴。六爷在自己的一亩三分地上以理服人，上尊老、下护幼，生活得似乎闲庭信步、自由自在。

回到家中，鹩哥乱了辈分地拼命叫"六哥，六哥……"，杂物堆满了房间，寂寞和孤独似乎都无处藏身。灯罩儿问六爷："晓波真的没有消息吗？"六爷说："小兔崽子夯不住自己会回来的！"六爷成了老混混，虽然他不承认，但是衰老、无奈和恐慌已经刻在了他的身体里。

六爷还是一位父亲。六爷将犯事的闷三儿从拘留所捞出来后，得知儿子张晓波落难的消息。六爷拒绝报警，坚持用老江湖的规矩来解决新江湖的冲突，老混混与新混混们较上劲儿了。老江湖混的是规矩和理，新江湖混的是权力和钱。老江湖瞧不起那帮生瓜蛋，老男人的血性最终还是镇住了那帮新混混，儿子晓波被送了回来。

在晓波的眼里，六爷就是一个流氓，只知道打架闹事，直呼其名从不叫爸。他对张学军的世界充满愤怒，恨死了那个在孤儿寡母最需要父亲的时候，却因江湖之事躲进监狱的六爷。六爷在江湖上叱咤风云，可是那套规矩放在家里却丝毫不顶事。

江湖里的男人是一个雄性动物，扩张地盘，维护领地，繁衍后代，却不知道如何爱孩子。当雄性动物为了妻儿奋不顾身时，此时才称之为父亲。

我的父亲

随着女儿和儿子的相继出生，我也成了一位父亲。陪伴儿女长大的过程中，我经常问母亲，我是什么时候开始翻身、说话、走路的……仿佛自己又成长了一遍。母亲说，父亲在我们小的时候很少参与照料，大部分都是她一个人完成。让父亲帮忙洗澡、带孩子、换尿布、喂奶等，他似乎都不愿多参与。母亲说那时候的农村男人大部分都是如此，觉得这是女人们该做的事情，男人们应该下地干活，外出挣钱。农耕文明下的父亲，对家庭的参与是不多的。

父亲来我家的时候，母亲指着正在给儿子换尿布的我说："你看，这才是好爸爸！"父亲笑着说，他那个年代如果帮妻子给孩子换尿布，会觉得很害羞。

但是，这不妨碍他成为一个好父亲！

我对父亲的印象是严肃、勤劳和聪明。小时候，父亲会带我们去邻居家看电视，看着看着我就躺在他怀里睡着了。回家的路上，他会偷偷地亲我，我还记得他硬硬的胡茬扎着我的小脸，有点疼的感觉。再大一点，我学会了下象棋，父亲会缠着我和他下棋。但是我嫌弃他的水平太差，不愿与他对弈。父亲会用钱诱惑我，我赢一盘给我一毛钱，如果我输了，就再陪他下一盘。那段时间，我赚了不少零花钱。

父亲兄弟姐妹六人，他最能干活，不爱学习，上完小学就辍学种地了。但是父亲很聪明，很早学会了打麻将，赢多输少，每次赢钱都会带一些肉鱼回家。我似乎很喜欢他打麻将。我们家是村里第一个买拖拉机的，40多年过去了，这台拖拉机至今还功能良好地为家庭做贡献。这源于父亲对机械的爱好，他从城里买了拖拉机修理书，自己钻研，拖拉机的任何问题他都能搞定。后来，全村的拖拉机都是他在修理，而且从不要别人一分钱。农闲的时候，父亲会用拖拉机拉一些碎石和泥土，把通往田地的坑坑洼洼的土路垫平。他说，我们家有车，做起来比别人方便。

父亲在家里话不多，但他与别的农村男人不同，总是把自己收拾得干干净净，吃饭的时候慢条斯理，显得特别优雅。他偶尔喝点小酒，抽几根烟，从没听他说过别人的不是。父亲对我和哥哥的直接教育并不多，很少主动过问我们的学习成绩和在外的境遇，这些任务大多由母亲来完成。

父亲也有缺点。他有时候脾气不好，会和母亲吵架，甚至摔过家里的东西。他也会体罚我，拧我的小耳朵，很疼，但是从没真正打过我们，对我和哥哥都很宽容。有一次，我帮家里从井里打水，不小心把水桶掉在了里面。那时候，家里的经济条件并不好，一只铁皮的水桶要十几元钱呢。我很是害怕，怕父亲会责备我。从田里归来的父亲并没责怪我，带着我一起去把水桶捞了上来，还对我说，没事，可以捞上来的！我还记得，是用吸铁石吸住水桶拉出水面，然后再用钩子勾住水桶的提于。对于孩子来说，最大的安全感或许就是，你以为自己做错了事，但是你并没有被责备，内心的恐慌还被看到。

父亲该有的样子

米纽庆说，儿童与父母的边界是纠缠和松散的，随着孩子长大并离家，与父母的边界会越来越疏远，甚至显得僵化。我们上大学，在外地工作，甚至后来的结婚成家，都是自己独立完成，偶尔向他们汇报成果，很少再有父母参与的影子。后来，我做了心理科医生，选择了家庭治疗，在个人体验和临床工作中，对自己原生家庭的认识不断更新。女儿和儿子出生后，邀请父母来照顾孙辈，再次一起近距离生活。自己的身份在变化，对父亲的认识也在改变。

父亲是人类文明高度发展的象征。在自然界，常常只有母子关系，很少有父子关系，雌雄动物除了提供食物，还教会幼崽捕猎和防御风险等生存之道。人类生活的世界中，母亲带来一种已经在动物界得到确定的生存条件，而父亲是社会化过程中子代被雕刻的重要角色。江湖中男人们的功能是雄性动物，缺乏父性，六爷如此，小飞的父亲亦是如此。

鲁格·肇嘉这样评价父性："父亲身份需要被宣告和创立，而不是在孩子出生那一刻自然形成，必须在父亲和孩子建立关系的过程中一步一步被揭示出来。"他认为，父性的功能包括：供养、护佑、规训、传道和胜利。也就是说，如果想要做一个父亲，最好做到：

- 能赚钱养活妻子和孩子，并陪伴他们；
- 能保护妻子和孩子免受天灾人祸的侵扰；
- 能够设定家庭规则、维持家庭结构；
- 给孩子传递生命的意义和价值；
- 至少要强大有力，起码要比妈妈强大有力。

其中前三个养育、保护、规训功能其实也是母亲的天职，父亲至少有75%是作为"辅助性母亲"存在的。家中有这样一个父亲，母子同盟会自动瓦解，母亲也无须强势。母亲的强势意味着恐惧和无助，有母性的天性使然，她需要有攻击性和保护性，才能维系种族的延续，当然也有原生家庭创伤的代际传承。不管是哪一种，强势如同蜗牛的外壳、乌龟的铠甲，内在越柔软，外在越强硬，强势的背后其实是一颗柔软的心。

动物界中"一夫一妻"共同抚养后代的群体，雌性大都温顺可人，而大型猛禽类需要雌性承担养育功能，妊娠和哺乳期间雌性动物都显得异常凶猛且富有攻击性，而舐犊情深时总能打动人心。人类也一样，每个母亲天生对孩子都是温柔的，让母亲卸去强势外衣展现温柔的是父亲。一个功能完备的父亲，也可以阻断母亲原生家庭中的创伤传递。

电影中，在和儿子进行了一番极具冲突的谈话后，六爷似乎领悟到了这些。他决定放下江湖中雄性动物的霸气，以父亲的方式来修通与晓波的关系。父亲这一身份帮助张学军克服了丧失的恐惧，他和儿子一路狂奔逃出医院，却泪流满面，此刻对晓波来说父性比雄性更加重要。江湖是自由的，但是不可控。晓波身负重伤，昏迷在医院，六爷只能用江湖的方式来补偿父性的缺失，努力在儿子心中再建一座父性丰碑。当六爷手持军刀冒着生命危险在冰面上奔跑时，轰然倒塌的是老流氓的形象，站起来的却是一个来得有点晚的父亲。

因为父亲在被羞辱时的退却，启发了弗洛伊德将父亲视为天然竞争对手的精神分析理论。如果没有那段父子对话，精神分析或许会朝着其他不同的方向发展。

六爷在最后时刻父性的崛起，阻断了江湖规矩在家庭中的传递，唤回了儿子飘摇在外的心。在聚义厅门口，晓波训练鹦哥喊"爸"，我想这是他内心在呼唤那个永远立在心中的父亲吧！

父亲除了养育孩子的功能之外，还有一个可能会被忽视的重要功能是"成功"。成功的父亲被鲁格·肇嘉称之为"父亲悖论"。一方面需要父亲参与到家庭的养育和照料中，另一方面又需要他在社会中成为成功的典范。这二者似乎有些矛盾。父亲因此被很多心理学家贴上了退缩和逃避的标签，一个家庭中如果父亲"缺席"，他似乎就成了众矢之的。一位父亲在心理治疗中说，很多医生都说我对家人照顾不多，不够关心家人，所以才导致了女儿的问题，但是，如果我回归家庭，家里的经济支出谁来负担呢？

成功的父亲并不一定要全权参与家庭的照料和养育任务。一个成功的企业家、科学家，甚至国家元首，他一定没有很多时间来照料家庭，但是他们孩子的心理健康程度要高于普通家庭。父亲在家庭中被认同的程度，与孩子的心理健康程度成正相关。因此，一个父亲的成功不在于他客观上到底有多少成就，而在于家庭成员如何建构成功的父亲。一个被认同的"成功"父亲，可以很好地让孩子从二元母子关系中解脱出来，拥有安全的分离体验，越安全，他将来就会走得越远、越稳定。

我的原生家庭并不是完美的，我的父亲也并不是一个完美的人，但是我记忆中的父亲，成功要大于他的失败，这或许就是父性对我的意义吧。父亲的成功一方面来自他本身，另一方面来自家庭成员，尤其是母亲对他的塑造和建构。

我就是这样带着对自己家庭的理解，尝试去理解每个来见我的家庭的。

第二部分
心理诊室中的家庭问题

心理诊室中每天都在上演着各种各样的家庭故事，前来寻求帮助的人都遇到了或大或小的问题，如果将这些问题放回到家庭系统或社会系统中，你就会发现疾病有不同的故事背景，而不同的故事背景产生了不同的意义。这是心理治疗发挥作用的基本哲学态度——社会建构主义。

是患精神疾病后的绝望和无助，还是破坏性行为背后渴望改变的需要？是精神失常后社会功能的紊乱，还是不惜一切代价的破茧重生和自我成长？你和你的患者看见什么，就会创造什么。

第9章

守护家庭的卫士——孩子

家庭结构有维持性的特征,为了保持家庭的稳定,它有不改变的倾向。维持性之所以能够存在,是因为家庭成员间的彼此忠诚,以孩子对父母的忠诚最强烈。这种隐形的忠诚有时候会让孩子极度为难,甚至滋生疾病来迫使家庭发生改变。疾病的背后是孩子对家庭里不可言说的伤痛的维护。

不想让自己好起来的女孩

蔷薇长得很好看,像动漫中的女孩,皮肤特别白,一闪一闪的大眼睛好像会说话。她斜倚着诊室里的沙发,用挑衅而不屑的语气对父母说:"现在家里的一切都是你们咎由自取。"

蔷薇22岁，5年前，成绩出色的她决定从重点高中退学，没有理由，就是觉得学习没有意义。父母认为女儿的脑子可能出问题了，带着她去全国各地就医。蔷薇后来被诊断为抑郁症，服用过多种抗抑郁药，但是她的病情并没有好转。

蔷薇觉得自己没病，就是不想上学而已。当父母逼她上学时，蔷薇就无法控制自己的情绪，暴怒、摔东西，甚至多次扬言自杀。父母不停地向医生诉说女儿的症状，医生不停地给蔷薇加药、换药，只是病情依旧。我是蔷薇的第10个医生，来找我时，她已服用过三种抗抑郁药、一种抗精神病药和两种睡眠药。

以我的经验看，这可能是一个不想让自己好起来的女孩，在他们家，任何抗抑郁药可能都无效。是什么让这个家庭的孩子生病的呢？

蔷薇的爷爷奶奶在蔷薇父亲两岁时就离婚了。爷爷对奶奶充满了怨恨，拒绝妻子探视儿子。奶奶只能偷偷地趁儿子放学时匆匆见一面。再大一点，父亲会偷偷跑到奶奶上班的工厂门口等她下班，然后牵着妈妈的手走那么一小段共同的路程。这是父亲儿时最美好的回忆。爷爷知道儿子去见妈妈后，会打他一顿，但是蔷薇的父亲宁愿被打也要去见妈妈，见妈妈是蔷薇父亲儿时最大的愿望。

父亲学习很好，他渴望长大，渴望独立，长大了就可以自由地去找妈妈了。继父对蔷薇父亲还不错，但是他知道那里不是他的家。父亲儿时最痛苦的记忆是每次从奶奶家离开，提着奶奶和继爷爷为他准备的零食和玩具，在公交车上看着奶奶渐行渐远的背影。回家后，他舍不得吃奶奶准备的零食，怕吃完了奶奶就消失了，常常抱着那些礼物睡着。他怨恨过奶奶，为什么不能把自己接到身边，可是他不敢问，怕问了后奶奶不愿见自己了。

父亲考上重点高中那年，蔷薇的奶奶得了乳腺癌，半年后去世。绝望的父亲逐渐收起了期望，变得抑郁而无助，读书对他来说已经没有意义。他开始自暴自弃，旷课、打架，学习成绩一落千丈。高中没读完，父亲便和几个兄弟一起经营起了海鲜生意，生意越做越大，后来发展为了一家全国知名的连锁企业。

这个成功的男人在诊室里诉说自己的童年经历时，眼泪止不住地流。看着悲伤的父亲，蔷薇逐渐柔和了，不停地给父亲递纸巾。在这个家庭中，父亲悲伤时，安慰他的是女儿，而不是妻子。

蔷薇的妈妈在整个访谈过程中很少说话，面对悲伤的丈夫，似乎有些嫌弃，但是谈及女儿的病情时，她会滔滔不绝，充满无奈和愤怒。这个女人穿着朴素，凌乱的头发下依稀可见她俊秀的脸庞，蔷薇长得很像妈妈。丈夫在诉说自己的经历和苦难时，她的目光投向窗外，好似这一切与她无关。妈妈的肢体语言已经在告诉我，她也有一肚子的委屈和不容易。

蔷薇的妈妈是家中的老小，自小受到父母的宠爱，师范毕业后到当地小学教书。当初，她的父亲看上了在她家门面房做生意的小伙子，吃苦耐劳，有担当，而且很聪明。于是，他们开始了一段房东女儿与房客的爱情故事。结婚后，这个在家受宠的小女儿却未能过上理想的生活。丈夫的生意越做越大，在家的时间越来越少，她越来越觉得孤独。她也曾试图去理解丈夫，但是她觉得自己做不到："凭什么要我去理解他，他为什么不能理解我？"女儿出生后，丈夫的心思全放在了事业和女儿身上，她被冷落的感觉越来越强烈。她患上了产后抑郁，伤心、难过、绝望，内心总是充满无名之火，脾气越来越暴躁，甚至想过自杀。

一次和丈夫大吵之后，她感觉一股气没上来，晕倒在地，被紧急送往医院。在丈夫的悉心照顾下，她很快康复了，她忽然间有一种奇妙的感觉，生病真好，原来丈夫还是在意自己的。

这个家庭前17年的生活情形是这样的：经常生病而暴脾气的妻子，对女儿极其严格；忙碌而无奈的丈夫，对女儿极其宠爱。丈夫的事业越来越好，蔷薇的妈妈也因为身体经常疼痛，10年前办理了病退，留在家里照顾女儿。这个令人羡慕的家庭在蔷薇决定不上学的那一刻，开始发生了巨大的变化。

蔷薇说："我一直不快乐，这个家中天天都是妈妈刻薄的语言，动不动就发火，我曾经很听话，很努力学习，只是希望他们能开心一些。但是，我发现我的努力无济于事。爸爸很忙，但是一回家就被妈妈批评，还不敢反抗，因为妈妈身体不好，我们都要让着她。"

"所以你决定留下来，照顾这个家？"我问蔷薇。蔷薇不知所措地看了我一眼，停了几秒钟后说："不，不是，我想离开这个家。""那是什么让你留在家里5年呢？我想一定有让你牵挂的地方，让你不得已牺牲自己来成全什么？"

蔷薇已经控制不住自己的情绪，哭诉道："是我爸太懦弱了，我希望他能做出一些改变。上一个治疗师也说我爸太软弱了，总是受我妈的控制，所以这个家才好不起来。"

蔷薇是一个为家庭献身的忠诚卫士，她用生病的方式来拯救家庭，可惜父母都没意识到。要想让这个裹挟在家庭复杂情绪中的孩子逐渐分离出来，重点不在蔷薇，而在这个家的关系和动力。

守护与渴望

"你有没有发现,爸爸似乎在用一种看起来软弱的方式保护你和妈妈。"我在为这个家庭的僵化模式做改释。妻子说:"其实我爱人是个很好的人,很爱我们和这个家,我这么多年身体不舒服,加上女儿的事情让我心情不好,常觉得生活很绝望。"说着说着,妈妈也哭了起来。妈妈的情绪也需要被关注,我说:"妈妈这么多年应该也很不容易,为了这个家付出那么多,女儿病了后,我估计也很少有精力顾及自己的身体了吧。"妈妈拼命点头:"我这些病也查不出原因,就这样了,只要女儿好起来,我难受一些没关系。"

这是一个情绪融合的家庭,不分彼此,互相关爱,只是爱得太深,深到没有了边界。任何一个人的幸福都要建立在他人行为的基础之上,这样爱就变成了压力,夫妻之间如此,亲子之间也是如此。

当家庭成员出现困难时,他们习惯采用类似的模式来解决,你看到我痛苦你就会改变,你改变了就是在意我,病痛具有了意义,有了意义的行为会被逐渐保留下来,就这样所有人都被困住了,动弹不得。他们都很爱很爱对方,可是所有人都不快乐。

最后,我对蔷薇说:"你知道妈妈原来也很爱爸爸吗?他们可能在用我们都不太懂的方式表达关爱。你或许也在用同样的方式,表达对家庭的忠诚和关爱,甚至以自己的成长为代价,希望这个家好起来。这是你们家的优点,要继续发扬。"

"只是再稍微考虑一下,如何让你们彼此之间表达关爱的时候,自己和对方都不那么辛苦。如果你们真的可以做到,那么你的药物可以慢慢减下来，因为那时候你们就不需要病来帮助你们表达关爱和理解了。"

我对妈妈说："你是一个很有想法的女性，坚强而有韧性，宁愿让自己的身体受苦，也要得到理想中的爱情和家庭。你的感受性很丰富，同样的压力你可能感受到的痛苦会更强烈，你更不容易。让我惊讶的是，你这么痛苦还能从对家庭的失望中，感受到丈夫的付出和女儿的不容易，只是表达的方式不同，可能让对方产生了误解。"

我给妈妈提了一个小建议："如果你一直情绪不好，身体反复不适，可以尝试和女儿商量，把她的药拿一部分过来，帮你缓解缓解情绪，帮助女儿分担一点'病情'的痛苦。至于怎么拿，可以回去找一个医生好好商量一下，或者再来门诊找我。"

"爸爸，你是家中最重要的那个人，牵动着两个女人的心，你的成长经历决定了你会用一种独特的方式来处理亲密关系。你绝对不是懦弱和无能，相反，你是一个懂得宽容和妥协的真男人，默默无闻地爱着妻子和女儿。"

"假如你尝试换一种方式直截了当地表达你的感受和关爱，我不知道你们家会发生什么变化？你是一个成功的男士，我想你一定可以想出适合你们家的方法，可以回家尝试一下，看看妻子和女儿会有什么变化。和你的妻子一起，努力做一对不让女儿牵挂的父母吧。"

这是两年前治疗的一个家庭，他们一直在我这里就诊。两年过去了，蔷薇的抗抑郁药物减到了一半，参加了成人本科自学考试，并开始在父亲的公司里工作。母亲也在我这里开了抗抑郁药物，身上的疼痛已经消失，目前已经停药。父亲依然那么坚强和能干，公司的业务越做越大，笑容明显增多，他们家朝着向往的目标在前进。

青少年在获得独立之前，必须学会从家庭中分离，形成自我的身份认同，摆脱孩子的身份。家有少年的父母要允许孩子拥有独立的观念，并与他们保持一定的亲密性，青少年才可能获得最理想的同一性状态。

如果家庭中以关爱的名义，不允许分离和独立，那么这就是一种假性互惠，看似亲密实则是伤害。这样的家庭主要表现为，特别在意对方的情绪，渴望自己重视的人以自己为中心，否则就会责怪对方不理解自己。负面情绪如愤怒和委屈，成为家庭情绪的核心。

家庭成员有渴望独立的本能，尤其是青少年，可是一想到对方的关爱就会自责或觉得委屈，一想到被控制又会愤怒和攻击。这些情绪会牵绊着每个人无法获得真正的独立。

依赖和独立是亲子关系永恒的主题，在情绪融合的家庭中，独立会比较艰难，如何独立呢？通过战争才能划清界限。如何通过战争争取独立呢？父母越在意什么，孩子就越会以此作为独立的武器，这样才可能"打败"父母，获得胜利。所以，不上学往往成为青少年家庭战争的导火索，只是会伤敌一千自损八百。这些斗争的本质是理顺家庭关系，以便独自踏上成长的旅程，否则，孩子对家庭的忠诚可能让他们成为一直守护家庭的卫士，不敢踏出家门。

每个孩子，都是守护家庭的忠诚卫士。

如何让家庭发生更大的改变

当我们遇到困难时,常常采用一种基于自己的理解基础上的方式来解决,如果问题得以解决,这种模式就会被强化并内化为自我的一部分。当我们使用惯常的方式解决不了问题时,就会对未解决的问题进行合理化的解释,例如我病了、我没有能力等,并开始寻求外界的帮助。为什么我们的方式不能使问题发生改变呢?

怕死的运动健将

欧阳在一次健身过程中,突然感到一阵心悸,他立即停下来休息,心悸不仅未减轻反而加重了,接着大汗淋漓,呼吸急促,手脚发麻，死亡恐惧顷刻袭来。欧阳在健身房工作人员的帮助下到医院就诊，做了全面检查后未发现身体异常。

这样的检查结果让他更加紧张，欧阳认为肯定有疑难杂症没有被检查出来，因为他总是感觉心脏区域不适。24岁的运动健将就这样住进了心内科，最后的诊断竟然是"浅表性胃炎"。针对胃部疾病治疗后，欧阳的焦虑不安并没有缓解。几日后，欧阳开始上班，可是一到单位他就会出现濒死感，然后立即打电话让母亲接自己回家，一回到家所有紧张感就消失了。欧阳的症状似乎与家庭有关联，于是我邀请他的父母也一起加入心理治疗中。

欧阳的母亲也有自己的难言之隐。她有一种特别的恐惧症，恐惧自己在外面无法控制小便，特别担心自己尿失禁，虽然她从来都没有尿失禁的经历。她一生都未离开过上海，出门必须要丈夫或儿子陪着，在外面的第一件事就是大家一起找厕所，如果找不到，则会发生和欧阳一样的症状。

1年前，儿子大学毕业后开始工作，母亲给儿子准备的礼物是随身携带的感冒药、腹泻药和保心丸，夏天有解暑药，冬天有保暖设备，以备儿子在外面生病时急用。只是保心丸没能控制住儿子这次的症状，欧阳终于如愿以偿地生病了。

你担心的终究会来

圣人圣路加（Saint Luke）说："你愈想保住性命，就愈容易失去性命，而不顾死活的，反而活了下来。"我们越是试图采取措施去预防恐惧事件的发生，糟糕的事情往往越是会出现。登台演讲前，我们告诫自己千万不能紧张，双手不停揉搓，深呼吸，甚至掐自己的胳膊或大腿，试图让疼痛刺激大脑，结果往往紧张得无法完成发言。

望子成龙的父母总是担心孩子不够优秀，早教班、艺术班、奥数加二外，试图在人生的起跑线上让孩子先人一步，以便将来能够与他人竞争。结果，这些孩子往往是最容易讨厌学习的那个群体。

总是害怕人生失败的年轻人，可能会拼命地工作，处处小心谨慎，时刻做好人生飞跃的准备，结果总是不如意。他们可能会因为社交恐惧、抑郁症等前来寻求帮助，百思不解的是，如此周全的设计和安排，为何却总是事与愿违呢？

心理学中称之为"自我应验的预言"，因为你提出了某个预言而导致预言本身成真。

欧阳的妈妈认为儿子总有一天会突发疾病，准备了大量的药品以备使用，所以儿子生病了（儿子也从家庭中习得了类似的预言效应）。

有社交恐惧的人，认为在他人面前发言时自己总是一塌糊涂。

焦虑的父母认为自己的孩子不如别人，拼爹也拼不过别人。

自卑的人，总是通过不情愿的奋斗来回避失败。

哲学家维特根斯坦（Wittgenstein）有一句名言："为困在瓶子中的苍蝇指一条出路。"困在瓶子里的苍蝇，眼前一片光明，结果四处碰壁，它没有意识到笼罩在周围的瓶子阻碍了它。在困境中，我们就像那只苍蝇，无论怎么用力，都无法逃出那个隐形的瓶子，不是你不够努力，而是你没有找到瓶子的出口。

第二序改变

我们对恐惧的恐惧、对未知的假设，就像一个看不见的瓶子，在这个瓶子里所做的改变无法拓展到瓶子外，这被称为第一序改变（first-order change）。第一序改变属于系统之内的变化，只能维持系统不变，达不到更高层次的改变。而苍蝇要想感受瓶子外面的世界，只有从瓶子里飞出去，此时系统本身发生了变化，这被称为第二序改变（second-order change）。

一个人做噩梦时，在梦中可以做很多事情：跑、躲、打、喊、跳下悬崖等，但是不论他怎样变化都无法改变这个梦境。跳出梦境的唯一办法就是苏醒，显然苏醒不再是梦的一部分，而是完全不同状态的一个改变。梦中所做的一切应对恐惧的方法皆为第一序改变，苏醒是第二序改变，也被称为改变之改变。第二序改变会为瓶子里的苍蝇指出一条出路。

为了区分两者，我再给大家举一个例子。在我写这本书时，曾接到一个从网上医院转来的咨询电话，是一个妈妈打来的，说她13岁的女儿1年前被诊断为抑郁症，目前治疗效果不是很好，想咨询一下医生的建议。这是一个很好的妈妈，她首先做了自我检讨，承认自己以前对女儿关注太多、太专制，自己太焦虑，对女儿期待太高。她很后悔，之前常指责女儿不懂事、不努力、不认真，她意识到这些行为都源于自己内心的焦虑和不强大。女儿病了以后，这位妈妈的态度发生了很大的改变。她辞去工作，专心在家陪女儿，每天关注女儿的情绪变化，不再批评孩子，给她理解、支持和帮助，即使女儿决定以后不上学，她也能接受，只要孩子心身健康就可以。

可是，女儿已经病了一年多，目前不仅无法复学，而且情绪也没有明显好转，伴发的精神病性症状似乎有增多的趋势，药物越用越多。所以，她无比担心和恐慌。

这位妈妈有变化吗？有，而且听得出她是发自内心地想改变。但是，她目前的改变依然是内容层面的第一序改变，她从关注孩子的学习，转移到关注孩子的健康上。她和女儿的位置关系并没有改变，表面上是女儿的现状让妈妈无比担心，实际上是妈妈的焦虑投射到了女儿身上，女儿的发展成为妈妈内心不安的"替代品"，形成了一段没有界限的母女关系。

当这位妈妈可以直面内心的恐惧，去完成属于自己的成长，不再把女儿作为自己焦虑的载体时，他们家就会发生第二序改变。

在欧阳家中，母亲的焦虑和父亲的退缩通过核心家庭情绪传递给欧阳，形成了一个看不见的玻璃瓶，将欧阳的成长困住。欧阳和母亲就像渴望外面世界的苍蝇，拼命地想飞出去却总是头破血流。

症状有时候预示着家庭发展的强烈需求。我们相信，在这个瓶子里的每一个人都不是刻意地选择这样，他们只是没有意识到，或者这个瓶子曾经也是一个遮风挡雨、带来温暖的地方。

改变之改变

司马懿大兵逼近西城城墙下，诸葛亮无兵迎敌，只能"凭栏而坐，焚香操琴，高声昂曲"，司马懿怀疑设有埋伏，引兵退去。战场上两军对垒，金戈铁马、视死如归、破釜沉舟的豪迈属于第一序改变。诸葛亮的不对抗是对抗的较高境界，为困境中的大军找到了脱离苍蝇瓶的出口，他跃升到更高逻辑层次去思考，于是发生了第二序改变。

当我们不再局限于同一种类的选择，开始质疑并拒绝原本限制发展的逻辑，并重新思考解决问题的各种逻辑种类时，更大的改变就可能会发生——这是第二序改变的本质。

欧阳的症状符合惊恐障碍的诊断标准，但是服药两个月来，病情并没有好转。我告诉他们，其实欧阳没有身体方面的疾病，也就是说不会因为这个病死掉，但这种恐惧和紧张感是切切实实存在的，目前无法用药物迅速消除，至少还要持续几个月。

"我建议，你们全家要做好继续和这个症状相处的准备，放弃和它做斗争，因为我们暂时没有办法控制它。今天咨询结束后，回家做几个好菜，庆祝一下这个新成员的到来，就像诸葛亮'焚香操琴，高声昂曲'一样，对症状表示欢迎。"结果，欧阳的惊恐症状在接下来的很长一段时间内都没有再出现。当然，家庭模式的重建和欧阳的分离个体化还要继续，他们家的第二序改变才刚刚开始。

那位电话咨询的妈妈已经六神无主，很是无助。我觉得几分钟的电话咨询很难解决她的核心困扰，于是给她两个建议：第一，你如果经常心神不定，建议去心理科就诊评估；第二，你们全家一起接受家庭治疗。我告诉她，这不是孩子的错，更不是你的错，女儿或许在用抑郁提醒你们家要发生更大的改变。

当我们的问题在很长一段时间内没有办法得到解决时，不妨尝试跳出原先解决问题的模式，思考一下：这个问题在提醒我家里要发生怎样的变化呢？

第11章

父母有时并不那么爱你

小30岁的弟弟

5年前,文迪的父亲罹患食管癌,作为家中唯一的女儿,她毅然和相恋5年的男友分手,回到国内发展。为了能够让父亲在有生之年见证女儿的幸福,文迪接受了一个相亲认识的"可以结婚"的男孩。半年后,她答应了男孩的求婚,并开始筹备婚礼。结婚前,即将成为夫妻的小两口多次邀请父母来上海,看看自己的新家,但是身在不同城市的父母却一直说没空。

在婚礼前的一个月,文迪和男友回到老家准备发放喜帖时,却发现家中多了一个3个月大的男婴。母亲说:"我和爸爸给你生了个弟弟,你很忙,就没有告诉你。"原来父亲一直为没有儿子感到遗憾,生病后这种感觉更加强烈,夫妻二人通过辅助生殖技术生了一个属于自己的儿子。这个突如其来的弟弟，让文迪脑中"嗡"的一声，差点晕倒。她将喜帖放在家中，扭头拉着男友离开了。

回到上海，她大哭了三天，父亲想生个男孩她尚可理解，但父母竟然都没和她商量，甚至连这个决定和结果都没有告诉她，她无论如何都无法理解和接受这一点。文迪瞬间觉得自己"多余"了30年，她为父回国，为父结婚，原来父母并不那么爱自己。

从此，文迪的情绪经常失控，唯一的解决方法就是暴饮暴食，她的体重迅速飙升至180斤。3年来，她为父而建的家庭未给她带来任何幸福，与丈夫价值观的巨大差异，让他们争吵不断，身心俱疲。身体状况的不稳定和情绪困扰令她无心顾及繁重的工作，生活品质一落千丈，体重一直在160斤以上。文迪说，她不是接受不了弟弟，而是需要重构父母对自己的爱。她无法面对这样的事实：父母其实并不那么爱她。她持续用对身体的攻击来捍卫对父母的忠诚：他们是爱我的，我必须对这份爱负责。

这让我们不由得沉下心来认真思考：父母都是爱孩子的吗？还记得南京吸毒妈妈将两个女儿反锁家中双双饿死的惨剧吗？她其实更爱的是毒品。父母虐待儿童案件时有发生，他们更爱的是自己。如果说这些极端案件还受到很多社会因素的影响，那么日常生活中的父母都如孩子幻想的那般爱孩子吗？

百度词条是这样解释"爱"的："爱是指一个人主动地以自己所能，无条件尊重、支持、保护和满足他人靠自己无法实现之人性需要的思想意识状态及言行；爱的基础是尊重，即无条件承认和接受被爱者的一切，不挑剔、不评判；爱的本质是无条件地给予，而非索取和得到。"爱的核心是"给予"，关键是"无条件"。

孩子出生后，父母需要喂养哺育，抚养成人；孩子长大后也要赡养父母，善待长亲。这是最基本的义务，不是爱。生育和繁衍是动物的本能，目的是延续种族和竞争。企鹅妈妈每个产卵季只会产两个蛋，它会将较小的那个踢碎；而白鹭和黑鹰会纵容较大的孩子将较弱小的那个啄死并吃掉。这种通过牺牲弱者达到群体系统稳定的做法是自然界生物的通行法则，人类父母也不例外。

人类与其他动物的不同之处在于我们有道德和情感，不会通过明显的杀戮来实现内在的种族稳定，但是生存法则是相通的。我曾看过一篇很有趣的文章，题目是"中国父母最自私：自己当猪，望子成龙"，很多父母就属于里面提到的第三种情况：自己不会飞，就在窝里下个蛋，让下一代使劲飞。这种望子成龙的愿望，其实就是渴望种族稳定和强人的原始欲望再现。如果孩子达不到父母的要求，父母就会采取像企鹅妈妈一样的措施，将那个"坏蛋"踢碎：批评、指责甚至打骂。我们说这是在死亡恐惧支配下的原始生存策略，不是爱。

文迪感受到的就是父母在这种低级欲望支配下采取的后代性别选择，这种选择折射出的毁灭和杀戮感一点都不逊于踢碎那个"坏蛋"。她的感受没错，父母没有她想象的那么爱她，甚至都不爱她，只是在尽养育的义务。

爱与不爱的束缚

除了个别虐待儿童的案例之外，绝大部分父母是能够很好地哺育孩子的，但并不是所有父母都是爱孩子的。因为不愿意承认父母不爱自己，有太多的子女被这种冲突折磨得崩溃：我的父母一定是爱我的,应该是爱我的,但是我从他们的言行和态度里却感受不到爱。不仅如此,他们还无尽地索取,索取物质,索取精神。越是不爱子女的父母对子女的索取越多、越强烈,因为他们自己缺少爱,不懂爱,恐惧失去爱。

涛是我的好友,他很少和我聊他的家庭。但是有一段时间他说快坚持不住了,母亲一点都不理解他,只会一味地索取,从不考虑他的感受。母亲在他很小的时候就如此,吃穿住行都是首先考虑自己,然后才能轮到孩子。前几年家中发生了重大变故,母亲首先想到的是如何分割财产,而不是安慰子女。现在每天给儿子打电话,要求儿子给她买这买那,否则就骂儿子不孝顺。

涛说他很讨厌母亲,一点都不想做她的儿子。在有爱的家庭里长大的人很难理解涛的想法,也难以想象他母亲的行为。我们说这样的父母本身是缺爱的,他们不懂如何爱孩子,甚至根本就不爱,一味地要求回报,把义务当作交易。在缺爱的家庭中长大的孩子,往往会陷入"爱的双重束缚"——父母应该是爱我的,但是他们传递的信息却让我感觉不到爱。

在家庭中,面对这种爱与恨的矛盾时,面对重要人物的远离与靠近时,接受信息的人会被迫进入一种难以正确辨别信息的情景之中,并无法给予满意的回应,陷入进退两难的困境。长期处于这种困境中的孩子,可能会很困惑,怀疑一切,或采取防御措施,以扭曲的态度面对所有的关系,结果就是失去了解自己的能力,失去与他人真诚沟通的能力,久而久之,人的精神就接近崩溃了。

涛是一个很有智慧的人,他细细地体会了这段让他愤怒、矛盾、忧伤的母子关系后,得出一个结论:我妈是不爱我的,她只爱她自己。20多年来，他始终无法接受自己对母亲的埋怨和指责，觉得自己不够孝顺，他一直都在逼着自己相信：母亲是爱他的，只是方式不对，他不能不爱她。如今，他以一种更加平等的方式和母亲交流，而不再是以偿还爱的债务的儿子的身份。

　　文迪在我这里进行几次心理治疗后，也逐渐认识到：父母没有她想象的那么爱她。我们的错觉来源于我们对爱的渴望，来源于我们缺少爱。一个在真正的爱中成长的人，不会过度揣测父母的心思而放弃事业、爱情，一定会相互商量、平等交流、相互尊重，奉献和牺牲是不健康的互动模式。

　　相信不爱，不是抱怨和攻击；相信不爱，才可以放下成见和自我摧毁；相信不爱，才可以以另一种方式再爱！

第12章

完美无缺的家庭恰恰可能是有问题的

家有精神分裂症女孩

小迪是个18岁的女生,身材瘦小,安静地坐在米白色三人沙发的中间,低头看着脚尖。父亲和母亲分别坐在她两侧的单人沙发上,我坐在小迪的正对面。她1个月前被医院诊断为"精神分裂症",药物治疗后并无起色,仍然经常与父母发生冲突,夜深人静时在马路上翩翩起舞并引吭高歌。他们经人介绍来到我这里就诊。

小迪的情感有些不协调,说话时眉飞色舞,语调婉转,极富表演性。她这样解释自己的行为:"唱歌跳舞是我的自由,我很开心,所以想唱就唱,想跳就跳。"

"最近你一直都很开心吗?"我问小迪。她不假思索地答道:

"当然，我为什么要不开心呢？我每天有很多事情要做，我要迎接我的大学生活了，我要学外语，为将来出国做准备，我要唱歌、弹琴、跳舞，我要成为一个全能型的人才，我夜里都不能睡觉……"

经过评估，我认为小迪所患的不是精神分裂症，而是伴发精神病性症状的双相障碍。此时，父亲补充道："我们之前看的一个专家和你的判断是一致的。"父亲显然是在考验我这个看起来比较年轻的医生，在我给出诊断之前，并没有提到这个和我判断一致的专家。

我开始与这个家庭工作："你们全家今天想和我交流一些什么呢？"母亲迅速接过话题："自从她病了以后，我们家无片刻安宁……""你才有病呢，我没病，我觉得我妈有病，需要看心理医生……"小迪对妈妈咆哮着，很是令人惊讶，那么瘦小的身体竟能爆发出那么大的能量。

"陈医生，你看，在家天天都是这样，我们不能表达任何有关她的想法，否则就会这样。"母亲显得很无奈，但这句话显然是在说"这都是女儿的错"。但是，错的是病，不是人，这两者需要剥离，才能减轻小迪的压力。"看来你们和小迪一样，都被这些情绪和压力困扰许久了。你们全家是如何和小迪一起去应对这些困难的呢？"父母需要和小迪在一条战线上，才能共同克敌。

母亲略显自豪地说："我们家很完美，我们很爱小迪，对她有求必应。我和她爸爸关系也很好，从来都不吵架。我们的家庭没有什么问题。"妈妈有些警觉，提前将家庭的责任撇清，但这恰恰可能是有问题的征兆：家庭成员秉持着"每个人都需要为自己负责"的信条，这是家庭僵化的表现。父亲也应和着："我们在小迪生病后，进行了反思，但是真的没有发现我们家有什么问题。"我已经感觉到了小迪的愤怒。"你们都很完美，那都是我的错了，是不是？"小迪再次大吼。

一个完美无缺的家庭

谁看见问题，谁将被赋予解决问题的责任，因此，很多家庭倾向于掩盖真正的问题。我的直觉是，小迪很可能是个"替罪羊"。

我问小迪："你能详细说说你对他们的愤怒吗？"小迪的情绪变化很快，从之前的暴跳如雷，瞬间转变为婉转如水的少女："其实也没什么，我就是不想待在家里。"她似乎很无奈，对家庭非常不满，但是又非常想保护家。这些表现都是被家庭长期塑造的结果。"你很想逃走？越远越好？"我需要提供一个让小迪打开话题的机会。"是的，这个家很可怕，我一秒钟都待不下去。"小迪说。

成绩一向名列前茅的小迪高考发挥得不是很理想，勉强进入一所普通的重点大学。母亲认为小迪不够努力，成天组织一些没用的活动，没有把学业放在首位。小迪也很是自责，但是认为自己的未来并不可能被这次高考所决定，她立即设定新的目标，准备将来出国读研究生。一个月前开始变得紧张忙碌，兴奋高亢，参加很多外语辅导班和声乐、钢琴辅导班，立志成为一个全能型的人才。从那时起，家人发现她的行为出现了异常。在被诊断出精神疾病后，母亲决定辞去工作，去小迪读大学的城市陪读，监督学习和吃药，因为所有的精神科医生都说这是一种很严重的精神疾病，需要长期服药，否则将后患无穷。

除了疾病之外，全家只有小迪看到了问题：这个家很可怕！在小迪即将离家的时刻，疾病来到了这个家庭，疾病让小迪无法离家，或者说让她带着母亲一起离家。是什么让母亲无法单独和父亲相处呢？我有了这样的好奇。

坐在我两侧的父母，让我有一种被分裂的感觉，我注意到母亲就关注不到父亲，父亲习惯沉默，容易被忽视，我想这或许就是他们家日常的模式吧。

我问小迪父母："你们可以调整一下位置吗？让小迪坐在爸爸的位置上，爸爸和妈妈一起坐到沙发上。"他们一家三口面面相觑，好像不知道发生了什么，停顿了几秒后，小迪首先起身。他们调整了座位后，我问小迪，现在和刚才有什么不同的感受吗？小迪很聪明，完全不像一个有精神疾病的女孩："他们俩虽然不吵架，但是几乎不沟通，坐在一起感觉很别扭。"

我问小迪："如果让你选，你会坐在哪里呢？""我希望坐在现在的位置上，但是妈妈会把我拉到他们中间。我妈妈有严重的焦虑症，在家里我就像她妈，她每天都需要我照顾。"提到妈妈，小迪总有无尽的愤怒和无奈。

"你很想独立，不想掺和父母之间的纠纷，但是你又放心不下这个家。"我说到这里，小迪哭了："别人总羡慕我们家，只有我知道我们家有多可怕。我很努力，不想让他们失望，可是他们没有一个人能看到我的努力和付出。我每天都会在床头更换一份心情日记，告诉自己要开心，要努力，每天要完成什么任务。我在家里要表现得开心、乐观，不然家里就死气沉沉，每个人都板着脸，只有我成绩好了，他们才会放松一些。"

显然，这个家里只有小迪愿意去看见和正视问题，也只有她愿意改变，在即将离家的关口，她有些力不从心。

我不知道她的父母之间到底发生了什么，这是一对貌合神离的夫妻，他们试图通过转移矛盾来消除二人独自相处时的焦虑和痛苦。夫妻二人又似乎很害怕某种东西暴露，母亲赶紧接着小迪的话说道："小迪，你想多了，我和你爸爸之间没有什么问题，我们很好的。"夫妻之间仿佛达成了某种默契，不对外宣布矛盾。但是，孩子能敏锐地察觉那种紧张和压抑，孩子是家庭的一面镜子，能清晰地映射出关系中的问题。

我们尊重家庭中的秘密，甚至尊重家庭对改变的抗拒。这个家庭中，孩子优秀，父母和睦，从没有争吵，经济条件优越，每个人都知书达理，但是这种完美让人窒息。

我们都知道这个世界上没有完美的东西，他们家不完美的东西去哪里了呢？或许小迪的病就说明了一切。

最后，我对小迪说："你是一个很聪慧，并且对家庭很忠诚的女孩，你努力、乐观、坚强，但是这些特征中只有很少一部分属于你自己，有很大一部分是为了父母而表现出来的，你对这个家有一份不能承受之重的感情。虽然你很想离家，一秒都不想待在家里，但是你却无法抽身而退，你不放心，似乎有一种牵挂。疾病可能是一种全新的表达，成了家里的第四个成员，它的到来让父母在你离家后有了新的关注对象。好像是你的好姐妹，来替你照顾这个令人不放心的家。甚至，让你的母亲有理由也离开这个家，陪你去读书。"

我对这对夫妻说："不要恐慌，我不是来找你们家的问题的，而是想努力探明彼此之间的互动可能会对其他成员的影响。不知道你们感觉现在的座位和刚才有什么不同,起码我和小迪觉得这样交流起来更舒适,可以同时观察到你们,能同时对你们保持专注,不然我会有点分裂的感觉。一般而言,夫妻是家庭的核心,要承担更多的家庭责任,尤其是情绪管理的责任。可是你们家的小迪很棒,勇敢地承担了这份责任,如果她不优秀、不努力,似乎你们家就不完美了,她自己都不允许这样的事发生。我猜测,你们家可能有一些特殊的情况吧。"

治疗结束后的第二天,父亲给我的助理发来短信,希望预约一次单独的夫妻治疗。

第13章

我们并非刻意获得生病的好处

双重控制

美国心理学家杰·海利（Jay Haley）认为，生病是我们适应生活的一种策略，当其他方式都无效时，我们往往会选择生病来解决生活中的困难，目的是控制关系。比如，一位惊恐发作的女士，非常害怕再次出现令人窒息的恐惧，希望丈夫能留在家里陪她。丈夫因为妻子的病留了下来，妻子就感到安心很多。在这个互动过程中，丈夫的行为受到妻子的病的影响（因为妻子生病，所以他留在了家里），而妻子也迫于疾病选择留在家里或提出让丈夫陪伴自己的请求。夫妻二人选择的互动模式有效缓解了疾病带来的痛苦，疾病引发的行为改变也因此而具有了功能和意义。如果这是这个家庭减轻恐惧的主要方式，那么他们的关系就被疾病控制了，同时"留在家里"又维持了疾病的存在。

因为疾病而被迫选择的互动模式，被称为"双重控制"，生病的人利用疾病控制了关系，但是自己也不得不继续生病，而被疾病控制。这种微妙的家庭互动，是心身疾病慢性化的主要心理病理机制。打破这种"双重控制"关系的第一步，是要让家庭或者患者本人看到生病的"好处"，因为有"好处"，病才会被保留下来。由此而启发家庭和个体，这种"好处"除了以生病的方式获得，是否还可以发展出其他的策略？

生病的好处

一位年轻的双相障碍患者经过治疗后，症状已经消失，但是大学毕业后一直未去上班，选择留在家里。我给他们家留的第一个家庭作业是：在下次见我之前的一个月内，一家三口认真而严肃地想想，"双相障碍"这种病对于自己和家人可能有什么好处。如果实在想不出来，就想想这种病对社会是有贡献的，起码给医院带来一份收入。

一个月后，我再见到这家人时，每个人的情绪都发生了变化。儿子说："这是我们家最近几年最轻松的一个月，以前从来没有考虑过生病还有好处，不过我想了想，还真的可能有。"

儿子写下的好处包括：

- 更能掌控时间。因为生病，有些事情我可以选择不做，不必那么有压力，反而可以更好地安排自己的时间。

- 父母的关系变好了。我生病以后,他们的争吵减少了很多,父亲回家吃饭的次数越来越多,母亲的脾气也不那么暴躁了。
- 父子关系变好了。父亲在家的时间多了,和我交流也多了,也比以前更能理解我了。
- 可以不工作。起码我目前不会有同学们朝九晚五的工作压力。
- 为社会做了贡献。为医院提供了一个病例,为陈医生带来一份收入。

母亲写下的好处包括:

- 心态好了很多。以前总担心儿子,现在知道他有重性精神疾病,反而不那么担心了,就想好好给他看病。
- 自己的病奇迹般好了。母亲以前有场所恐惧,坐飞机或者去人多的地方就恐慌紧张,自从儿子生病后,她可以去人多的地方,也可以坐飞机了,这些恐惧症不治自愈,因为她心里装的都是儿子的病。
- 觉得丈夫更好了。丈夫在儿子生病以后变化很大,回家的次数越来越多,时间越来越早,也更能理解和帮助自己了。
- 对家庭更有信心了。儿子生病以后,家庭关系变得更紧密了,一家三口外出的机会越来越多,冲突也少了很多。这个家庭没有因为生病而垮掉。

父亲写下的好处包括:

- 与儿子沟通更容易了。儿子生病以后,更愿意和自己交流了。

- 对自己的身体有好处。在外应酬减少了，喝酒少了，饮食也更规律，以前的不良习惯减少了很多。
- 觉得妻子很不容易。在家待的时间多了，才发现照顾家庭其实挺费心的，更能体会妻子的不易。
- 儿子更成熟了。这次生病以后，发现儿子的情绪背后有很多非常成熟的想法，以前都把他当成孩子，现在反而对他更有信心了。

看完他们的家庭作业，我告诉他们，你们家不用治疗了，回去再想想如何通过不生病的方式，将生病无意间带来的这么多好处继续保留下来。如果哪一天这些好处消失了，你们又要通过生病的方式来解决，再来找我吧！

另一位患有焦虑症的女士写下的"患焦虑症的好处"如下：

- 更果断了。生病后，我把那个付出无数心血的工作辞掉了，以前我几乎每天都加班到晚上10点，太累了。现在想想我为什么要虐自己，为什么要逼自己！
- 夫妻关系更好了。我以前会有一点担心，我不优秀了，丈夫会不会不爱我，现在我生病还没有工作，他反而对我更好。天天陪我，放弃了很多个人空间。我们之间的沟通和交流也多了很多，他也更能理解我了。
- 更独立了。以前我父母那边有什么事情都要我决定，好像我是他们的"家长"。以前我无法拒绝他们，觉得照顾他们是自己的义务，拒绝了会非常内疚和不安。现在我可以拒绝他们，理由就是我心情不好，没有精力给你们操心了。
- 更加了解自己了。生病以后，我看了很多心理学方面的书，慢慢了解了自己的性格以及与家庭的关系。

一位患有抑郁症的男士记录的患病好处是这样的：

- 巩固了夫妻关系。以前一直认为只有血缘关系是切不断的，生病以后才发现，真正对自己不离不弃的是妻子。
- 改善了家庭氛围。生病前经常和朋友胡吃海喝，生病后就不想出去了，在家里陪孩子和妻子的时间增多，孩子变得更懂事了，成绩也提高了。
- 增强了体质。心情不好的时候，什么都不想吃，体重下降了很多，很顺利地减肥了。
- 认识了新朋友。我认识了几个同样患抑郁症的病友，我们还建了一个群，经常沟通，大家都能互相理解。和社会上的朋友不一样，有心与心交流的感觉。
- 更勇敢自信了。这么令人痛苦的抑郁症我都得过了，其他的困难都算不了什么。

一名患精神分裂症10多年的男士，常年待在家里，几乎每年都要住院一两次，想到自己因为生病而变得如此落寞、糟糕，就特别悲伤和愤怒。我问他："如果奇迹发生了，你的病一夜之间消失了，再也不会回来找你，接下来的一个月内，你最可能去做的事情是什么？"他很开心地说："我就可以像正常人一样生活了，找工作，结婚生子，过得幸福而快乐！"

我继续问道:"你能说得详细一点吗?你打算如何找工作、如何结婚生子呢?"他陷入沉思:"病好了,我还是什么都不能做!"

"是病好了,我什么都不能做更痛苦;还是我一直生病,认为是因为生病而让我如此糟糕更痛苦?"这些问题对他可能有些挑战,但是必须要让他意识到,习惯了疾病的慢性化,会让他从中获益。有时候,疾病成了我们的保护伞。

我同样给他布置了这个作业,写下患精神分裂可能的好处有哪些。几个月后,他说他以前就像一只受伤的小鸟在天空盘旋,不敢落地,害怕摔伤自己,如今可以安全着陆了。虽然还有症状,但是他开始思考如何过好接下来"生病的30年"。两年过去了,他再也没有住过一次院,并开始在专业机构的帮助下尝试走向社会。

与疾病相处

生病有时候会成为解决生活困境的有效方法。美国社会学家塔尔科特·帕森斯(Talcott Parsons)认为:"病人可被免除正常人的社会角色。"当生病被赋予一定功能和意义时,疾病状态就可能被维持下来。美国学者阿瑟·克莱曼(Arthur Kleinman)通过对我国精神障碍患者的调查发现,中国文化中渗透着神经衰弱的病痛体验,心理疾病成为"弱者"的武器。当我们处于纷繁芜杂的困境关系中时,倾向于通过病痛解决问题,来表达难以名状的诉求。

我们并非刻意获得生病的好处,更多时候是我们在应对疾病的过程中,创造和丰富了疾病的意义。具有了意义的疾病,在新的系统互动中逐渐形成新的平衡,并被巩固下来。一味地旨在消除这些症状,而未扰动疾病所处的系统,症状就可能会卷土重来而迁延不愈。

法国心理治疗师凯瑟琳·艾尔薇(Catherine Hervais)说:"症状是我们隐藏部分的语言。"如果你正遭受疾病的痛苦,试着从对它的憎恨和讨厌中,停下来好好地审视一番,症状可能想要表达的意义是什么,有哪些可能被我们忽视的好处吗?当这些潜在的功能和意义被明朗化时,疾病的存在就不那么重要了。

被欣赏和肯定的疾病一定不会忍心折磨你很久,尝试和它说再见,可以是"好走,不送",也可以是"如果你想我,随时恭候"。

父亲缺席的母子盛宴

极其出色的儿子

蒋女士上身穿咖啡色粗布衬衫，下身穿蓝色裤子，脚踏一双黑色平底皮鞋，左手提着一个绿色的布袋子，右手拿着一张写满字的稿纸，头发凌乱地束在脑后，皮肤粗糙而灰暗。她的穿着让我想起了电视里的女知青，朴实且有一股说不出的韧劲，一点都看不出是上海某大学的知名教授。她谦逊地向我鞠躬致意，我也起身致意，示意她落座。

蒋教授是为儿子前来咨询的，她的讲话方式颇吸引人："今天我为什么要来咨询呢？要从端午节那天的事情说起……"作为桃李满园的大学教师，她的专业能力和授课水平一直很受学生和同事的认可，常以问句开头的讲述方式也容易让人带着好奇去倾听。

蒋女士有一个非常非常非常优秀的儿子，母亲在优秀前加了三个"非常"，满心都是自豪，又似乎在宣誓自己的功劳。儿子的确很出色，学习优秀，从小到大一路保送至研究生，而且综合能力很强，做过学生会主席，带领学生团队成功创业，国外大学交流学习1年，多次获得国家级创业大奖。因极其出色的表现，儿子尚未毕业就被国内某顶级金融集团提前招录，于是他果断放弃了出国深造的机会。他知书达理、谦逊聪明、宽容待人、严于律己，简直就是一个被上帝塑造出来的完美男孩。

蒋女士的儿子最近遇到了困难。半年前因为一些工作上的事务，他当众顶撞了顶头上司，此后两人关系紧张，多次针锋相对、剑拔弩张。为了缓和矛盾，儿子也曾主动向领导道歉，领导也接受了，但是他在工作中总是感受到来自团队的排挤。他一直心情不佳，但是又不愿意转岗，因为在他的人生里似乎还没有过被迫放弃。

端午节那天，母子俩又谈起这件让人揪心的事情，儿子突然暴怒，低吼着："我想拿刀捅死她，捅死她，捅死她……"母亲恐惧至极、惊慌失措："儿子，你怎么会有这样的想法呢？"儿子瞬间平静："对不起，妈妈，我只是说说而已，我不会去做的，我心中太憋屈了。"

母亲越想越担心，联想起高中时，某大学生砍死同宿舍室友的新闻曝光后，儿子非常冷静地说那个室友就该死。大学时，有一次儿子说看见乱闯红灯的人，真想把他们推到车下撞死。面对母亲的担忧，每次儿子都安慰道："对不起，妈妈，我不会去做的。"而这次，蒋女士感到无比恐慌，儿子近半年总是说自己不那么开心，与领导的关系困扰似乎超出了他的认知范畴，从前没有任何困难难倒过这对母子。

退出的父亲

这对无话不谈的母子紧密地联结在一起，我很好奇家中另外一个男人在哪里。我问蒋女士："你先生是如何看待你儿子目前遇到的困难的呢？"提到丈夫，蒋女士的神情从自豪和担忧转向了无奈和悲伤，她深深地叹了一口气。

丈夫是一位文学教授，比较随性，且变化无常、放荡不羁，与严谨踏实、勤俭朴素、追求卓越的蒋女士似水火两域，无法兼容。这对夫妻是同一屋檐下的两个陌生人，没有争吵也没有交流地生活了20多年，蒋女士为了儿子没有选择离婚。半年前，丈夫从家里搬了出去，开始分居生活，她没有问丈夫搬出去的原因，也不知道丈夫住到了哪里。

这20多年里，丈夫很少在家吃饭，父子几乎不交流，这个家庭中的丈夫和父亲是缺席的。全家在一起做得最多的事情是丈夫开车接送儿子参加各类培训、竞赛和考试，每每儿子载誉归来，母子击掌相庆，但这场母子盛宴中却没有父亲的参与。

与其他关系不和的夫妻不同，蒋女士对丈夫没有太多的抱怨，只轻描淡写地说价值观不同，无法沟通和交流，目前的状况他们是接受的。但是讨论这段夫妻关系时，蒋女士身上瞬间涌现出了逼人的无奈、恐惧和悲伤，我一下子明白了儿子那种脱口而出的"对不起"，他恐惧母亲所恐惧的，愧疚引起了母亲的悲伤。

我的直觉是，她的情绪不是来自夫妻关系，但是我不确定。我进一步探寻："提到夫妻关系，我似乎感受到了你的悲伤和难过，你的心情经常不好吗？"反复的情绪才会强化儿子的反应模式，这种情绪应该是经常出现的。

蒋女士抬起头，停顿了几秒，好像在给自己鼓气："我的悲伤与他（丈夫）没有关系，来自我的家庭，我不知道自己为什么来到这个世界上。"蒋女士比哥哥小3岁，父母重男轻女，她经常被宠坏的哥哥打骂，而父母却视而不见。从小学开始，蒋女士就多次离家出走，但是从未有人担心她的处境，理解她的感受。绝望的她只能拼命学习，尽快逃离那个家，于是她到很远的地方上大学、出国留学，她试图用距离来摆脱痛苦，却无济于事。

她并不爱丈夫，甚至有些看不起那些风花雪月的浪漫和不切实际的诗歌。同样是为了逃离，她想拥有自己的孩子。儿子出生后，她终于有了新的寄托，开启了一场母子盛宴，饕餮美味让她充满了无限的期待。

除了DNA，这一切似乎都与丈夫无关。儿子在努力塑造自己的旅程中，除了满足母亲，还偶尔吸引父亲，他只能孤独地用优秀来捍卫这场早已食之无味的盛宴，否则他将陷入无止境的内疚和恐惧中。于是，谁影响了我的优秀，我将杀死谁！

并不美好的母子盛宴

最后，蒋女士说，半年前儿子交了女朋友，来自一个很普通的家庭的普通女孩，却深深地吸引了儿子。蒋女士内心很不愿意接受这段门不当户不对的恋情，但是看到儿子目前的情况，她又不忍心反对。

儿子用极度优秀表达对父母的忠诚，满足他人成了维护自我动力的源泉。他人的情绪和评价会轻易摧毁那些绚烂多彩的成功，道歉也不足以弥补自己的"过错"。"对不起模式"成了这场盛宴的基调,我不愿却必须留下。如今,他似乎越来越频繁地告诉自己"必须留下",其实他越来越不想留下。

我告诉蒋女士:"这场母子盛宴很美好,让人感动和欣慰,我看到了一位百折不挠、坚强而善良的母亲,也看到了一个体贴入微、忠诚于母亲的儿子,但是太过美好有时让人不忍离去,可能会失去开启其他人生盛宴的机会。"

"近半年,你们母子身边发生了对这场盛宴有些扰动的变化,你和丈夫分居,儿子有了女友以及工作上的人际困扰,关系的改变势必会影响你们二人的美好生活。"

"人生的盛宴只有你们二人品尝有些太过遗憾,不妨尝试与其他人一起来分享,比如孩子的父亲,即你的丈夫,比如儿子的女友,或者你的朋友,多人参与,你们的盛宴将会更加完美。在这场母子盛宴中,可以没有丈夫,但是不能没有父亲!"

蒋女士擦干了眼角的泪水,抬起头,似乎忘却了儿子的愤怒,开始收拾自己的悲伤和恐惧。"我好像太过关注儿子了,他替我分担了很多,我应该过好自己的生活。"她起身掸了掸衣服,拎起绿色的布袋,走出了咨询室,那张写满儿子症状的纸留在了咨询室的茶几上。

第15章

什么时候家里就不需要笨小孩了

愤怒的少年

开学两周后,李旸和父母再次来到我的诊室。经过两周的军训,李旸瘦了不少,也精神了许多。他说,大学生活和自己想象的还是有些不一样,同学们都很优秀和自律,自己也非常渴望能够获得较好的成绩。

4个多月前,李旸和家人通过别人介绍来到我的心理门诊。当时还有两个月就要高考了,青少年和家人来咨询的主要问题多与高考有关。而李旸的问题不是高考,而是与父母的关系。父母说儿子最近两年特别叛逆,经常对他们大吼大叫,几乎就没有好好和他们说过一句话。这次是李旸主动要求来看心理医生的。李旸对父母吼道:"你们自己心里没数吗?你们是怎么对我的?"边说边流泪，看起来他是受了非常大的委屈。是什么让这个少年对父母如此愤怒呢？

愤怒的背后其实是一种期待、一种还没有放弃的渴望。似乎李旸眼中理想化的父母从未出现过，所以他用一种"夸大"的方式来试图获得现实中父母的理解和靠近。

"我这两年这么努力，这么用功，你们看到了吗？"李旸说到此，用力捶了一下桌子，还挥了一下拳头，身体里像装着一只小野兽，在拼命地想挣脱什么。父母面面相觑，然后无奈地看着我说道："他平时就是这样，情绪特别容易失控，还砸东西，家里的电脑和电视机都被他砸坏了。"

"他对别人也是这样表达情绪的吗？"我很好奇这些行为模式发生的情境。母亲说："他从来不对别人发脾气，对外公外婆、爷爷奶奶都很好，对老师和同学也很好，还是班长。"这对夫妻究竟具有怎样的魔力，让这个少年的愤怒只留在家里？父亲此时叹了口气："哎，我们也非常后悔！"他开始讲述家庭中的故事。

笨小孩

李旸自小就比别的孩子难养一些，很容易生病，小时候还有哮喘。上小学后，问题更加突出，上课无法集中注意力，与同学冲突较多，学习成绩很差，根本不听老师的管教。因此，家长反复被请到学校，并被建议带孩子去看心理医生。他先后被诊断为：注意力缺陷与多动障碍、孤独症谱系障碍（自闭症）、抑郁症、焦虑症等多种心理问题，智商测评只有70多分。拿着这些证明，李旸才有机会继续读书，作为班级的特殊学生不被纳入老师的教学考核中。

李旸一直被同学和老师当作"弱智"，连父母也这样认为。他也把自己当成一个笨小孩，总是理所当然地做班级里的倒数第一名。然而在中考的时候，奇迹发生了，不知何故，一直把自己当成笨小孩的李旸，却坚持要上高中。家里人都把他的这个决定当作"笑话"，觉得他能完成九年义务教育就已经谢天谢地了。

结果，李旸考上了区重点高中，这个结果惊呆了所有人，包括老师。进入高中后，一向表现不好的儿子，在学校越来越守规矩，成绩越来越好，但是在家里却越来越暴躁，甚至出现破坏性行为。

父母此时才意识到，儿子可能不是"弱智"。他们想起了多年前看过的一位精神科医生的话，"你们家儿子没有病，不用再到处看病了，你们家需要处理的是家庭关系，需要进行家庭治疗。"近两年，儿子与父母的关系越来越僵，冲突越来越激烈，那位精神科医生的话如同棒喝，经常萦绕在父母耳边。他们感到非常后悔，是不是自己害了孩子？但是又没有勇气再去找那位医生，直到这次儿子要求找心理医生。

是什么让父母拒绝了医生的建议，选择继续养一个"笨小孩"呢？

忠诚的小孩

李旸说："我不怪他们，只是希望他们能够承认错误。可是，这么多年，他们从来都没有认识到自己的错误，从来都看不到我的辛苦和努力。"

原来，李旸的父母自结婚以来就一直关系不和，几乎是天天吵架，因为外遇、婆媳关系、财产、工作、性格等，父母之间从未停止过战斗。李旸童年生活的常态是这样的：父母吵架、打架，妈妈要离婚或离家出走，奶奶和爸爸去寻找未果，然后奶奶就带着他去外婆家跪着求妈妈回来。

"很小的时候，每次他们吵架、打架，尤其是妈妈离家出走，我都很害怕、很紧张。家都成这个样子了，我哪有心思上学，就一天天混下去吧。我不在意同学和老师的看法，我觉得装傻也挺好的。"李旸边哭边诉说自己这么多年的委屈："到了初三，我也不知道为什么，不想再装傻了，因为我自己一点都不傻。我想和其他同学一样。虽然我从来不做作业，但是老师讲的内容我都会。每次考试时，我故意不好好考，因为那时候觉得成绩好坏对我没有意义。"

笨小孩在这个家庭太有意义了，所以李旸把自己伪装成一个笨蛋，骗过了所有人，包括专业的心理医生。妈妈说，当初下了无数次的决心，要和丈夫离婚，最终都是考虑到儿子的智商问题，搁置或放弃了这个想法。原来，是笨小孩延缓和拯救了这对夫妻的婚姻，让家有了继续存在的可能。

渴望长大的小孩

当父母发现儿子没问题以后，这个家庭有变化吗？有，这对夫妻奇迹般地不吵了，开始思考当年那位精神科医生的忠告：家庭关系才是你们家需要治疗的"病"！这句具有治疗性的话，在10年后起效了！

那么，这个家庭有根本性的变化吗？目前还没有。

李旸依然通过"问题"来和父母沟通，从原先的笨小孩变成了愤怒的小孩，他依然想靠一己之力来拯救家庭。这个家庭通过三角化的动力机制，将夫妻冲突转移到了孩子身上。只是进入青春期的李旸不想再做那个一味牺牲的小孩，他有自己成长和独立发展的本能需要。他想在上大学之前，把这个家治理得再让他放心一点，才好安心离开。

在整个治疗过程中，这对夫妻像孩子一样，一直很自责和无助，完全看不出当初的血雨腥风；而李旸一直侃侃而谈，像家长对待孩子一样，哀其不幸、怒其不争。不管是当初的笨小孩还是现在的愤怒少年，都在扮演拯救家庭的"家长"角色。他们家需要把孩子的本位还给李旸，父母应有父母的位置，夫妻应有夫妻相处之道，各司其职。

李旸的"笨"是这个家庭的需要，是这对夫妻的需要，也是他对家庭忠诚的需要。当父母开始解决他们自己的问题时，孩子就不需要那么"笨"了。

我不再需要精神病了

总是有人试图加害我

凯丽准备结婚了,母亲让她结婚前再来医院评估一下。凯丽和男友恋爱4年了,他们是同事,决定谈恋爱是在她被诊断为精神分裂症的半年后。

他们认识已经快15年了,当初男友追求她时,凯丽是拒绝的,原因是他长得不够好看,人太老实,学历也不高。凯丽研究生毕业后,进了一家公司,从小职员做到了财务总监。同时进入公司、比凯丽小5岁的男友,最终只是做了个小主管。身边的同事如流水的兵,10年过去了,当初一同进入公司的只剩下凯丽和男友。35岁时,凯丽面对一直默默付出的男友,有些心动,也有些感动。可是父母坚决反对,理由如同当初凯丽没有接受男友一样。

此后不久，凯丽出现了异常行为，她常常呆呆地坐在电脑前几个小时，回家后总是鬼鬼祟祟，有时候躲在房间的角落里，走路小心翼翼，并让父母小心，小心被暗器伤到。凯丽认为，有一群人在监视她，企图加害于她。

　　父母渐渐感觉到了凯丽的不对劲，带她到精神卫生中心就诊，诊断结果是精神分裂症。凯丽不认为自己有病，更不同意服药，父母每天像对待小孩一样监视她吃饭和吃药。凯丽也和父母玩起了藏药游戏，她偷偷将药吐在粥里，然后说吃饱了；或者将药藏在舌头下面，找机会吐在厕所里……凯丽的父母很是厉害，几乎每次都能发现，凯丽从未得逞过，她似乎也乐此不疲，渐渐忘记了还有人要害她。

　　凯丽的精神病症状消失了，不再感觉有人要害她。可是，她的妄想似乎变成了现实，父母为了她的病一直在监督她的一言一行，每天像狱警一样盘查审问。她真的成了一个被监视的人。

　　不久，凯丽被公司以合同到期为由辞退了！她很伤心，男友陪她逛街、吃饭、看电影，逗她开心。凯丽告诉男友，她得了精神分裂症，一种可怕的疾病，医生说可能一辈子都不会好，要长期服药。男友说，没关系，我可以陪你一辈子。凯丽打量了一下自己因为服药而变得臃肿的身材，痛哭起来，男友将她揽入怀中，紧紧地抱着。凯丽决定和他在一起！

　　此后，凯丽和男友开始了地下恋情。她没有告诉父母自己丢了工作，每天依然早起晚归去上班，实际上是去男友的出租屋。给男友洗衣做饭，打理家务，男友下班后，凯丽再回自己家，或者告诉父母自己要加班，这是她35年来最幸福的一段时光。

　　不久，父母就起了疑心，原因是凯丽的工资卡上连续两个月没有钱入账。凯丽自小没有离开过父母，大学和研究生也都是走读，住在家里，父母认为凯丽太小，没有独立能力，不放心，在家一住就是35年。工作后，工资卡和密码也都交给母亲管理。她所有的一切，都在母亲的掌管之下。

一天，当凯丽打开男友的房门时，母亲突然从她身后冒了出来，一把抓住凯丽的手，强行把她带回家。凯丽向父母坦白了，二老遁地大哭，一个要跳楼一个要上吊，坚决不同意他们在一起。

凯丽躲在房间里，那种被监视、被害的感觉再次出现，她用胶布把窗户封得严严实实，还是能听到有人在骂她。凯丽变得异常暴躁和不安，砸碎了家里的电视机和电脑，认为有人在里面植入了监视器。医生说，凯丽的病情复发了，建议住院治疗，父母考虑住院可能对女儿的影响，要求门诊治疗，对女儿的看管更加严格了。

缠斗的母女

5年前，凯丽和母亲来到我这里就诊。妈妈说："有几种药已经加到很大剂量了，但是效果不明显，别人推荐来你的门诊。"我看着眼前这个体型略胖、面容憔悴、目光无神的女性，很难想象1年前她还是一个风姿绰约的公司高管。

凯丽对周围的人已经失去了耐心和信任，对医生更是如此，她说，我没病，他们（父母）才有病，天天逼我吃药，你看我现在都变成什么样子了，都是他们害的。这一点我倒是认同的，一个人生病，绝不仅仅是她自己病了。我问凯丽，你觉得父母有什么病？你觉得他们应该怎么治疗？从来没有医生这样问过她，她一直是那个被当作患有严重精神病的人。这样的提问把以看病为名义的关注，从她的身上转移开来，否则，她是拒绝和医生合作的。

凯丽自从进入诊室，就没有正眼看过我，不屑地说："我怎么知道，你去问他们呀。"几分钟的面谈，很难获得凯丽的信任。她很聪明，不想浪费时间和精力去和一个与母亲站在一条战线上的医生交谈，因为这样的就医模式已经持续了1年。

我也很识趣，转向了母亲："你估计在女儿眼里，你的哪些表现被她认为是有病的呢？"在家庭系统中，这个问题谁来回答都一样，目标不是病，而是她们如何对待彼此。一般而言，一个带着女儿四处就医的母亲，是非常愿意和医生合作，愿意接受新信息和新思考的，因为她也很痛苦、很无助。母亲叹了口气，拿起纸巾擦拭流下的眼泪。

她说，凯丽自小就是一个特别懂事的孩子，成绩很优秀，从不让人操心，工作能力也很强，大家都很喜欢她，可是自从认识男朋友后，就像变了一个人似的。我们也不知道哪里做错了，她总是责备我们管她，不理解她，冲我们发火。我倒希望是自己病了，如果我病了，能让她好起来，我死都愿意。一个愿意为女儿去死的母亲，听起来有点毛骨悚然，果不其然，女儿表示出了愤怒和拒绝："你要死就去死，与我无关，我受够了！"

这对母女的关系紧密程度需要用死亡才能厘清界限，也难怪在家里斗得你死我活，容不下他人。如果真的用死亡划清了界限，结果会怎样呢？

我问这位焦虑而绝望的母亲："如果你真的死了呢？""我要是死了，她怎么办啊，医生说这种病要治疗一辈子，我们要是死了，

第16章 我不再需要精神病了

她就会被关进精神病院,没有人会照顾她。"母亲将自己置于女儿生命中最重要的位置,没有她,女儿将无法生活。她们家是如何将如此优秀的女儿培养成一个"寄生虫"的呢?

过往的经验告诉母亲,她的方法是正确的,因为女儿总是以优秀来回报她的付出,寄生关系被彼此一步步强化,女儿的独立需要打破寄生关系,可是这种关系已经深入骨髓。这个家庭正在上演这幕刮骨疗伤的惨剧,血肉横飞!母女都知情,可是谁都不愿意妥协和让步,只能以生病的极端方式来逼迫对方就范,越是恨对方,越是在乎对方。放手,对她们当下的心理状态来说,都是极为艰难的。

对凯丽来说,如果不想寄生,去寻找自己的幸福和价值就可以了,是什么让她无法割舍,选择留在原地自我毁灭呢?凯丽说,我要是继续谈恋爱,不让他们管我的钱,我妈和死了也差不多。"也就是说,你还是很在意母亲的?"我继续追问凯丽。

凯丽转过头看了我一眼,满眼噙着泪水,像个委屈的小女孩。寄生关系一定是双方共同创造的,她们彼此都放心不下。这个家庭需要治疗的绝对不是凯丽一个人,而是应该一起成长。

凯丽不再需要精神病了

第一次治疗后,我给凯丽减了药,告诉这对母女:"药物可能无法完全解决你们家的困境,你们的整个家庭都需要改变。如何改变,你们自己回去考虑,下次再谈!"当然,凯丽需要继续服药,只是光靠药物,药物就成了家人互相控制的武器,需要将疾病和药物从家庭错综复杂的关系中剥离出来,不然这个家庭真的会发展到你死我活的境地。

一个忧心忡忡的母亲竭尽余生之力去和一个失去社会功能的精神病女儿维持寄生关系,是很多重型精神疾病患者家庭关系的写照。

5年来,凯丽一直在我的门诊治疗。从早期的一两周见一次,到后期的一两个月见我一次,再到后来半年一次。凯丽很有智慧,她放弃了改变父母,1个月后开始工作,并再次做了公司的财务总监。她用自己的财务经验,慢慢赢回了经济上的独立,父母也放心地把钱交给她管理。

凯丽的药物逐渐减量,也换成了对内分泌影响较小的阿立哌唑。1年后,我告诉她,其实你可以停药试试。但是凯丽拒绝了,她告诉我:"我妈说,因为我有精神病嫁不出去,就同意我和男友在一起了,她现在非常感谢我男朋友能收留我。"哦,原来精神病对凯丽来说是有好处的!

最近两年,凯丽很少再来门诊,但仍然坚持服用阿立哌唑半粒。正常的凯丽在我的门诊也不那么受关注了,因为她已经不那么需要我了。

再见到凯丽,她明显瘦了许多,留起了长发,很是美丽,她说在为3周后的婚礼做准备,要穿上最美的婚纱。她给我带了一盒喜糖:"我打算结婚后停药,为生孩子做准备。"我笑着问她:"你不再需要精神病了吗?"她哈哈大笑起来!

凯丽用40年的时间,在精神病的协助下才完成自我独立的过程,有时候家庭就是一个斗法的道场,看不见刀光剑影,却会让人伤痕累累。

第17章

那些不辞而别的来访者，或许有更重要的事情等着他们去完成

儿子好了，母亲抑郁了

两年前，廖女士读高二的儿子决定不去上学了，理由是不知道学习有什么意义。万般无奈的廖女士辗转找到了我，希望能帮帮她的儿子。可是，儿子拒绝任何帮助，更不愿意来就诊，每天在家昼夜颠倒，唯一的活动就是打游戏。她和丈夫几乎要被逼疯了！于是，我们就开始了"没有病人"的家庭治疗。在家庭治疗师眼中，只有系统和整体，没有病人，所以，那个被"识别的病人"来不来并不十分重要，尤其是儿童青少年家庭。

经过两次家庭治疗之后，廖女士和丈夫都认可孩子的问题与家庭有关，但是依然执着于让孩子上学，这是她非解决不可的问题。他们对治疗似乎有些失望，后来就再也没有来过。

两年后，当她再次来到诊室时，廖女士需要解决的问题是自己的抑郁。她说，两年前从这里离开后，她又找了几位心理医生，但是都没能帮到她。最终，她接受了儿子不上学的现实。当儿子成为她的一个"失败的作品"时，廖女士失去了关注儿子的动力，开始思考我谈到的夫妻关系。她和丈夫的关系变得紧张而冲突，无处安放的焦虑开始扰动夫妻关系。当夫妻二人开始专注解决自己的问题时，儿子却奇迹般地好起来了。儿子开始在父亲的公司里实习，成立了自己的动漫工作室，出了不少作品。并开始学习日语，计划前往日本留学。当儿子变好，并且不再需要她操心时，廖女士开始觉得人生没有意义，对生活失去了兴趣和动力，甚至有自杀的想法。

当儿子拒绝以牺牲自己的方式来拯救母亲时，能够拯救母亲的就只有她自己了。

女儿病了，父亲抑郁了

彤彤也在扮演家庭拯救者的角色，只是她的行为更加极端。她在多次尝试自杀后，被强行送入精神病院治疗。出院后，全家一起在我这里接受过两次家庭治疗。彤彤并不认可心理治疗，她说，没有人能够拯救她，死亡是她人生的必然选择之一，如果不是害怕再被送入精神病院，她还会自杀。但是，这句话却透露了一个信息，自杀是可以被改变的！

1年后，彤彤的父母再次来到我的诊室，这次他们想和我讨论的是，女儿决定出国读书是否合适。让我好奇的是，这个家庭1

年前的困扰是如何解决的？1年前，身为跨国公司老总的父亲决定辞职，在家全身心陪伴女儿，这位父亲觉得亏欠女儿太多。然而意想不到的是，在辞职1个月后，父亲的情绪却越来越糟糕，控制不住地涌现消极感和无意义感。他突然意识到，在他的内在体系中，工作的价值远远大于陪伴家庭的意义。

女儿曾说，她在家里感受不到爱，那时的父亲还觉得委屈和不理解，当他离开工作回归家庭后，才知道女儿的感受是真切的。通过这次抑郁，他和女儿的关系融洽了，父亲特别理解女儿想要离开世界的念头。从此以后，女儿再也没有提过自杀。两个月后，父亲回到自己的工作岗位上，调整了部分工作，明显增加了回家的次数。

妻子说，后来没有再接受家庭治疗，是因为女儿说，如果家庭没有改变，接受任何治疗都是无意义的。他们决定改变家庭关系，而这个动力来源于在家庭治疗中获得的一个信息：女儿可能在用症状表达"家庭生病了"。

焦虑的男孩

玄远是一位刚刚步入高三的男生，对将来充满了美好的期待。可是开学后的第一次月考中，他的成绩却下降了10多名，这让他特别不能接受。他开始变得郁郁寡欢，感觉美好的未来一下子遥不可及，每天心惊肉跳，无法集中注意力学习。他被医院诊断为焦虑障碍，建议进行药物治疗。玄远的父母担心药物的副作用，没有给他服药，通过别人的介绍从江苏来到上海我的心理门诊就诊。

一个即将离家的少年，内心怀揣着远大的梦想，看似平坦的路途，却蒙上了阴影。是什么让他在将要离家的关口，选择这样的方式来表达不舍和牵挂？这是我见到这个少年的第一个想法，也在尝试和他一起构建症状的功能和意义。

半年前，玄远的父亲被查出白血病，母亲的压力陡增，带着父亲在各大医院辗转治疗。幸运的是，父亲的病情并不算重，在持续的化疗后，基本恢复正常。只是玄远的父母原本不和谐的关系，忽然间拉近了许多，家里少了争吵，却多了哀伤和冷清。两次家庭治疗之后，这个家庭就没有再来。

1年后，一位大一的女生和她父母找到我。她是玄远的高中同学，进入大学后，这位女生生病了，被当地的医生诊断为抑郁症，玄远建议她们来找我。从他们口中得知，玄远后来成绩越来越好，并考上了理想的重点大学。

我不知道玄远和他的家庭发生了什么变化，但是我似乎看到了那个在家庭遭受意外之灾时自责无助的少年，尝试和家人一起厘清家庭关系，选择以一种更加负责的方式，开始远行！

不辞而别的来访者

研究显示，大约有1/3的来访者在接受过1次心理治疗后，选择不再接受该治疗师的治疗。其中，大部分来访者是在10次治疗之前脱落，中位数是第5次咨询，而持续超过20次的心理治疗中，脱落率会迅速下降至8%。从量化研究来看，导致来访者脱落

（drop out）的因素主要有：年轻、低收入、低文化程度、物质滥用、社会功能弱、焦虑水平高、人格障碍、治疗联盟弱。在质性研究中，心理治疗中来访者脱落的主要原因有：①对心理治疗的不满意；②心理治疗师对文化意识的不敏感性；③经济问题；④对非意愿者的友好治疗（a non-user friendly treatment）。

但是上述研究都建立在"心理治疗对来访者有帮助，如果脱落，就意味着有不良后果"的假设上，专注于对这些不良因素和原因的探索，忽略了"不来"可能并非由于"不好"。这些不辞而别的来访者，一定会有不良后果吗？

一项研究对2666名接受过一次心理治疗的来访者进行了随访，研究人员将45天内仍然没有继续预约心理治疗的来访者定义为脱落者，结果显示，脱落者和未脱落者在治疗满意度和症状改善程度上的得分并没有显著差异。在进一步的分析中发现，脱落者的满意度和症状改善程度呈现两极分化的特点，虽然较低程度的治疗满意度和症状改善度要多于未脱落者，但是较高程度的满意度和症状改善度也明显高于未脱落者。可见，是否继续接受心理治疗，并非心理治疗效果好坏的判断指标。

家庭治疗之母维吉尼亚·萨提亚（Virginia Satir）曾说过："任何家庭和个人都有内在的自组织的正性资源，症状只不过是他们用来解决现实困境的策略和办法。"多年前，当我还是一个心理治疗初学者时，对于那些不辞而别的家庭和个体，会充满担忧和不确定性。我会反复问自己，是我做得不够专业、不够好吗？我的督导师曾对我的这个困惑这样回应："除了可能从你这里无法获得有效的帮助外，有没有可能是这个家庭开始尝试用自己的方式来解决问题呢？或者是他们的问题解决了，不再需要心理治疗了?"

　　是呀,疾病和症状可能是一种解决问题的策略,当来访者开始用其他的方式来解决问题时,可能就不再需要疾病,也就不再需要心理治疗了。于是,我开始放下治疗师的自恋,尝试用多重视角来看待每一个家庭和个体。当他们迟到或者选择不来时,可能在提示心理治疗在他们生活中已经不那么重要了,有更重要的事情在等着他们去完成。

"有毒"的父母,"中毒"的孩子

一切都是我的错

朱莉是一位 30 岁的女性,相貌出众,温柔善良,结婚 3 年,丈夫很爱她。朱莉从高中开始就阵发性地头晕、心慌不适,严重时会觉得自己快要死了,无比恐慌。近 10 年来,朱莉逐渐发展至不敢单独出门,最近几年干脆辞掉工作,全职在家,但是恐慌的感觉和头晕仍然不期而至。

朱莉说,她的父母对她很好,只是小时候常因为自己犯错会被关进卫生间,而且不许开灯。在狭小阴暗的空间里,恐惧的小朱莉会赶紧求饶,大喊"我错了,对不起",然后才会被放出来。小朱莉犯了哪些错呢?比如,字写得不够好看,吃饭时米饭掉在桌子上,考试时粗心做错题等。妈妈会反复告诫小朱莉,我惩罚你都是为了将来你能成为更好的人!

朱莉的妈妈是一个情绪不稳定的人,容易发火,动不动就责怪别人对不起她,而此时爸爸会放下一切去哄妈妈,逐渐地,朱莉也加入哄妈妈的阵营。朱莉被妈妈教育得很努力,也很乖巧,成绩很优秀,却总是恐慌,小时候恐慌妈妈不开心,长大了恐慌自己会死掉。朱莉认为是自己不够好,如今因为这种"怪病"让父母不开心,让丈夫操心。

朱莉说,她不怪父母,他们当初的责怪和惩罚都是为了自己好,一切都是自己的问题,给家里添了那么多麻烦,想赶紧好起来。她竭力为父母开脱责任,她似乎拼命地想要说服自己相信,一切都是她咎由自取。

朱莉是我门诊的一位惊恐障碍患者。她走后,当天又来了一位因情绪难以控制而前来就诊的男士。

三个我

他叫傅恒,爱好健身和运动,阳光开朗,3年前从英国留学回来后,一直在一家外企从事咨询工作。傅恒28岁,刚刚和恋爱了5年的妻子结婚。傅恒的妻子说,这个认识了5年多的爱人,很是特别,他的身体内好像有三个不同的人。一个阳光开朗、外向活泼,爱好健身和运动,积极乐观;一个安静少语、温文尔雅,喜欢看书和独处;另外一个则容易暴怒和失态,会因为一些小事而大发雷霆,对别人极度不信任,情绪失控时还会自残,用刀片割伤自己或用双手猛烈地锤击墙壁,以致双手鲜血淋漓。

傅恒说，他对自己的过去很陌生，回忆往事时就像在看其他人的故事，有一种恍如隔世的隔离感。有时，他都搞不清哪一个才是真实的自己，近一年来那个恐惧而失控的自己越来越频繁地出现。

傅恒出生在一个普通的工人家庭，他知道父母都很爱他，父母会尽其所能给他最好的教育、最好的玩具，满足他的大部分需求。但是傅恒也无法忘记，父母在他做错一些事情或者成绩下降时对他的毒打。他的童年是在悲伤与快乐的交织中度过的。

傅恒记得，父亲拿着菜刀对还在上幼儿园的自己说："你再把这个字写错，我就一刀砍死你。"也曾因为考试成绩下降了两名，被父亲捆绑在椅子上，用晾衣杆抽打。母亲还在一旁附和："让你学习不努力，就该打！"那时傅恒只有10岁，小学三年级，接下来的几天，他因为全身疼痛而无法入睡。

渐渐地，傅恒不知道自己是好孩子还是坏孩子，因为父母总是说"打你是为了你好"。初中时，有一次母亲因为他玩电脑，又对他拳脚相加，傅恒决定反抗，反手一拳打在母亲的脸上，并将母亲摁在地上疯狂地打了几十拳。

从此，傅恒被父母界定为一个不良少年，打骂父母，网络成瘾，品德败坏，不思进取。傅恒一下子从神坛跌落，众叛亲离。他渴望和人亲近，又害怕受到伤害；他开朗乐观，宽容豁达，善于交际，但是又会迅速躲在那个暴力而恐惧的面具后面，不相信任何人，害怕被人抛弃。

成为"不良少年"后，傅恒的情绪常常在低落和烦躁间游走，常常会用刀片割伤自己，他看着一道道的鲜血渗出，很疼，但是感觉很舒服。他不想死，只是用这种方式来感受自己的存在，和自己相处。他从未将这样的傅恒展示给任何人，难过时就会从朋友圈消失,几天后那个阳光开朗的自己又会回来,直到和妻子结婚以后,他再也藏不住了。

傅恒很喜欢小动物,家里养了狗和猫,这是他的挚爱。一天,妻子因为小猫抓破了新买的裙子,大声呵斥猫咪:"该死的猫,再抓我就打死你。"小猫钻进了傅恒的怀里,轻轻地叫了一声,傅恒突然像变了一个人似的,大声痛哭起来,对妻子大吼:"你们为什么这么残忍、这么狠心?"旋即躲进了房间,躺在地毯上歇斯底里地大哭,用双手猛击墙壁,大声叫喊,这个场景把妻子给惊呆了:"这是我认识的那个丈夫吗?"

回忆起这段经历,傅恒说,很多细节我不记得了,真的像在看电影一样,好像不是发生在我身上,但是我知道那就是我。结婚的一年多时间里,悲伤的自己无法肆意出现,大部分时间傅恒努力克制,但是会郁郁寡欢,不想和人说话,容易愤怒,有伤害自己的冲动。他告诉妻子,这是因为工作压力大,心情不太好,想一个人静静。实在无法控制时,他会告诉妻子自己要去出差,然后住到酒店,用刀片慢慢地割向自己的手臂。

傅恒说,他不恨父母,大部分的父母都是如此吧,他们没有错,错在自己不听话,无法控制情绪,错在自己没有好好读书。在妻子的劝说下,傅恒来到心理科就诊,被诊断为边缘型人格障碍。

"有毒"的父母

朱莉和傅恒本是来看病的,但是大部分时间都在诉说自己的原生家庭和童年经历,并没有太多关注自己的症状。他们渴望被理解，但是因为恐惧而又难以表达，他们恐惧的是自己内心的愤怒，即对父母的愤怒，他们特别害怕看到那个不被爱的自己，不愿相信这是事实。他们从未和别人说过自己的遭遇，大多数时间会认为自己的家庭很温暖、很正常，一切都是自己的错误。

《原生家庭：如何修补自己的性格缺陷》一书中提到一个概念"有毒的父母"（toxic parents），书中描述了多种被称之为"有毒的家庭行为模式"。有些模式在家庭中并不少见，甚至被粉饰得一片祥和。

1. 无不是的父母：他们当时只不过是想帮我

在这类家庭行为模式中，父母总是站在道德的制高点来教育子女，尤其是当子女犯错时，批评、指责和辱骂是他们惯用的教育方式。在观念传统的家庭中更为常见，一套纪律森严的家庭规则常常成为这类家庭的"自豪"。而孩子往往认为父母的惩罚行为是由于自己犯了错，他们当时只不过是想帮助自己，让自己成为更优秀的人。孩子常常会否认父母给自己带来的伤害，甚至会忘记，只记得那个一无是处的自己。这种否认带来的宽慰不过是暂时的，而为此付出的代价却是巨大的。

2. 不称职的父母：你不是故意的，不等于你没有伤害我

这类家庭中的父母往往有人格障碍、情绪障碍或者极度不成熟，无法履行父母的责任。照料家庭的责任转移到孩子肩上，本该天真无邪的孩子被家庭的重担压得喘不过气来。

迫于家庭的压力，孩子可能成长得很快，成为一个励志的典范，但也因此被剥夺了正常的童年生活，没有时间玩耍，也无法摆脱焦虑。

孩子不得不变成小大人，他的需求得不到回应，便学着干脆否认自己的需求，以此来对抗孤独和情感缺失，或者变得非常有责任心，一味地满足他人的需要。这样的家庭里长大的孩子可能成为一个工作狂，却满怀不安："如果我都不做的话，还有谁来做呢？"从本质而言，这仍是在努力地让父母开心。

不称职父母的有毒行为有时候不易被觉察，且很难被界定，他们并不会采取打骂、虐待的方式对待孩子，更多的是"不作为"：不工作、不负责、不开心、不关心。孩子在困难的家庭中长大，会滋生出"我应该为父母负责"的想法，会在不该自己做的事情上消耗大量的精力。他们忘记了应该更爱自己，忘记了应该对自己更负责。

3. 控制型父母：为什么不能让我过自己的生活

控制不一定是贬义词，如果一位母亲在孩子蹒跚学步、咿呀学语时，告诉他如何做才是正确的，引导孩子走在安全的道路上，避免摔伤，这种控制是必要的，也是合适的。

如果 10 年后，这位母亲还在这样做，适度的控制就成了过度的控制。焦虑、胆怯的父母往往会采取过度控制型的家庭行为模式，他们对青春期后的子女的生活事无巨细，对孩子的生活横加干涉和操控，成为孩子生活的主宰。控制型父母其实是害怕不再被孩子需要，他们会尽力维持孩子的无力感，并希望这种无力感永不消失。

控制往往被伪装成"这都是为你好""我这样做都是为了你""因为我们爱你才这样做",本质上其实是在表达:我们这样做是因为害怕失去你,所以宁可让你生活在痛苦中。

自信的父母无须控制成年子女,有毒父母的行为都是基于他们对自己生活的强烈不满,以及自身强烈的不安全感。当子女能够把握自己的生活时,所有父母都应该停止对他们的控制,一般的家庭中,当子女进入青春期后,就要开始逐渐放下控制的双手。

在控制型的家庭中,这种放下要滞后很多年,甚至永远都无法实现。孩子感觉自己是父母的工具,像一个被出卖的物品,完全没有自我。他们要么愤怒、攻击,惹出许多事端,甚至生一场大病;要么自暴自弃、逃学厌学、网络成瘾、犯罪,或者干脆认同父母,做一个永远的"乖宝宝",毫无生机,一直啃老。

这不是你的错

朱莉和傅恒的父母显然是"有毒"的,"有毒"的教育方式逐渐孕育出"中毒"的孩子。他们很努力,但总是不快乐,他们一直在奋力满足被神圣化的父母和家庭规则。只有将父母拉下神坛,回归凡人的姿态,实事求是地看待他们,才能与他们在关系中实现力量的平衡。

我告诉朱莉和傅恒,你们无须为毫无防范之心的、年幼的自己的惨痛经历承担责任!这不是你们的错,是你们父母的错。父母囿于自身能力,可能不是故意的,但的确伤害到了你们,他们应该为此承担责任。就像电视剧《梅尔罗斯》里，在童年期遭受父亲性虐待的梅尔罗斯（Melrose），在对无尽痛苦的回忆中，终于坚定地对父亲说："No, I won't do what you say anymore. It's wrong. You're wrong! Nobody should do that to anybody else."（不，我不会再按照你说的做。这是错误的，你是错的！谁都不应该这样对待他人。）

为什么有些孩子不肯上学

他们为什么不肯上学

9月份是开学季,也是青少年升学和离家的季节,这个时候因为孩子不肯上学前来就诊的家庭比例会骤然增加。让家长和老师着急和费解的是,这些孩子的学习并不差,以前从未让人在学业上操过心,可是这一下子突然要和学习说再见。他们无法接受!

这些不肯上学的少年,究竟是因为什么呢?我将2019年9月接诊和治疗过的以"不肯上学"为主诉的案例做了一个简单的回顾分析。

1. 入选标准

父母或本人直接以"不肯上学"为主诉前来就诊，其他青少年即使有不上学的情况，但不是其本人或家长前来求助的主要原因，不纳入分析。

2. 基本情况

共纳入 5 名不肯上学的少年，3 名男生，2 名女生，3 人是高三学生，2 人是高一学生，平均年龄 16.4 岁。只有 1 名女生寄宿，其他人均每日回家。这些青少年在不上学前的成绩都很优秀，所上中学全部是区重点以上高中，其中 3 人的学校是市重点以上高中。

3. 家庭情况

1 名少年的父母离异，1 名少年的父亲因在外地工作，常年不在家。5 名少年均与父母同住，1 名少年是三代同堂。家庭经济条件均良好，父母全职工作。

4. 原因分析

父母认为学业压力大是孩子不肯上学的主要原因

当问及父母，孩子不肯上学的主要原因时，5 名少年的父母均认为学业压力大是孩子不上学的主要原因。

家长1：每天做作业都做到很晚，上床睡觉基本都要到夜里12:00，一大早就起床，孩子确实很辛苦。

家长2：上次有一门功课考得不好，他觉得没面子，就不想去了。

家长3：高三了，学业压力大，可能对他有影响吧。

大部分家长对孩子的学业压力都抱有理解的态度，但是学业压力是少年们不肯上学的主要原因吗？

少年1：学业是有压力，但是我觉得还好，别人能完成的我也能完成。

少年2：学习不是我的主要压力，我从来不上辅导班，觉得老师讲得太简单了，我大部分都是自学的。

少年3：其实还好，除了想多睡一会儿，学业对我来说没有特别大的压力。

少年4：有一点压力，现在上课很难集中注意力，作业比较多，感觉比以前有难度。

大部分少年认为学业有压力，但不是问题的关键，他们在不上学前，能够完成作业，而且成绩相对比较优良。

人际压力是导致少年们不肯上学的主要因素

既然学业压力不是主要因素，那么什么是他们不愿上学的主要原因呢？5名少年都提到了人际关系压力。

少年1：发现周围同学都很优秀，我不知道如何与他们交流，感觉自己不会说话了，越来越不敢接近他们。

少年2：我有两个关系比较好的同学都去国外读书了，一下子觉得很孤单。我和其他同学没有共同话题。

少年3：我看到陌生人比较害怕，很不自在，就想赶紧逃走。
少年4：我不喜欢和其他同学交往，一个人挺好的。
少年5：我不知道为什么看见同学就怕。

家庭冲突是少年人际压力的来源

这些害怕和同学交往的少年，与家人相处得怎样呢？

少年1：我和我爸爸10年都没说过话，不知道如何交流。我们像同一屋檐下的陌生人，像合租的房客。

少年2：我们家小事不说话，大事基本靠吼，尤其我和我妈妈之间基本不能正常沟通。

少年3：我妈太焦虑了，她不是个正常人，我觉得她应该来看心理医生。太唠叨了。

少年4：我喜欢和我妈妈说话，她能理解我，我爸爸脾气不好，动不动就骂我。

少年5：我妈妈很少表扬我，只有我成绩好的时候，我们才能平静沟通，其他时候她都对我不满意，我和她说话就容易愤怒。

这些少年与父母之间充满矛盾和冲突，这与目前学校的人际压力有关联吗？

少年1：有，他们从来不表扬我，经常批评我，好像我只有学习好了，才是他们的儿子，学习不好，他们就觉得很丢人的样子。这样我就很自卑，我除了学习什么都不会，不敢与别人交流。

少年2：应该有关，她（妈妈）天天就关注我的学习，其他都无视。

少年3：我不知道有没有关系，但在家里就是很压抑。

少年4：我觉得没有关系，我就是不想上学了，觉得没有什么意义。

少年5：有，不经过我的允许，就和老师联系，还让同学来家里开导我，你知道那样我有多尴尬吗？

夫妻关系是家庭问题的核心

除了亲子冲突，家中的夫妻关系如何呢？3位少年都回答说父母关系不好，经常吵架，1位少年的父母很早离异，只有1位少年认为父母关系挺好的，而且他的父亲常年在外地工作。

父母之间的关系对孩子的心理有何影响呢？

少年1：家里很压抑，大家总是不开心。

少年2：我一直觉得他们不应该在一起，经常吵架，何必呢？

少年3：觉得妈妈很不容易吧。

少年4：他们分开对我影响不大，一切都是我自己的决定。

少年5：我爸爸很理解我，但是他很忙，我们交流也不多。

这些少年的心理有问题吗

依据诊断标准，其中3人符合社交恐惧障碍，3人符合抑郁障碍，1人符合广泛性焦虑障碍，3人同时符合2种心理障碍，有2人存在自杀观念，只有1人目前不符合任何心理障碍诊断标准。符合诊断标准的少年均采用药物治疗结合心理治疗。目前，有1人回到学校正常上课了。

青少年的家庭是战场

青春期是儿童向成年的过渡阶段，家庭生命周期处于一个剧烈的转换过程中，习惯了儿童存在的家庭模式此时面临着巨大的考验，家庭结构和互动是否有弹性和韧力，将决定这场巨大转换的进程。

早期的观念认为，青少年的家庭应该以促进青少年成长和分离为主题，而新近的研究则显示，青少年的家庭主题不是分离，而是打开一种崭新的联结方式，产生新的生活体验和人生感悟。当青少年与父母关系亲密，而父母能够接纳孩子独立的观点时，青少年最有可能获得理想的同一性状态，这与埃里克森强调与父母的分离是同一性发展的关键有些对立。

如果一个家庭中的夫妻之间或亲子之间的亲密性和独立性出了问题，就容易产生问题，而这种问题常常会转移到孩子的发展性问题上。比如，父母常常抱怨与孩子之间的交流困难，认为孩子不听话、不懂事；或者父母对孩子的发展不满意，说孩子不努力、没有目标、没有理想，那么孩子常常会在学业或社会表现上出现问题："我凭什么要按照你们的期待去做。"

这5位少年的家庭中均存在上述问题，"不肯上学"成为家庭的症状和关注焦点，家长往往认为是孩子的学业压力或者品德方面出了问题，其实背后是少年对亲密和独立的双重需要。少年既需要父母的照顾，又需要独立发展的空间，而家庭中最重要的夫妻关系如果出现问题，很难在此刻让渡出足够的亲密性和独立性，来满足孩子的发展。

亲子问题、发展性问题和婚姻问题混杂在一起，像一场硝烟弥漫的战争，气氛极其紧张，甚至酿成惨剧，青少年自杀的案例已不鲜见。

如何让家庭战争没有"伤亡"

战争的目的是维护权益，划清界限，国与国之间如此，家庭成员之间亦如此。没有一个国家可以统一全世界，因为有地区和文化差异，家庭中也没有绝对的权威和一成不变的规则，因为家庭成员间也有差异。父母要意识到孩子的生理和心理的成长，他们需要发展的空间，这个发展空间的让渡很大程度上依赖于家庭中的夫妻关系。一个对丈夫不满的妻子，维系婚姻的主要因素是孩子，此时夫妻冲突就会导致孩子的发展空间被压缩，甚至孩子会成为夫妻冲突的牺牲品。

父母要用成人的方式处理彼此的情绪，重要的是让家庭关系变得顺畅和平稳，减少抱怨、批评和攻击，修复负面情绪，这是关系平稳的第一步。治疗师要避免抱有"让一段没有感情的关系恢复至理想状态"的期待，这很可能是家中那个忠诚的孩子一直在做的努力。夫妻关系不能修复，其实并没有关系，重要的是让父母一方或者双方意识到，因为孩子而没有选择分开，是他们自己的选择，而不是孩子的选择，孩子并不应该对此负责。

对于已经逐渐具有独立意识的青少年来说，首先要放弃以一己之力来改变家庭的幻想，你对家庭的不幸没有责任，而对自己的将来应该负责，你的独立和求学不是为了别人，而是为了自己，你有权利选择自己的方式，并且你对此要负责。因此，家庭中的关系问题，比如亲子关系问题，尤其是夫妻关系问题，可能以孩子"不肯上学"的形式表现出来，即使这不是主要原因，家庭关系的顺畅平稳，也可以让孩子渡过这个青春难关。

另外，青少年的心理问题可能被忽略，常常被学业压力、意志不坚强、品德堕落等表面问题掩盖，静下心来和孩子好好谈谈，听听他内心的想法，必要时寻求专业帮助。

孩子不肯上学，尤其是学习成绩优秀的孩子不肯上学，可能是当今父母面临的最具挑战性的议题，也成为孩子挑战家庭规则、重塑家庭系统的机会。

你赋予孩子什么，孩子将会以此来改变你。

如何把孩子从游戏中"夺回来"

爱玩手机的儿子

张先生是某一天第一个就诊的患者,这位中年男人看起来憔悴而慌张,很早就站在诊室门口了。我邀请他坐下,首先澄清就诊路径:"你是怎么找到我这里的呢?"他说,关注了我的公众号,并了解了一些家庭治疗的信息,希望我能救救他的儿子。原来是一位替儿子来看病的父亲。

张先生的儿子16岁,高中二年级,开学以来一直沉迷于手机网络游戏,经常玩到凌晨才入睡。同大多数父亲一样,张先生没收手机、断网、斥责儿子、寻求心理咨询、联合班主任一起管理,各种方法都尝试了,但是没用。手机没收了,儿子偷偷地用零花钱再买一个;断了家里的网络,儿子就彻夜不归,在外用流量或者公共网络玩；告到班主任那里，结果儿子决定不再去上学。无奈之下，班主任建议张先生和儿子一起接受心理咨询，去了一次后，儿子再也不愿意见任何咨询师。

心理咨询师认为需要合理使用手机，建议周一至周五手机上交，周五晚上、周六和周日各玩一个小时。结果，第一个周五的晚上，当儿子拿到手机后，便消失在夜色中，两天两夜都没有回家。这位父亲俨然被儿子打败了，后来不得已妥协，允许儿子玩手机游戏，不再限制，但是学习要跟上。儿子也欣然同意这个约定。当主动权还给儿子后，这个小家伙一下子就变了，每天坚持上课，做作业，晚上自己玩一个小时手机后，就很快睡觉了。

可是两个月后的期中考试，儿子的成绩并没有达到预期。暴怒的父亲看到儿子成绩的那一刻，夺过手机摔在地上，狠狠地打了儿子一个耳光："这就是你的承诺吗？"

第二天早上，当母亲推开儿子的房门时，大声惊叫起来。儿子割腕了，床单上布满血迹，幸运的是刀子不够锋利，只是伤了表皮。儿子用被子蒙着头，不言不语，不和父母说话。张先生在儿子的桌子上发现了一封遗书。

"我是个没用的人，活在这个世界上已经没有任何意义，我已经很努力了，但是我还是学不好。我很早就想死了，我活着都是为了你们，可是你们总是骂我、打我。我根本就不是游戏成瘾，我每天只能靠打游戏才能入睡，它是我的安眠药，可是你们连这个权利都剥夺了。我已经很久没有睡过整觉了，每天都在煎熬，你们从来都没有考虑过我的感受，只知道无休止地吵架和骂我，我真的不知道活着还有什么意义。我原以为我能做到，可是我错了，我没有做好，我死了你们就可以满意了，你们再生一个，忘记我这个不孝的儿子吧。我死后，记得帮我还王某某 30 块钱，我借他的钱吃过午餐，刘某某欠我 900 块钱，如果他没钱，就算了。"

看到这些文字，张先生开始紧张起来。他默许妻子将手机还给儿子，但是看到儿子躺在床上玩手机，不愿起床上学，张先生心如刀割，愤怒又无助。

我该怎么办？这是张先生就诊的主要诉求。

被打败的父亲

网瘾、不上学、自杀，是现在青少年家长最害怕的三件事，件件致命，都快把整个家庭推向毁灭的边缘了。这位父亲也是这样想的。

我将儿子的遗书又给这位父亲读了一遍。我问他："看了你儿子写的这些话，你有什么感受吗？"声音将这些文字背后的情绪外化后，张先生的愤怒和恐惧似乎消退了一些："他好像也挺不容易的。但是，我还是不知道怎么办。给他手机，不就是妥协了吗？沉迷于游戏，那不是害了他吗？不给吧，我害怕他又做出极端的事情。"

"你能详细说说你感受到的孩子的不容易吗？"我没有直接回应这位父亲内心的担心和恐惧，因为这可能正是这个家庭被困住的原因。恐惧会让我们忘记站在对方的视角看待问题。这个家庭要想改变，必须另辟蹊径，需要先从焦虑之外的东西谈起。

"其实我儿子原来还是很优秀的，初中之前很乖巧听话，成绩也很优秀，上了高中之后，认识了一些爱玩游戏的人，就开始沉沦了。"在张先生眼里，一切的罪魁祸首就是手机，手机游戏成了这位父亲不共戴天的仇人。

我问这位父亲："如果手机游戏从孩子的生活中消失，或者这个世界上根本就没有手机，当你再看到孩子的这份遗书时，你是什么感受呢？"

电子产品成了这个家庭的替罪羊，或者说成为现代家庭的替罪羊，一切问题都可以归咎于电子产品。先进的电子产品，为何成了现代家庭同仇敌忾的对象了呢？

这位父亲看起来有些伤感和无奈，叹了口气，将焦虑的眼神投向了窗外："我也不知道是什么感受。"不知道有什么感受，也是一种感受，远远好于恐慌。

"儿子说，手机是他的安眠药，陪伴他度过了很多个不眠的夜晚，你愿意和你的妻子、手机、儿子站在一条战线上，去共同应对孩子目前面临的情绪问题吗？"我用提问的形式重构手机游戏在家庭中的位置。张先生收回了目光："这样也可以吗？"他有些惊奇，更多的是怀疑。

"我不知道是否可以，你和家人做了很多努力，想了很多办法，你们很爱孩子，也很关心他，但是这份爱似乎被什么东西蒙住了，大家都没有办法感受到。我希望你们继续发扬互相关爱的精神，只是需要稍微变换一下立场，手机似乎没有那么可怕，可怕的可能是我们对家庭未来失败的恐惧。"我感受到了这位父亲当下的困惑，我要给他加把劲。

这位父亲的恐慌逐渐退去，奔涌而出的是悲伤，忽然间泪流满面。只是他还是不忘问我："那我回去该怎么做呢？"

"你在回去的路上，再读读孩子的遗书，看看他目前最需要的是什么，或许是手机，或许不是。你认为他需要什么，你就先尝试给他什么。建立好关系，你们才可能开始朝着互利的方向彼此影响。"

这位被儿子打败的父亲点了点头，起身离开了诊室。

把孩子从游戏中"夺回来"

网瘾、不上学、自杀是我门诊中青少年就诊最常见的三个主诉，也是青少年"对付"家庭的重要武器。青少年为何恋上游戏而不是家庭呢？

英国心理学家哈里·哈洛（Harry F. Harlow）通过恒河猴实验，提出父母与孩子建立安全依恋关系的三要素是触摸、运动和玩耍。近期研究也显示，网瘾少年的家庭中缺乏温暖和理解，不良的家庭环境与不恰当的父母教养方式可能是导致网瘾少年在遇到挫折和困难时，形成沉溺网络虚拟世界等消极应对方式的重要原因。

当孩子遇到困难时，如何与他们一起并肩作战，而不是将孩子和失败一起拒之门外，可能是很多家长需要重修的家庭课程。

这位父亲回家后开始改变，首先就自己体罚、辱骂儿子的行为向孩子道歉；其次，允许孩子为自己做主，将手机还给儿子；最后，理解儿子的感受，在征得儿子的同意下一起去医院就诊，并进行家庭治疗。

让家庭变得好玩而具有吸引力，家长才能把孩子从游戏中"夺回来"！

第21章

心理诊室中的爱情故事

我的理想是帮你卖菜

成杰说,他只想待在家里,不想伤害任何人。

3年前,16岁的成杰被诊断为双相障碍,他不肯继续读书,整日躲在房间里睡觉和发呆,谁劝就要砍死谁,不接受任何治疗。1年前,被家人强制送入精神病院住院治疗。

成杰不认为自己有病,但是在戒备森严的病房里,他越认为自己没有病,越是被当作严重的病人对待。后来他发现了这个规律,开始向医生承认自己有病,渴望获得医生的"减刑",早日出院,这花了他几乎1个月的时间。成杰终于获得医生和父亲的认可,医生告诉他,很快就可以出院了!成杰没有太兴奋,而是充满了愤怒和鄙夷。就在出院当天下午,病房来了一位姑娘,她叫茉莉。

茉莉也被诊断为双相障碍，但是表现和成杰不一样，她坐在活动室的拐角，一直掉眼泪，不和任何人说话。成杰作为过来人，告诉茉莉，来这里都一样，赶紧承认自己有病，否则会被关一辈子的。茉莉抬起头，看了一眼眼前这个酷帅又有些放肆的男生，没有说什么，那时候的她自身难保，总想要离开这个世界。

第二天，成杰跟医生说，他不想出院了，想再观察一周。医生调侃道，两周前你哭着闹着要出院，怎么现在不想出去了呢？成杰说，住上瘾了呗！

成杰讨厌所有人，是的，他说只要是人类，他都讨厌，有一股想杀人的冲动，不分性别，不分年龄和种族。他几乎不与任何人交往和交流，包括父母和从小抚养他长大的爷爷奶奶。住院前，他砸坏了家里的所有东西，用刀架在父亲的脖子上，要求给自己租一个房子，远离家人，每天点外卖，除了钱之外，拒绝家人的其他任何帮助。

他觉得自己是个没有感情的人，但是从茉莉的那双大眼睛里，他仿佛看到了自己，空洞无神却充满渴求。他的放荡不羁和愤世嫉俗，在那个瞬间突然没有了。他决定留下来帮助茉莉！

茉莉和成杰一样，父母很早就离异了，不同的是，茉莉跟着妈妈和外公外婆生活，成杰跟着爸爸和爷爷奶奶生活。读高三的茉莉，在一次月考成绩不理想后，从活泼、开朗、外向的她一下子变得不知所措，胆战心惊，感觉整个世界都成了灰色的，想要离开这个世界。

成杰望着茉莉手臂上数十道新旧不一的刀痕，他说他这么讨厌人类，为什么都没想过要离开这个世界呢？茉莉说："你是在等我吧!"她终于笑了。

茉莉奇迹般地好了,1周后,她和成杰一起办理了出院手续。

出院后不久,茉莉搬到了成杰的出租屋,两个18岁的少年开始了同居生活。成杰说,茉莉就像一剂良药,只要她在身边,他就不会愤怒和冲动。茉莉说,成杰就像一条没有车辆的高速公路,宽阔而具有野性,可以任她驰骋。

他们都还在服药,成杰知道,如果不服药,他可能还会被送到精神病院。茉莉没有再上学,在一家咖啡店做服务员,简单而快乐,她的理想是去承包一块地种菜。

成杰依旧每天窝在房间里,打打游戏,做做家务,烧烧菜。唯一的外出是去菜市场买菜,但是需要穿着带帽子的暗色风衣,把自己包裹得严严实实。他依然声称讨厌所有人类,待在房间里是不想伤害别人。成杰认为,茉莉不属于人类,只属于他。他的理想是帮茉莉卖菜!

1年里,他们见了十多位精神科医生和心理治疗师,这些人每次都被成杰的攻击性和愤怒吓到,要么建议住院治疗,要么建议加药。半年前,这对小情侣来到我的诊室。成杰穿着带帽子的黑色卫衣,帽子下边被他系得紧紧的,只留一双大眼睛和鼻孔,像一个夜行人。

第一次门诊结束时,我说:"你们是有故事的人,可惜因为时间有限,我还来不及听完,你们愿意下次再来给我讲讲吗?"成杰说:"你这个医生挺有意思的,和他们不一样。"我问:"哪里不一样呢?"成杰缩在沙发上,双手抱怀:"一你没问我的家庭,二你没问我的病。""不是我没问,而是我问的方式和其他医生可能不一样。"我知道他们还会再来!

近半年，成杰和茉莉每个月都会来我的心理诊室聊 60 分钟。最近一次，他们开始和我讨论他们的家庭。

陪你一起吝啬的爱情

安静出生于一个普通家庭，父亲是一位小学老师，母亲是图书管理人员。安静和她的名字一样娴静，大学毕业后一直在一家小公司从事文员工作，做事耐心而有条理，深得领导和同事的喜爱。但是周围人都不知道，她非常害怕和人接触，不敢在公共场合开口，领导多次提拔都被她拒绝。

30 岁那年，在家人的催促下，她被迫参加了一次相亲，认识了现在的丈夫博文。第一次见面时，博文用开水把餐具洗了一遍，然后用餐巾纸认真地擦了筷子、碗和勺子，整齐地放在安静的面前。博文很细心，话不多，这对害怕说话的安静来说是一件好事。

博文深得安静父母的喜爱，安静也想赶紧把自己嫁出去，半年后他们结婚了。可是，婚后的生活并没有像安静期盼的那样甜蜜、幸福。博文细致入微，节俭得让安静有些不可思议。

他每天晚上将水龙头打开接水，第二天早上用来做饭洗碗，水表还不会走字。博文每天最大的乐趣是搜集各种优惠券，然后不辞辛苦地跑到很远的卖场，淘各种打折的生活用品。外出逛街时，安静口渴了，想买一杯饮料，博文不让她买，带她坐两站地铁去一家便宜的奶茶店买，因为他刚刚下载了优惠券，买一送一。可是算上地铁票，只是便宜了 5 毛钱。安静苦苦地坚持了 3 年，孩子 2 岁了，她不想再坚持了，想离婚。安静觉得博文根本不爱她,在博文的心里,几块钱都比她重要。

"既然在这段关系里你那么不重要,是什么让你还在犹豫,并且坚持了3年?"我试探着去问安静。安静犹豫了一会儿说:"他还有恐惧症,怕脏,尤其怕雾霾。"这是他们比较契合的一点,都很爱干净。

安静每天都会关注天气预报中的雾霾指数,秋冬季是她最难熬的季节,她不敢去北方。这个秘密她从未告诉过任何人,除了丈夫。让她意外的是,婚后关注雾霾指数成了丈夫的常规工作,每天晚上他都会告诉安静第二天的天气情况,如果PM2.5指数超过80,就提醒她出门要戴口罩。

安静的表弟结婚当天,正好PM2.5指数达到120,这让她感到非常恐慌。她要随婚车去迎亲,戴上"猪鼻子"口罩一定会让人觉得自己很奇怪。丈夫说,没关系,我陪你一起戴,就说是我的问题,我逼着你戴的。那次,丈夫成了众矢之的。安静的父亲大发雷霆,说让他丢尽了老脸,与女婿大吵了一架。

一个女孩孤独地与恐惧症做了那么多年的斗争,终于有人和她站在了一起,我仿佛从他们身上看见了爱情!

我对安静说,你的恐惧就像他的吝啬,都是为了应对内心的不安而发展出来的解决之道,或许有些不太让人理解。如同崖缝里的一株小草,被阳光忽略,却无法阻碍它的成长,你们的相互陪伴和理解,就像云层夹缝里透过的光亮,可能微不足道,但对彼此却无比重要。

半年的心理咨询结束时,安静说,我也不知道咨询对我有什么帮助,但是我记得你说的那句话:你仿佛看见了爱情!

安静渐渐地也爱上了收集优惠券,多买的生活用品就送给亲戚朋友。周末，他们会一起驱车跑半个上海，只为品尝买一送一的奶茶。他们还可以淘到免费的酒店，带着女儿一起去度假，享受"吝啬"的惬意。

博文依然会帮安静关注雾霾指数，定期给她购买防霾口罩，只是家里的口罩越来越多，使用得越来越少！安静淘到一张免费送香皂的券，会兴奋地发给丈夫。她看到丈夫兴致勃勃地领着日用品回家，她会安心许多。

我陪你一起"吝啬"，这或许就是爱情吧！

第22章

孩子也许并不想活成你们想要的样子

不上课的硕士生

舒浩的母亲接到辅导员的电话时,整个人都崩溃了,她不敢相信儿子竟然一整个学期都没有去上课,连期末考试都没有参加。从小被称为"别人家孩子"的优秀儿子,刚刚以优异的成绩被保送攻读硕士学位,怎么会一夜之间堕落到如此地步?儿子不接电话,不回短信,只告诉母亲,我没事,你们不用来学校。可是,父母怎能放心?第二天,一大早就起身前往千里之外的城市。

父母赶到儿子的宿舍时,已经是傍晚时分。同学们有的去做实验了,有的去上课了,还有的去上自习了,整个一层楼显得安静而空旷,只有舒浩蒙着头在床上睡觉。面色憔悴,头发凌乱,整个人显得毫无生机,父母看到后既气愤又心疼。看见父母的到来，舒浩并不意外，只是显得有些不耐烦："让你们不要来，非要过来，你们来有什么用吗？""好好好，我跟你们回家。"

<u>坐</u>在心理治疗室里的舒浩看起来温文尔雅，<u>戴着无框眼镜</u>，清瘦的面颊挂着腼腆而谦和的微笑，给人一种容易亲近的感觉。舒浩和母亲坐在一个双人沙发上，父亲单独坐在旁边的单人沙发上。

舒浩说："是他们（父母）让我来的，我也不知道说些什么。"可能他<u>有些</u>不情愿，也可能他真的不知道说什么。让一个小伙子在陌生人面前说自己的糗事，还要当着父母的面，有一种被讨伐的感觉，所以不是那么容易。

我说："哦，原来你是不想来的，结果还是来了，是什么让你最终决定来的呢？""没有办法，他们说都约好了，来就来吧。"舒浩说话时带着含蓄的微笑，给人一种合作的态度，只是略显被动。

我也笑着回应他："看来你是一个很讲信用的人，只要答应了就一定会去做。只是今天这个规则即使是父母制定的，你也很愿意配合。是什么让你很愿意配合父母的呢？"舒浩沉默了几秒钟，抬起噙着泪水的双眼看向天花板。提到父母，他有一种复杂的情绪。看见儿子的泪水，母亲也情不自禁地哭了，母子总是心连心。

我转向父母："是什么让你们的儿子看起来有些难过？"母亲说："他可能觉得愧疚吧。"母亲开始介绍儿子的情况。

迷茫的学霸

舒浩从小就是学霸，年年都是年级第一名，很省心，也很懂事，只是性格比较内向，总爱宅在家里。父母担心孩子太内向，将来无法适应社会，会刻意地训练他的交际能力，带他出去参加饭局，在家里给他安排一些家务。可是，舒浩对父母的这些安排似乎不感冒，小时候除了礼貌性地和别人打招呼之外，总是爱一个人玩；再大一些，开始拒绝和父母一起外出参加社交活动。父母安排的家务，舒浩也常常拖延，比如洗碗，要么把盘子打碎，要么就是洗得不干净，并且大部分时间总是需要父母反复催促才会去做。

舒浩有一个护身符——"学霸"，成绩很好，似乎所有的缺点都可以被原谅。但是上了大学以后，那种优越感一下子消失了，身边都是学霸。他尝试通过其他途径来感知自我的存在，比如参加社团和科创比赛、准备出国、考雅思、考研。当舒浩以优异的成绩被保送攻读硕士学位后，他一下子觉得，这些都没有意义，不知道自己这么努力是为了什么。他开始思考，活着究竟是为了什么。

他像一只无头苍蝇，迷茫而混乱，开始厌倦自己的生活。就像小时候，被安排一些具体事务，他总是以拖延和应付来表达拒绝，来宣示自己的领地。

我问舒浩："用辜负他人的期待来彰显自己的存在，结果莫名其妙地被认为是个失败者。这是你常用的一种模式吗？"舒浩点了点头："我不想过被他们安排的生活，以前我用学霸的标签让自己很有价值感，但是上了大学以后，发现周围都是学霸。我又想给自己贴一个科创大神的标签，结果取得了国家级别的二等奖，并被顺利保送了本校的研究生。到了研究生阶段，我一下子不知道可以再给自己贴什么标签了。"

标签是一种象征，用一种鲜明的特点来标记自己的存在，其实是恐惧自己的不存在。舒浩从小都是在被安排和期待中度过，他做的并不是他想做的，或者说他最终成了父母的骄傲，而不是他自己的自豪。

当初，舒浩并不想继续读研，他想先工作，再考虑将来的打算，但是父母不同意，认为保送的机会非常难得，不能轻易错过。舒浩无法为自己的未来做主，这就像在家里被安排做家务一样，觉得应该做，但并不是自己想做的，于是他采用消极应付、拖延的方式来解决问题。

治疗师要做的是将这些模式清晰地指出来，反馈给家庭。

我对舒浩的父母说："以前那个听话、乖巧、懂事的学霸儿子可能一去不复返了，你们从今天开始要做好迎接一个具有独立精神、开始尝试为自己做主的儿子。但是在他开始做自己的过程中，一定会有失败和挫折，要看你们能忍耐多久，不帮他安排你们认为对的生活。"

我又对舒浩说："学习对你来说并不是一件困难的事情，但是你却莫名其妙地失败了。似乎你在用这种特殊的方式来表达一种与过去告别的决心，决定开始好好做自己。我不知道你将来还会用什么样失败的方式来改变自己，只是请你好好保护自己，因为做自己的过程中一定会有困难和痛苦。"

我不想活成你们想要的样子

两周以后，舒浩和父母再次来到我的治疗室。舒浩看起来精神了许多，但是父母依然还是担心他的学业，每天督促他起床、看书学习，就像对待一个初中生一样。

我问舒浩："你是怎么做到让父母一如既往地如此关心你的生活的？"舒浩有些惊讶："是他们自己每天很烦、很唠叨，我也没有办法。"我用坚定的语气回应他："你有办法，请你直接告诉爸妈，你希望他们如何对待你。对，现在就说，看着他们的眼睛。"

舒浩说："我希望你们以后好好做自己，不要把全部心思都放在我身上，我可以很好地做我自己，我已经长大了。你们的担心和管教只会让我变糟糕，你们想要的儿子不是我想活成的样子，否则我还是会用继续变糟糕的方式来让你们失望的。"这个腼腆的小伙子一下子变得不那么腼腆了，说的话让我很惊讶。他似乎明白了家庭的循环互动如何塑造了他，并且这种模式是具有功能和意义的。

当你开始理解自己时，你就会发生改变。

第三次咨询时，父母告诉我，儿子有很多变化，有时候会很早起床看书，主动做家务等。但还是需要他们反复督促，每天有很多时间都花在打游戏或看游戏上。父母依然忧心忡忡，不知所措。

父母的忧心，来自他们不习惯用积极的眼光审视家庭成员，而是过多地看到缺点和不足。当然，一个家庭的改变，不可能一蹴而就，必然是循环往复的，期望父母做出很多改变，有时候是很不容易的。如果家庭成员用焦虑来传达彼此的期待，那么这个家庭很快又会回到过去。

舒浩说："我好像想通了，我起床、看书、做家务，是为了自己，我睡觉、打游戏也是为了自己，我在家很无聊，也需要放松，我不想听他们的建议而出去健身、交朋友。""当你开始做自己的时候,你的父母似乎还是不放心,正如我上次说的,这对他们来说也是一个考验,看他们能不能耐得住性子。如果他们还像对待一个初中生那样对待你,那你是不是还会用以前的模式来应对?"我在进一步让他们之间的家庭模式清晰化。

"我在尽力,但是希望他们也能改变。"舒浩有些无奈,说完偷偷看了父母一眼。

"如果他们改变不了呢?"我追问,想让父母和舒浩都明白,这些改变是相互的,但也有回弹的风险。此时,话不多的父亲意外地说道:"我们的确也需要改变,要相信他已经长大了,我们管得的确太多了。"

"爸爸说说,你们可能会发生怎样的改变呢?"一个家庭中的男人太重要了,只有他开始加入,才能减轻母亲对孩子的焦虑。

"我们对他的肯定和表扬太少了,以前都是按照我们的模式来要求他,做到了我们就满意,做不到我们可能就会否定他。这会让他不开心,可能会故意和我们对抗。一是信任他,二是认可他自己想做的事情,毕竟他已经长大了,可以为自己做主了。"当家庭中的所有成员都在认知层面发生改变时,那么行为层面的改变就是必然的,家庭关系的改善也是必然的。

这个家庭的互动模式终于在家庭成员自己的认知中开始建立起来。可能儿子还会继续做学霸,也可能会失败;可能父母还会关心和照顾儿子的起居,但是我相信,他们行为互动的内涵已经在悄悄发生变化。

结束时,舒浩说:"我不喜欢过去的自己,也不喜欢现在的自己,我要创造一个自己喜欢的自己。"

放弃完美父母的幻想吧

我的完美母亲

在我的认知世界中,母亲是一个完美的人,聪明能干,善良宽容,待人真诚,虽然没有多少文化,但是总能看透事物的本质,把事情处理得妥当而得体。

我高中开始住校,逐渐离家,与母亲在一起生活的时间越来越少。假期回家,感觉我和哥哥越来越像客人,母亲把我们照顾得更加无微不至,她完美的形象已牢固地印刻在我的心中。这种完美,让我带着安心开始心无旁骛地去向远方。

直到女儿出生,我邀请母亲前来帮忙照顾,我们才又开始真正意义上的共同生活。令我意外的是,那个完美的母亲身上出现了很多让我未曾想到的缺点,我有些失望。

我静下心来，认真地想了想，是母亲变了吗？好像没有，那就是我变了。我的变化在哪里呢？随着时间的推移，我不再是母亲怀中的小男孩，而是一个已经成家并养育了孩子的男人和父亲。当我以一个成熟男人的身份和为人父的心态，再去觉察我的失望时，我竟然笑了。完美的母亲，不过是我不想从孩子的身份中走出来的一种退行和自我保护。

我需要一个形象完美的母亲，让我拥有安全感，并走向独立。当我真正独立时，不再需要完美的母亲，而且面对母亲身上应该且必然会拥有的缺点和不足，不会再有情绪。

完美父母的幻想

李抗是我的朋友。他阳光开朗，聪明且努力，30岁就已经做了上市公司的人力资源总监，但是眉宇间总有一股无形的凝重和压力。一天晚上，我接到李抗的电话，他情绪失控并大哭道："我这么努力，付出这么多，可是为什么得不到他们的认可呢？"

李抗的父母对他极其严格，从未表扬和赞赏过他，一直告诫李抗，你身上还有很多可以改进的地方，千万不能骄傲自满。无论李抗取得什么样的成就，父母总会给他泼一盆冷水，以致李抗认为自己很没用、很自卑，他成功的标准就是得到父母的认可。

我问李抗："你希望父母怎么对待你呢？"李抗说："我希望他们理解我，真正地关心我，能看到我的不容易，我真的很努力了。"

理解、支持、包容、体贴……这是李抗心中的完美父母。他未得到，所以仍在追寻，他一直在做那个寻找完美父母的孩子。

无论是我还是李抗，心中都有一个完美父母的幻想，只是我的母亲对孩子的一味付出看起来保护性更强，而李抗父母对孩子的严苛对待看起来杀伤力更大。当我们意识到父母的不完美时，也就放下了孩子的身份，开始成长。

和女儿一起睡的母亲

椿萱是我的来访者，她目光无神地叙述着母亲对自己的种种虐待，从躯体的殴打，到言语的辱骂和极其夸张的控制，只要母亲去她家里，就要求女儿必须和她一起睡，直到女儿离婚。椿萱最终抑郁并试图自杀，后来变得狂躁和具有攻击性，多次拿刀威胁要砍死母亲，被母亲强制送到精神病院。

椿萱在工作上非常出色，只要离开母亲，她就可以和正常人一样生活。两年前，母亲被诊断为乳腺癌，手术和化疗时需要人照顾，单亲的妈妈搬到上海与椿萱同住。

椿萱的母亲是一名大学教师，看起来知性而优雅，如果不是她自己承认，我很难将椿萱口中那个残暴的母亲与她联系起来。椿萱说母亲也是一个命苦的人，自小父母离异，也是在外婆的打骂中长大的。母亲说："我不是女儿想象中的那种母亲，我做不到温柔、体贴，我的苦谁来理解呢？"

她没有被爱过，所以她不知道如何爱。

我对椿萱说："其实你的要求并不高，只是希望母亲不再苛责和辱骂你，可是这样的理想你都很难实现，你一定很委屈和难过。

在这些悲伤和愤怒中，你很努力地照顾自己、理解自己，就好像自己在做自己的父母，获得了比同龄人更多的独立经验，也造就了如今的你。现如今，你的母亲也很坦诚，她可能做不到你想要的，你决定怎么办呢？"

椿萱深深地叹了一口气："那就认命吧！""你的'认命吧'是什么意思呢？"我问椿萱。她说决定让母亲回老家居住，给她请一个保姆，自己出钱，不再奢望母亲改变。

如何做自己的"父母"

认命，是一种接纳，接纳自己就有这样一个不完美，甚至虐待过自己的母亲。接纳不等于认同，不等于屈服，更不是懦弱，而是一种更高级的力量，一种与自我的和解。如果我们不认命，继续不停地改造不完美的父母，跌进完美父母的陷阱之中，就会像个孩子似的疲惫地奔波，牺牲一生，终究徒劳无获。

人本主义心理学创始人卡尔·罗杰斯（Carl Rogers）认为，最理想的关系是无条件的积极关注。这种理想的关系，只存在于婴儿期的幻想和专业的心理治疗中。客体关系心理学家梅兰妮·克莱因（Melanie Klein）认为，当婴儿有需求时，母亲能及时地满足，婴儿会认为妈妈是好的，自己也是好的。自体心理学家海因茨·科胡特（Heinz Kohut）阐述得更加清晰，婴儿带着自我全能的幻想，渴望一位如他自己一样完美的母亲能及时回应他的需要：我是优秀的，那么你（母亲）也应该是优秀的。

这些幻想是建立自我价值的路径，母亲的回应无比重要，如果母亲没有回应或没有能力回应，我们的幻想并不会破灭，而是会保留下来，一直渴望拥有一个完美的母亲。当我们无法走出完美母亲的幻想时，可能会采取破坏性的行为，来验证自己的假设，和父母的冲突，对他人的苛责和抱怨，对自己的不满，甚至自残自杀，其实是那个小婴儿渴望获得母亲的积极回应。

如果我们很不幸，未能在幼儿阶段获得父母的积极回应，成长之路就会比较艰难，但这并不是灾难性的不归路。我们可以尝试做自己的"父母"，利用在这条路上艰辛跋涉而获得的经验，学会回应和照顾自己。

如何做自己的"父母"呢？

首先，要理解自己对理想父母的期待和失望，你的期待是什么，你的失望是什么。

其次，将对父母的失望逐一列出来，告诉自己，这些不足的确影响了自己的成长，是你的不幸，但不是你的错。如果父母愿意陪你一起改变，这的确是一条修复之路。万一父母不愿意，你将独自踏上自我修复之路，这对你来说的确很委屈，但是未来的命运将掌握在自己手中。

最后，将你对理想父母的期待逐一列出来，尝试用你期待的父母行为，来对待自己。例如，你心情不好时，像理想的母亲一样理解自己、安慰自己，而不是苛责和压抑自己。

如果你已经长大，尝试着放弃完美父母的幻想，你就会继续成长。改变不了过去和出身，但是可以创造属于自己的未来。这就是命，你得认！

第24章

父母为何要"引诱"孩子犯错

巧克力父母

女儿睡前要吃糖果,因为刚刚刷完牙,所以妻子拒绝了她的要求,告诉她睡前不能吃糖果,否则牙齿会被腐蚀,以后不仅要看牙医,还会很疼。对于3岁的孩子来说,未来的疼痛远远没有眼前的糖果诱人。她大哭起来,坚持要吃,并且承诺吃完会再刷牙的。最终,我们妥协了,女儿胜利了。

在答应女儿请求的那一刻,我和妻子相互看了一眼对方,发出了无可奈何的叹息:"哎,没有办法,只能满足她了。"我们做了一次包容、理解、懂孩子的好父母。

孩子因为要吃糖果被父母拒绝,在哭闹下获得吃糖果的机会,这种家庭互动被称为"巧克力现象"。"巧克力现象"并非仅仅指孩子对巧克力的需求,而且是指家庭中家长对孩子的某种行为禁止或约束后,又会创造这种行为出现的机会。例如,家长明明知道吃过多的巧克力对牙齿和身体健康不利,但是又会在家中囤积巧克力,给孩子创造过量进食巧克力的机会,有趣的是,父母会对吃巧克力这种行为加以禁止,进而诱发孩子的叛逆行为。

更为有趣的是,父母一般会对孩子的叛逆行为加以妥协让步,或者孩子被贴上不听话、没有规矩的标签。看起来是孩子胜利了,实际上是父母胜利了,因为这一切都是父母在故意"引诱"孩子犯错,从而获得原谅孩子的机会。父母通过"引诱"孩子犯错,获得了自己成为好父母的机会,也通过孩子实现了自己在童年未曾得到过的抱持。家庭治疗大师赫尔姆·史第尔林将这称为父母从孩子身上获得的"本我养料"。

每个家庭都会有意无意地受到这种家庭动力的影响,父母在培养孩子的过程中不断"引诱"孩子犯错,为家庭提供成长的养料。如果父母经常感到孩子不听话,不按照自己的期待去行事,即"叛逆行为"频出,因此责骂虐待孩子,那么更大的可能是父母过度"引诱"孩子犯错,他们特别渴望成为好父母。过度引诱的背后可能是创伤或恐惧,恐惧自己成为"坏父母",结果在孩子心中,却真的成了"坏父母"。

"引诱"孩子犯错,进而解决或者掩盖家庭中其他问题的家庭互动模式,在心理门诊中并不少见,几乎每个有问题的孩子都有一对或一个"巧克力父母"。

懂家庭治疗的大师

一个 12 岁的男孩不愿意上学，脾气暴躁，多次动手打父母，在精神病院住院两次，治疗效果并不理想。两年过去了，这个男孩依然不去上学，在家各种"作"，吃吃喝喝，打打游戏，上上网，逍遥自在。父母采取了各种措施，打也打过，骂也骂过，甚至求过，但是都没有用。

后来父母改变策略，温柔对待，对儿子的需求尽量满足，尊重他不上学的决定。儿子的情绪有所改善，与父母的对立减少，但是依然不上学，情绪低落，并且变得自责起来，认为自己给父母增加了麻烦和负担。

无奈之下，父母在一个朋友的推荐下，远行数百里，去一个香火旺盛的寺庙寻求大师的指点。大师听了孩子的故事，看着这对焦急万分的父母，用手在孩子头上摩挲片刻："你们的孩子没有问题，是你们的夫妻关系出了问题。要想拯救孩子，得先拯救你们自己的婚姻。从今天开始，施主各自放下对孩子上学的执念，想想如何经营好自己的婚姻。这个孩子是一个懂得感恩和为家人付出的男子汉，将来会有大作为的！"

父母惊呆了，大师都没问，怎么知道我们夫妻关系不好呢？对大师心服口服。

这是我的一位患者的亲身经历，当父母决定改善夫妻关系时，这个孩子奇迹般地决定去上学了。而且孩子获得了一个信念：我是可以有大作为的！

大师将这个家庭的灾难从孩子的问题拓展至夫妻关系，把孩子的问题改释成了感恩和付出，并进行了资源取向的积极赋义。

大师的指点，让这对父母开始思考如何解决自身的问题，而不再通过"引诱"孩子犯错来转移家庭中的矛盾。我觉得，这个大师一定学习过家庭治疗。

失联的父亲

博洋又不去上学了，这个 14 岁的男孩已经是第二次拒学了。

他每天在家就是打游戏、睡觉，然后发呆。他想去做电竞玩家，可是又怕失败。他的成绩一直都不错，但是他发自内心不喜欢学习。他又不知道自己可以做什么，内心非常矛盾。博洋不愿意就医，不接受心理帮助，他的理想是长大后做个网管，收收家里的房租，养活自己就可以了。

直到几个月前，父亲失联了。

一天早上，父亲和往常一样准备出门上班，走的时候和母亲说："接下来，我要出差一段时间。"带了一个箱子便走了。一个月过去了，母亲感觉不对劲，便打电话给丈夫，想问他什么时候回来。丈夫的手机一直无法接通，她有些担心，便到丈夫单位寻找。

这对夫妻十几年来几乎没有交流，没有性生活，不在一起睡觉。两年前，丈夫便在外面有了另一个家。这次，丈夫没有再隐瞒，全部告诉了妻子，他接受离婚，净身出户，两套房子留给儿子。他曾经想过为了儿子留下来，可是他努力了一年，儿子和妻子没有任何改变，所以他决定一走了之。

当母亲告诉博洋，父亲不回来了时，他很淡定。博洋说，他早知道父亲有了外遇，他恨父亲，可是又想把他留下来。如今，事情终于有了一个了结。

又过了两个月,博洋开始上学了。他依然不喜欢学习,但是他说,有时候可以通过没有意义的事情去实现其他的意义,比如为了这个家。

家庭秘密的公开,有时候逼着家庭结构改变,从而解决一个存在已久的问题。

母亲说:"为了孩子,我牺牲了一切,包括婚姻。"

父亲说:"为了孩子,我努力过。"

为了各自的"问心无愧",父母"引诱"儿子出现了一系列问题。当父母开始不加掩饰地为自己的人生负责时,就没必要"引诱"孩子犯错了。

如今,博洋决定去上学,去完成属于自己的成长,父亲离开家去追寻自己的爱情,只留下母亲,独自一人悲伤。母亲说,她很对不起儿子,不幸的婚姻让孩子背负了很多。

我对母亲说:"丈夫的离开对一个女人来说是很大的打击和不幸,希望从今天开始,你也要对自己的人生负责,对自己不幸的婚姻负责。这不是你的错,更不是博洋的错,如果儿子继续为你的不幸负责,那么他的成长还会遇到困难。"

孩子是家庭问题的报警器,青少年的问题往往不在自己身上,而在家庭中未解决的问题上,尤其是夫妻关系问题,这些问题又往往与家族中的代际传承有关。

被虐待的孩子

一个9岁的男孩,因为反复的破坏性行为,被父母带来就诊。

小男孩近半年来经常在学校和同学发生剧烈冲突，不是抓伤同学，就是砸坏同学的文具，老师管教，就扬言跳楼。

小男孩来自一个重组家庭，两个月前，同母异父的弟弟出生。

作为医生，我的第一个假设是：弟弟的到来可能让他感到被忽视，症状的意义是表达被关注的需求。可是父母均否认，说小男孩很喜欢弟弟，经常一起帮忙照顾弟弟。父母很在意大宝的感受，生二宝也是和老大商量过的。

男孩的症状难道是表达对母亲的不满，渴望亲生父亲的陪伴？因为每个离异家庭的孩子都有一个父母重归于好的家庭梦想。这是我的第二个假设。然而母亲说，孩子出生几个月她就离婚了，此后再也没有和前夫来往过。继父对他很好，他们家庭很和睦。

那更为常见的是，家庭内部关系持续冲突，孩子被不良夫妻关系三角化，出现问题是为了拯救家庭。夫妻二人说，他们感情很好，从未亏待过孩子，为了他，他们推迟了生老二的计划。

还有一种可能是，母亲因为生育压力，情绪不稳定，甚至可能有产后抑郁。孩子的症状是为了将母亲从育儿压力中解脱出来。母亲说，他们全家一直都满怀欣喜地迎接二宝到来，而且老二很好带，自己感觉很幸福，也没有太大的压力。

治疗陷入了僵局，这个家庭似乎在逼迫心理医生承认：就是这个孩子有问题。

作为家庭治疗师，我明白有心理问题的孩子，他的家庭内部一定有混乱无序的关系。所有的问题都是他应对无序过程的反应。

这个家庭的父母看起来和蔼可亲，可是所有的假设和沟通都被他们否定了，他们的互动结果将孩子置于一个有精神疾病的境地。如果一切问题都是孩子的问题，将会怎样呢？他将会被"遗弃"。我大胆假设，这个在心理上被遗弃的孩子，在家里遭受了虐待。

我邀请家庭的其他成员参加了访谈，外公外婆、爷爷奶奶（继父的父母），证实了孩子长期被母亲打骂虐待的事实。我对这个家庭说，如果虐待的行为不停止，他吃任何药物都没有用，他将来要么让自己"死亡"，要么让他人"死亡"。

很显然，这位母亲将孩子置于一个顽劣、不听话的熊孩子境地，她的打骂就显得必要且合理了。虽然我很理解这位母亲，带着对前夫的仇恨和童年遭受父母虐待的不幸，不自知地在重复传递家庭的创伤，但是她必须停止对孩子的打骂，并对自己的行为进行反省。创伤迫使母亲"引诱"孩子成为问题小孩，然后告诉老师"我已经很尽力管教了"，带着孩子去各大医院就诊，告诉医生"我们对他很好"。这一切，只不过是她特别想做好母亲的渴望，与自己没有得到过好母亲有着强烈的冲突。

她的创伤得到疗愈，"引诱"才会停止。

我爸爸有精神病

一个 8 岁的男孩，大约 3 个多月前，与来家里做客的表弟因为争抢玩具发生冲突，母亲打了他一顿。母亲说儿子之前特别乖，很听话，每次犯错被打时，儿子都会来向自己道歉。但是，那天儿子像变了一个人似的，对母亲大吼："不怪我！"躺在地上歇斯底里地哭闹。

他在地上躺了一会儿后，突然不哭了，表情惊恐，双眼怒睁，呼喊道："我全身僵住了，快救救我，救我！"母亲一下子恐慌起来，赶紧将儿子送到医院。医生检查后告诉母亲，儿子没有大问题，回家好好休息就可以了。他被送往医院的途中，身体僵住的感觉就没有了。但是从医院回家后不久，他频繁出现恶心、呕吐和肚子疼。

母亲关闭了小店，带着儿子四处就医，医生都不知道他患了什么病。最后被推荐至精神科治疗，医生给他用了抗抑郁药物和抗精神病药物，但是症状并没有好转。之前那个听话、体贴的儿子从此变成了"小魔头"。

第一次来我门诊时，母亲和他早晨5点起床从郊区的亲戚家赶过来，没有吃早饭，一直等到下午1点才排到他们。我让助手从食堂给他买了份盒饭，他一定饿坏了。他胖胖的，略带不羁和挑衅，无论母亲如何诉说他的魔性，我对这个孩子就是"恨"不起来。

他说自己常常被母亲打。我问："你爸爸呢？""我爸爸有精神病，不要提他。"他拒绝谈论父亲。

母亲补充道，他们结婚后不久，孩子的爸爸被诊断为精神分裂症，经常家暴自己，还打孩子，在孩子1岁多的时候，他们离婚了，现在自己带着孩子开了个小店谋生。离婚后，父亲经常来他们家闹，也不服药治疗。这位母亲说，如果没有孩子，她早就自杀了。

提到父亲时，他就会用手把母亲的嘴捂住："他是个精神病，不许说他。"

一个月后，他们来复诊。母亲说，一个多星期前，他非要买几本书，但是当地的小镇买不到。他说父亲所在城市的新华书店一定有。

父亲在另外一个城市打工，离上海不远。他和母亲提前一天到了父亲的城市，全家人一起去了新华书店。第二天一大早，父亲开车把儿子和前妻送到了我这里。

我问："你爸爸也来了？"他很开心地点头。

我邀请这位父亲进来。父亲身材高大魁梧，腼腆地和我打了招呼。对于儿子的问题，这个男人一语中的："孩子的问题与我们的家庭有关，我以前喝酒后有些糊涂，经常和他妈妈吵架，这对孩子很不好。他妈妈脾气比较倔，不服输，总是心情不好，这对孩子的成长并不是什么好事。"

我对这个家庭没有进行太多的干预，静静地听着他们每个人以自己的方式诉说自己对家庭的愧疚和责任。精神分裂的父亲、抑郁的母亲和焦虑不安的孩子，每个人身上都有一部苦难史，又仿佛隐藏着不那么耀眼但是又很夺目的光芒。

我对母亲说："如果以后孩子再需要书，还是可以再去爸爸的城市买吧？或许他想要的不是书。"

那天，他像个主人，拿着诊室的杯子，给爸爸妈妈倒上水，掩盖不住内心的喜悦。我忽然明白，为何在母亲谈到父亲时，他会将母亲的嘴捂上。

"我的爸爸有精神病"，我想他的后半句话可能是："但是，他依然是我爸爸！"

他们走了以后，我和进修医生在诊室里沉默了几分钟，没有一个人说话。我对他们说："你们看到了吧，一个孩子的能量可以有多大！"

这个孩子身上的问题来源于家庭的苦难，也正是这些苦难塑造了他身上的温暖和善良。他用症状和疾病"引诱"父母，试图将破碎的家庭和有心理障碍的父母黏合在一起，这是孩子对完整家庭最原初的渴望。他们家的进步在于，这次孩子没有用症状和疾病，而是用买书的诉求"引诱"父母，让父母做了一回好父母。

只是，他太难了！

好父母还是好孩子

我和几个朋友小聚时，席间一个朋友 15 岁的女儿问了我一个问题："如果说动物繁衍后代是本能，那么后代赡养父母是不是本能呢？"我想到了羔羊跪乳、乌鸦反哺等典故，"老有所养"是社会文明进步的重要标志之一。但是在自然界，更多的是残忍的优胜劣汰，老弱者常常需要牺牲，似乎"子代赡养母代不是本能"，但是一瞬间似乎有种力量阻止我这样说。

我的诊室曾来过一位愁容满面的中年女士，让她"痛不欲生"的是女儿找了一个条件极差的男朋友。这位妈妈坚决反对并放出狠话，不分手就断绝母女关系。女儿刚从国外留学归来，习惯了主张自己的权利和幸福，坚决不妥协，并痛斥父母干涉自己的婚姻。母女间开始冷战，两个月里没有说过一句话。目前，让妈妈痛心的不再是女儿的婚事，而是女儿竟然对自己如此冷漠。

无独有偶，一个朋友也曾讲起过他的不幸遭遇。女儿刚刚进入大学，第一次离家，夫妻俩甚是挂念。一个周末，夫妻俩准备了很多女儿爱吃的零食，前往学校探望，打算给女儿一个惊喜。没想到见面之后却碰了一鼻子灰，女儿不仅没有一点惊喜，反而满腹怨气，责怪父母为什么不经她的同意就来学校，这是对她的不尊重。女儿告诉父母，你们自己玩吧，我已经和同学约好了，然后匆忙离去。夫妻俩傻眼了，越想越不是滋味，索性回了家。这对夫妻在回去的高铁上泣不成声："我们错在哪里了？"

似乎，我们在成长时必然要"抛弃"父母，好孩子变成了坏孩子，好父母也变成了"控制狂"。

繁衍后代是物种延续和发展的本能。本能是生物体按照内在预定程序进行的行为活动，不需要学习、适应和经验，就能完成一系列复杂而固定的行为。而人类养育子女已经超过本能范畴，父母对孩子充满希望、用心抚育，孩子感受到父母的保护、期待、关爱、体贴和理解，被赋予使命，从父母那里"镜映"自己。当我们在和一个人交往时，我们同时在和他的家庭交往。

子代赡养母代并不是动物的本能，年老的动物常常选择离开族群，悄悄地离开这个世界。这是动物本能的延续。而人之所以成为人，最大的特点就是不依赖本能行事。

赡养和照顾曾经镜映自己的母代是更高层次的人类活动，本质是能否照顾好从父母那里内化的自我。当父母抱怨子女不孝顺、不爱自己时，同时也是在否定自己给予子女的部分。同样，子女怨恨父母不尊重自己，控制和干涉自己的生活时，其实是恐惧面对自己。

在成长的过程中，子女势必要逐渐学会拒绝父母的"引诱"。子女知道父母在"引诱"自己，让他们不能长大，这样才能让好父母一直存在下去。但是父母对子女反抗行为的宽容和理解，常常让子女不忍拒绝"引诱"，因为他们害怕看到父母的失望。这些恐惧常让我们拒绝身份更换，恐惧遇见更大的恐惧。而成长是不断分离和否定自己的过程,从出生那一刻就已经开始,白驹过隙,岁月冗长,我们有时不愿意成长,害怕遇见未知的自己。

15岁的女孩开始思考如何独立,她知道远行可能是痛苦的,她为自己的成长开始寻找动力,她开始思考如何拒绝家庭的诱惑。

女儿开始独立,并与男友建立了一段亲密无间的关系。妈妈看似对女儿的男友不满,实则是通过"引诱"来延迟对失控的恐惧,她本想在与女儿温和地沟通时同意女儿的婚事,从而达成"你看妈妈多么理解和支持你"的诉求,只是这次她失败了,女儿没按常理出牌。女儿通过拒绝,让自己与母亲的关系越来越清晰。在太紧密的家庭关系中,每一次拒绝"诱惑"的过程都是一场惨烈的斗争。

我的那对朋友夫妻回家后开始自我反省:"我们如此深爱我们的儿女,他们爱我们吗?"我对这对夫妻说:"你们的女儿正通过你们爱她的方式在爱着你们。你们没有错,女儿也没错。如果你无法接受这种爱的方式,那就尝试着换一种方式吧!"

当子女长大后,会察觉出父母的"引诱"策略,好父母的形象会在子女拒绝父母的包容理解中崩塌。父母囤积再多的巧克力,也无法继续"引诱"到孩子,因为他们已经长大,对巧克力不那么感兴趣了,他们很可能已经拥有自己的巧克力了。

其实,我们应该感谢每一个"被犯错"的孩子,他们牺牲了自己来成全父母,并且也从这种成长中逐渐塑造了自己,塑造了带有家庭印记的自我。

好父母汲取养分的地方是整个世界,不仅仅是孩子!

第25章

这不是你的错

跌入抑郁的深渊

每个周末,黑夜还在肆意蔓延时,王溪已醒来,踩着未灭的路灯和寒冷的晨风,踏上第一趟开往远方的地铁。空空的车厢里,满脸疲惫的路人,或看手机,或趁机打盹,王溪感觉自己像这个世界的局外人,一张张陌生的面孔,走进走出,耳边飘过列车播音员语调一致的报站声。

王溪斜躺在靠边的座位上,从始发站到终点站,再从始发站到终点站,陪伴她的只有眼泪。"我是个废人,什么都做不了,已被全世界抛弃。我曾拼命地努力,渴望得到每个人的认可,可是总会被一点点的挫折打倒。我从未屈服过,哪怕头破血流,可是这次我再也站不起来了。"王溪的脑子里控制不住一遍又一遍地这样评价自己。

两个月了，王溪吃过抗抑郁药，看过心理医生，装作若无其事，挤出笑容，可是一切都是徒劳，情况越来越糟。她控制不住地想离开这个世界，想过割腕，计划过从顶楼纵身一跃，梦想着安静地离开，永远都不要醒来，可总是事与愿违，怎么也睡不着。王溪想悄无声息地离开，就像出生时被父母悄无声息地送走一样，很多年都没有人知道他们曾生过一个女儿。

黑夜越来越长，睡着的时间越来越短，吃的安眠药越来越多，内心的那个黑洞却越来越大，足以将王溪吞噬，感觉有一股强大的黑风在将她卷入黑暗。突然间，王溪感到一种从未有过的恐惧，拼命地从黑洞中把她向外拖。王溪的身体快要被撕裂了，呼吸急促，感觉快要死掉了，像那个黑夜，她在一个黑屋子里惊恐地大哭，身边却没有一丝生命的气息。那时候，王溪8个月，外婆赶回来时她已奄奄一息，高烧40度。王溪喘着粗气，赶紧逃离地铁，忽然间对自己的过去充满好奇："是什么让我对死既渴望又恐惧呢？"

被抛弃的小孩

王溪坐在心理治疗室内，软软的沙发，暖暖的灰色，期待治疗师的到来。治疗师的声音柔和而有力量，温柔的目光始终包围着王溪的恐惧和抑郁，就像外婆的肩膀，都是骨头却满是暖意。

治疗师问王溪，我们今天可以聊些什么？王溪不知道可以说些什么，脑子里一片空白。治疗师温柔而坚毅地看着她，微微扬起的嘴角，让她想起了外婆。她脱口而出："看见你我就想起了外婆。"

治疗师好像很好奇："外婆？能详细说一下你的外婆吗？"

王溪出生几个小时后，就被送到了外婆家，只因为她是个女孩。父母偶尔会在周末来看她，每次他们离开时，王溪都会号啕大哭，只能远远地望着他们离去的背影。每次都是外婆将小王溪紧紧搂在怀里，王溪把头埋在外婆灰白的头发里，闻着她的发香，抽泣着，倔强地把头扭向一边，不看父母远去的背影。可总会偷偷地抬起眼角，期盼他们回来把我抱走。

后来，王溪越来越讨厌父母来看她，会把他们买的东西扔掉，再后来他们就很少来了，因为有了弟弟。

6岁时，一个清晨，王溪醒来后发现外婆躺在客厅的木床上，身上盖了一层白布，外公说外婆睡着了，去了另外一个世界。从此，每个夜晚醒来，小王溪都会到客厅，看看外婆有没有从另外一个世界回来。

再后来，王溪被送到姨妈家。她仿佛失去了快乐的能力，会笑，却不会快乐。直到上了小学，每次考满分的时候，老师的表扬和同学父母的羡慕，让她才有了一丝喜悦的感觉。王溪好像只会学习，其他都不会，唯一的兴趣就是怀念外婆。

上初中后，她回到了父母身边。对于王溪来说，他们是陌生人，几乎不和他们说话，看见他们就有满腔的愤怒和恐惧："是你们抛弃我、嫌弃我。我像动物园里饲养的珍稀动物，被百般照顾，成为你们炫耀的产品，不是因为你们有多爱我，而是因为我的学业成就。"

王溪想尽快逃离父母，上大学，出国，工作，像一只风筝，狂野飞奔,却没有方向,只有记忆中模糊的外婆像丝线牵着她,让她没有坠落。

说完这些,面前的纸巾堆成了小山。从没有人认真听过王溪的故事,治疗师没有打断她,只是静静地看着她,目光没有一刻转移。

我想抱抱我自己

王溪朝治疗师笑了笑:"不好意思,让你见笑了。"治疗师很坚定地告诉她:"不,我想为你喝彩,为那个经历过如此磨难,却从未被打垮的你喝彩;我替你鸣不平,你没有任何错,却承受了这个世界带给你的不公平。"

王溪生平最讨厌别人的怜悯和同情,可是那一刻她却从他的话语中听到了理解和力量。王溪一直都觉得一切都是她的错,因为她是女孩,不敢怪别人,更不敢怪这个世界。

治疗师继续说道,那个被抛弃的小姑娘是无辜的、努力的、善良的,是睿智而无比强大的。"你可以换个位置吗?"他示意王溪坐到另一个沙发上,面对着被泪水浸湿的纸巾。

治疗师说:"将刚才的悲伤和不幸都留在原地,现在的你是卸去一切苦难的 28 岁的海归女博士,看着充满苦难和不幸的那个小女孩,你想对她说些什么呢?"

天啊,王溪真的看见了一个蜷缩在黑暗角落里的小姑娘:"那就是曾经的我,无助、绝望、悲伤、恐惧,被全世界所抛弃。"

王溪说:"我想抱抱她。"

"你想象一下,你用温柔的双手抱着她,很久很久都没有人像外婆一样抱她了,此刻的你想对她说些什么呢?"

王溪的心很痛,却是温暖的,她要好好地抱一下曾经的自己。她有很多话想说:"你很不容易,你经受了很多的委屈和不幸,你坚强而孤独,像一个勇敢的战士,披荆斩棘,浴血奋战,只是渴望被别人看见,不,渴望被父母看见"。

"谢谢那个未曾被看见的自己,她帮你奋斗了20多年。"王溪忽然很感动,我竟然可以谢谢自己,而不是恨她、讨厌她。

治疗师的声音始终温和而坚定:"整理一下自己的心情,将沾满你血泪史的纸巾和过去的痛苦一起打扫一下,扔进垃圾桶里吧。和责备自己的那个你,说再见吧!"

王溪突然有点不舍,这些痛苦和不幸陪伴了我28年,如果没有了它们,我将怎样生活?

治疗师好像看出了她的心思:"需要的时候再把它们找回来,以一种平和的方式和自己的苦难相处。这样,你就会逐渐对自己的未来产生好奇了!"

对呀,28年都活在过去,我的未来应该是什么样子的呢?

那晚,王溪睡得很好,梦见外婆回来了,闻到了她的发香。原来不能入睡,只为等她归来。

第26章

家庭问题的解药

外婆和外孙

一天早上到达办公室时，我远远地看到一个老太太在走廊的尽头站着，朝我这边观望。我进了办公室，她敲门而入："陈医生，你还记得我吗？我是于伟的外婆。"很眼熟，但是我的确一下子想不起来。

她接着说："5年前，我外孙在你这里看过病，他一直想再找你，可是挂不到你的号。"我慢慢复原了于伟的印象。

那时候，我还在另外一家医院工作。于伟由外婆带来就诊，他的父母离婚了，由外婆带大。那时候他23岁，在国外留学，读了两年后，不再愿意继续读书了，并有情绪低落、失眠、兴趣减退、消极自杀等抑郁症状。首次就诊被诊断为抑郁症，予以抗抑郁药物治疗。

两周后,他复诊时像变了个人似的,显得很开心,话明显多了,也感觉自己聪明了,并开始找工作。外婆非常高兴,对我这个陈医生赞赏有加:"太谢谢你了,我们看了那么多医生都没好,吃了你的药两天后,他就完全恢复了。"

两天就见效的抑郁症应该不是抑郁症,抗抑郁药起效起码要10~14天,于伟要么是双相障碍,要么就没病。根据他的经历判断,可能存在两个因素的叠加,既有生理性的双相障碍因素,也有非病理性的功能性因素。我这个陈医生沾了双相障碍的光。

在就诊过程中,70多岁的外婆帮助23岁的外孙挂号、取药,跑上跑下,甚至于伟的病情几乎都要外婆代替陈述。外婆性格开朗,特别慈祥,整个就诊过程中,于伟就像一个襁褓中的婴儿,无须做任何努力,只要乖乖躺在襁褓之中即可。

从家庭的互动看,他的病还有一部分是成长的问题,即发展性问题。他需要长大到与23岁的自己相匹配。调整了药物治疗方案,加上成长性的心理治疗,于伟的病情稳定了许多。他愿意从酒店的服务员做起,慢慢长大。但是,我知道这个过程不会是一帆风顺的,幼时坎坷的历程加上太过宠爱的外婆,这个家庭不太允许一个快速长大的于伟出现。

后来,我换了单位,有一段时间没看门诊。直到5年后,这位老人找到我。

我也很想知道于伟的近况。外婆说,于伟总体上挺好的,后来在其他医生处一直服药治疗,但是他不相信其他医生,每次只配药,不和他们沟通。他目前只服用1粒碳酸锂。这几年他换了几个工作,虽然工资不高,但是还算努力。

这次为什么来找我呢？我很好奇。外婆说："后天他要去新的单位报到了，听说这个单位很严格，我怕他会适应不了，很是担心。我劝他去和医生聊聊，他不愿意，只想和你聊聊，但是你的号又挂不到。所以我就先来找你，看能否给我们加个号，很抱歉，陈医生，打扰你了！"

"我这两天都没有门诊，他后天就上班了是吧，他愿意和我通个电话吗？"我问外婆。"那真是太好了，太感谢陈医生了！"

拨通电话后，于伟还在睡觉。他很开心，我恭喜他找到了新工作，也说了外婆的担心。

他说："我觉得我挺好的，外婆总是那么担心，我没想到她会去找你，给你添麻烦了。我一直在坚持服药，其间也有医生建议我停药，我想最终还是听你的。我没有去找你，一是因为你的号很难挂，二是我觉得我目前的困难自己可以处理。如果我有困难，我一定会去找你。我一直记得你说过：等我真的长大了，我的病就好了。这些年，我一直在努力长大！我接下来要做的工作的确很有挑战性，我也做好了准备，做不好也没关系吧。"

于伟一口气说了许多，他的确成长了，但是在外婆眼里他依然是个无法适应生活的孩子！他的妈妈专心于发展自己的事业，几乎不关心儿子。他的爸爸自从离婚后，再也没有来看过他。这些重要关系的缺失，也许可以从外婆那里得到些许补偿，但是无法被替代。

于伟的成长之路还很长，但是我看到了他的不卑不亢和努力。最后，我对外婆说："如果你以后还要为外孙的事情而来，最好和他商量之后，一起过来！你代替不了他一辈子，你也需要好好休息，为自己，更是为于伟。"

外婆抹起了眼泪:"为了外孙,我在几年前也离婚了!我要全身心地照顾他,我知道我也年龄大了。"这位慈祥、坚强的外婆的举动有时候会让我头皮发麻,我也不知如何回应她。她为了外孙可以连自己的命都不要,更不要说婚姻了。

于伟或许在用 1 粒药丸为自己保驾护航,告诉自己有路可退,也让外婆有事可做。他用一粒药治疗了外婆的心。外婆用一生的幸福治疗外孙的病。

这就是家庭沟通理论中的"双重疯狂"。

母子共生的解药

大伟已经两年没有去学校了,住过两次精神病医院,吃了大量的抗精神病药物,不同医生的诊断却大相径庭,他难住了众多医生,也难住了家庭。无奈之下,母亲只能接受这个 15 岁的少年不去上学,否则他就会发病:全身抽搐、歇斯底里、拿刀砍人、夜不归宿。过后又会跪地忏悔,认为自己罪该万死,求家人原谅。

父母言行稍有不慎,上述行为又会重演,甚至出现幻觉和妄想。发作之后会进入一个低落期,有明显的抑郁和强迫,反复洗手和抠手指甲,或拔身上的毛发。有意思的是,当他的要求被满足时,基本上没有症状,擅长人际交往,小小年纪口才不错,可以协助母亲做生意。别人都夸他们家有个好儿子!

如果你完整地了解一个人,就会发现这些症状显然是具有功能和意义的,简单来说,就是生病是有用的。

他们一家在我这里治疗了一年多,他的症状改善了不少,再也没有住过医院，发作的频率越来越低，症状也越来越轻。后来，他决定去上学。他的父母万分高兴，我却告诉他们："你们不要高兴得太早，否则他还会再发作一次。"

1个月后，他告诉我："医生，你只猜对了一半。我没能坚持上学，你猜对了，但是我没有发病，你猜错了。"他显得有些失落，又有一些得意："我原来想用臭名昭著的方法让别人记住我，但是我发现很难，大家依然都不记得我。"

他说了自己的委屈和这么多年的不易。他哭了，母亲也哭了。我问他："你知道妈妈为什么哭吗？"

"她难过吧！"

"她为什么难过？"

"因为我难过，所以她难过。"

"你们的情绪是一体的吗？"

他说："我想从这个家里搬出去，太压抑了。但是，又不知道可以去哪里。"

看到儿子的痛苦，作为母亲有些难过本是可以理解的，可是这位母亲的悲痛超出了我们谈话的语境。她在治疗室内，失声痛哭，悲天跄地："我不知道他心里原来这么苦啊，都是我们对不起他，我太难了，没有人帮我，我很绝望……"

家庭的互动中心，从儿子的痛苦逐渐过渡到了母亲的痛苦，母子二人被负面情绪牢牢锁住，都非常自责难过。

在这个母子共生的家庭里，父亲的角色被弱化得几乎不存在了。和他们工作了这么久，父亲几乎不说话。父亲是小学文化，方言口音重，我很难听懂，每次都需要儿子来翻译。

母子共生的互动，你中有我，我中有你，情绪会爆发式升级，结果都是相爱相杀。没有人比他们更爱对方，也没有人比他们更会伤害对方。

只要这个家庭中的父亲还存在，就必须让其加入，来稀释母子互动的浓度。我问母亲："你对你丈夫这么不满，为何没有离婚？"几乎所有母亲的答案都一样："为了孩子！"此时，孩子就成了不幸婚姻的罪魁祸首。

目前不是责怪父母的时刻，要让他们学会将孩子从成年人的不良情绪中剥离出去。他们也不是故意的，一定有他们的难言之隐。

"如果父母离婚了，你将来如何打算？"儿子思考了一下："爸爸身体不好，工作很辛苦，离开我们，他的生活质量将会下降很多。如果他们分开，我就去流浪！"

母亲没有想到，孩子是那么牵挂父亲。她很生气："我不辛苦吗，我工作不累吗？"这是一个不允许儿子被任何人带走的母亲，哪怕这个人是父亲。

我问父亲："你知道孩子这么在意你吗？"他点点头，流泪了。如果让这个家庭中的母子共生关系得以解除，光靠未成年的儿子太难了。但是，这对夫妻的心智化能力又不足。我突然想到督导的一句话：每个家庭的命运都由家庭自己把握！

我对15岁的儿子说："回去想想，什么时候可以在他们不离婚的情况下去流浪。"

他的回应让我惊讶："我让外婆过来住几天，让他们（父亲和母亲）去旅游几天，我们家就好了。"

这是家庭治疗师经常布置的作业，试图加强夫妻系统，拓宽亲子系统，腾出足够青少年成长的空间。

母亲说:"只要你爸愿意,我就去。"

父亲说:"当然可以!"

这句方言我竟然听懂了。

40 岁的孩子

宏宇是我从小学到高中的同学。他的成绩比我好很多。高考后,他上了一所比较好的重点大学,我上了医科大学。

一年后的暑假,我得知他被学校劝退,原因是经常不上课,沉迷赌博,多门课程的考试他都没有参加。后来听说他出去打工了,和家人也不联系。

我在大三时曾接到他的电话,说自己的钱被人偷了,没有饭吃,问我借了几百块钱。再后来得知,他几乎借遍了所有的亲戚朋友,都是为赌博。我还听说,他欠了很多赌债,甚至流浪街头。他逐渐把自己变成了一个"臭名昭著"的人。

有一天,他竟然主动联系我,说母亲身体不好,在老家的医院看了,诊断是焦虑症。但是情况一直没有改善,想让我回去帮忙看看。

40 岁了,他依然单身,比年轻时胖了很多,但是在我眼里,他依然是那个少年。他不愿多谈及自己。他家离我家不远,过去经常听说他的父母关系不和。在我的记忆中,他的母亲是个外向开朗、勤劳持家的女性。

再见到他母亲,外貌苍老了许多,但是劲头依然,还是我记忆中的她。她说,近 5 年来,总是感觉全身不舒服,似疼非疼,

第 26 章 家庭问题的解药

就像有虫子在皮肤下面爬，坐立不安，睡不着觉。我知道，这些症状在倾诉她的故事，一种无法用语言表达的情绪故事。

她说这辈子最后悔的事就是嫁给了现在的丈夫，她不爱他，完全是父母之命。她原本想凑合着过，那个年代都是这样。可是，丈夫并没有像她想的那样：高攀的媳妇应该百般疼爱，加倍呵护！他们夫妻俩斗了一辈子，彼此贬损，互相埋怨，甚至大打出手。

她为了孩子，选择隐忍。孩子们都很优秀，老大、老二相继考上大学，结婚成家。她心中暗暗发誓，等最小的孩子大学毕业了，没有牵挂了，一定要离婚！万万没想到，小儿子上大学后一年就被学校开除了，然后一直"不务正业""招摇撞骗"，没有稳定工作，欠下巨额赌债，更不用说成家立业了！

她为了小儿子，又忍了 20 年。最近几年，小儿子有所回头，开始认真工作，不再赌博，慢慢还上了赌债。可是，母亲的身体却出现了问题。

我问同学的母亲："你知道孩子们都非常牵挂你吗？他们不惜一切代价，要把你留在这个家里。"提到孩子，母亲开始流泪。她说，孩子都是我的命，如果没有他们，我可能早就离开这个世界了。也是为了他们，我才坚持了下来。

小儿子是母亲最疼爱的，曾经幻想过儿子毕业后，就离婚去和他一起住，照顾他的饮食起居。20 年过去了，儿子一直没有让母亲达成心愿。他把自己弄得一事无成，也用自己的一事无成让母亲没有机会、没有勇气离开这个家。

等了 20 年，母亲开始绝望，指望儿子的日子不多了，她开始思考接下来的生活。她说，最近几年她明白了，老伴老伴老来做个伴。她也不想离婚了，就想和丈夫这样再过几年，这一生就结束了。丈夫没有丝毫改变，自己的身体不舒服时，他依然冷若冰霜。"我这一生就没有过上幸福生活的指望了吗？"当她开始思考如何过好自己的生活时，她生病了。

我问这位老妇人："10年后，当你80岁时，处在弥留之际，你回忆起过去的10年，你觉得现在如何做，才能减轻一些过去50年的痛苦呢？"

"没希望了，我这辈子就这样了。"

"你那么坚强而智慧地坚持到了现在，你一定不甘心。你用接下来的半年，带着这些痛苦的症状和回忆，认真地考虑一下这个问题吧，先别着急给自己下一个结论。"

从他家出来时，同学说谢谢我。我没有和他多交流，告诉他："你也不容易。"这么多年，他依然还是那个少年，一个40岁的孩子，无怨无悔地守着母亲。

妻子的抑郁

丈夫说："我妻子最近抑郁了，心情不好，主要原因是儿子不听话，爱玩手机，学习成绩下降。"妻子赞同丈夫的解释："我们现在越来越管不住儿子了，他与他爸爸的关系越来越糟糕，已经离家出走两次了。"

儿子离家的那个晚上，妻子非常恐慌，心跳加剧，胸闷难受，觉得自己快要不行了。到医院急诊检查后，并没有发现什么器质性的问题。知道妈妈生病后，儿子立即赶到了医院。这次，妈妈的病把孩子带回了家。

此后，15岁的儿子依然"不听话"，只是减少了与父亲的正面冲突，改为暗地里对抗。在第三个手机被父亲没收后，他再次离家出走，并对父母恶语道："你们这对狗男女，一定没有好下场！"

夫妻俩在大街上寻找了一夜，凌晨时终于在超市里找到了儿子。父亲向儿子道了歉："我不该打你，更不应该赶你出门！"儿子气呼呼地回了家，基本不再与父母沟通。父亲也放宽了对儿子手机的管控。可是，妻子的情绪却越来越糟糕，她不敢回家，害怕自己一不小心说错什么，家里又爆发冲突，儿子又离家出走。她看着这个苦心经营的家，悲从心中来：这样的家还有什么意义吗？她想离开这个世界，想到了自杀。

在心埋诊室内，这对从初恋一直走到现在的夫妻，互相尊重和理解，彼此表达爱意和支持。在妻子流泪时，丈夫会握着妻子的手，会帮她擦眼泪。看起来是一对幸福有爱的夫妻！

我问儿子："为什么把你的父母比作'狗男女'呢？"

这个孩子与其他有问题家庭的孩子有些不一样，他对父母的抱怨几乎没有反驳，似乎这些都是他"故意的"，一副幸灾乐祸、志在必得的样子。他说："其他的事情我不过问，也没兴趣，只要你们不管我就可以。我不会手机成瘾，不会不学习，你们放心。"看来儿子的诉求很简单：我长大了，你们要给我空间和自由。

"为什么孩子的成长对你们来说却如临大敌呢？如果你们的孩子离家独立了，你们会怎样？"夫妻俩好像没想到医生会问这个问题，互相看了看，有些语塞："和其他家庭一样吧。"

孩子长大后，妻子觉得这个家没有意义了，这个家是倾斜的，亲子之间的意义大过夫妻之间的意义。这对夫妻真的像他们演绎的那么幸福吗？我不相信"狗男女"的比喻只是儿子的气话。

第三次治疗时，妻子选择一个人前来。她说出了自己的秘密。妻子说她还是很爱丈夫的，但是，丈夫给不了她精神层面的需求。大约 10 年前，她爱上了单位的同事，相互承诺不破坏对方的家庭。她幻想过与他远走高飞，长相厮守，共度一生。但是想到儿子可能会有一个破碎的家庭，就像当初的自己，她无论如何也不能接受。想当初，父亲有外遇离家后，母亲将怨气全发泄在了她的身上。她曾经是受害者，如今变成了自己讨厌的样子。她非常自责！

儿子转眼间长大了，两年后就会离开家去上大学。这个家该何去何从？孩子离家后，她大概率会离婚。一想到这里，她就特别紧张，害怕孩子长大离家。她将自己的人生逼到了绝境！以前她能选择控制儿子，如今她只能选择抑郁！

有问题的孩子背后都有一个有问题的家庭，有问题的家庭里面常常住着一对有问题的夫妻，有问题的夫妻几乎都与外遇有关，外遇的问题往往是家族创伤的再现！

当家庭中的夫妻开始面对自己的问题，并着手解决时，孩子的问题就会消失。

这个妻子的抑郁，从某种程度上来说就是解决家庭困境的方法之一。她开始思考：我的未来该何去何从！

下岗的妻子和厌学的儿子

这对夫妻是为了儿子的问题来寻求帮助的。

上高一的 16 岁的儿子有一天突然对妈妈说："我不上学了，

上学没有任何意义。"

妈妈特别着急，赶紧询问儿子发生了什么。儿子反问妈妈："你觉得你活着有意义吗？"妈妈费尽了所有心思，想告诉孩子这个世界有多美好，儿子不为所动："这是你们的意义，虚伪而肮脏，不是我的意义！"

儿子躲在家里不出门，昼夜颠倒，不是哭泣就是打游戏，或者发呆，或者蒙头大睡，甚是颓废。这时候，妈妈想到了求助丈夫，丈夫的第一反应是："孩子被你教坏了。"二人争执不休，决定到我的诊室咨询。

妻子说："我不想过了，想离婚，儿子没有希望了，自己的人生也就没有希望了。更何况，眼前这个男人从来都没有参与过孩子的教育，现在孩子出问题了，竟然一味责备我，我不能接受。"这个被妻子藐视的男人一脸平静，好像妻子在描述别人家的故事，与自己毫无相干。我甚至觉察到了他在言语间隐藏的快感。

他说："刚刚妻子描述的关于孩子的一切，我都不知情，在这个家我是局外人。直到儿子决定不去上学，妻子才开始与我交流，并且指责我对家不负责。不是我不负责，是我做什么她都认为是错的，我在孩子的养育上没有一点话语权。她是很能干，是公司高管，家里花的钱甚至都不需要我出。我有时候也在思考，我在这个家里还有什么意义？如果不是我比较传统，可能早就离婚了。"

如果真的想离婚，这对夫妻大概率是不会来心理诊室的，他们只是想表达对婚姻的不满和愤怒罢了。

第一次咨询结束后，他们决定回去试试如何把日子过得好一些。如果经过一段时间的努力，彼此没有改变，那就离婚。我知道，他们应该离不了。

未曾想，两周后受新冠疫情影响，妻子所在的跨国公司大幅度裁员，她获得了一笔补偿金后，被解聘了。妻子自嘲说："我成了下岗女工。"边说边流泪。我原以为这个家庭在压力叠加下会遇到巨大的挑战，想不到妻子话锋一转："我抑郁之后，儿子奇迹般好了许多，每天在房间陪我，给我讲生命的意义，如果我不答应他好好地活下去，他就不离开我的房间。"

我问丈夫："你知道儿子如此牵挂妈妈吗？如果妈妈不开心，他就不离开妈妈，更不要说离开这个家去发展自己了。"丈夫说："以前他们的事情是不允许我参与的，自从妻子离职后，心情一直不好，儿子也愿意和我说话了，妻子也愿意听我的一些建议了。"

"似乎你丈夫在家里越来越重要了？"我问妻子。妻子说："是的，在公司大家都称我为'灭绝师太'，对下属要求极为严格，见一个灭一个，但是我的业绩是全公司最好的，他们不敢把我怎样。这次我是因内部的政治斗争牺牲的。在家里，我是不信任我先生的，不相信他可以帮到我。我不信任任何人，只能靠我自己。这次公司惨案发生之后，我非常恐慌和无助，这个时候我发现，先生竟然特别有力量，他的安慰让我安心，我也愿意和他交流了。"

我问这个男人："当你在家里越来越重要时，你是什么感受？"他笑了："我竟然觉得自己好幸福！是不是有点没良心？"

这个男人的强大力量在家庭遭遇巨大困难时，被挖掘了出来。孩子和妻子的人生困难，此刻成了这个家庭的解药！

当一家三口为了在乎的人而坐下来交流时，家庭的意义就开始产生了。

家有意义了，人生才会有意义。

第27章

什么样的家庭可能养出有问题的孩子

什么样的父亲可能养出有问题的孩子

几乎在所有涉及心理理论和技术的案例研究中,都可以看到母亲的身影,甚至有"致精神分裂症的母亲"和"致自闭症的冰箱妈妈"的理论。母亲似乎成了孩子心理问题的罪魁祸首,承受着很多压力。在本书的一些案例故事中,也有类似的规律,几乎每一个有问题的孩子背后都有一个"有问题的母亲"。

大家不禁要问,作为家庭中重要的一员,父亲们都去哪里了呢?是父亲不重要吗?当然不是。在家庭中,父亲的功能如果削弱或缺失,可能造成夫妻关系倾斜,孩子出现心理问题的风险也会增加。

事实是这样吗?

我对几个家庭治疗案例进行了定性回顾,探索了"携带症状或者问题的孩子"家庭中父亲的角色功能主要有哪些。

1. 暴力的父亲

来访者是一位 17 岁的女孩，近一年来出现情绪不稳定和冲动攻击行为。她的父亲秉承"暴力美学"，对孩子的教育是一言不合就打骂，其中严重的一次，竟然将女儿的耳膜打穿孔。但是女儿在诊室内，从未主动表达过对父亲的不满和恨意，而是说：我的确也有错！

另一位 13 岁的女孩说："小时候，父亲从外面抓了一只鸟回来，用绳子拴住，我觉得小鸟可怜，央求父亲将其放走，可是他却说我不懂事，当面将小鸟摔死。"现在女儿发病时，主要表现是对父亲的暴力攻击，要父亲滚出这个家。

2. 无能的父亲

上面那位 17 岁的女孩，她的父亲不仅对女儿有暴力行为，而且已经 10 年没有工作，除了偶尔与老同学聚会，几乎不与任何人来往。

还有一位 28 岁的男士，因情绪不稳定、自我夸大前来就诊。他的父亲已经 10 多年没有工作，常年诉身体不适在家休养，在家里做做家务。除了家人，这位父亲很少和他人来往。他说，父亲没啥本事但是脾气不小，经常对我们不满，除了吼叫，几乎不和我交流。

3. 生病的父亲

一位来访者的父亲常年有慢性疼痛，查不出具体原因，觉得妻子和儿子不理解自己。后来，他渐渐地开始不信任医生，不愿意就医，情绪低落，睡眠不佳。这位来访者后来被诊断为双相障碍。

一位18岁的男生来就诊的原因是焦虑紧张伴反复胸闷不适。他的父亲在多年前患了癌症，经过治疗后病情稳定，但是家庭始终笼罩在压抑的氛围中，有一种对疾病的恐惧。父亲生病后，全家人都小心翼翼，又心疼他，又怕他，因为父亲一直有压力，心情不好，常常对我们发火，我也怕失去父亲。

4. 消失的父亲

来访者是一位13岁的男生，近半年来出现情绪低落、紧张，认为有人要害自己。他的父亲是一家公司的创始人，特别忙，每天都很晚回家，记忆中的父亲很少陪自己。近一年来，父亲几乎不再回家，来访者说，母亲说父亲在外面有了其他女人，不再爱我们了。

另一位来访者的父亲从来都没有来过诊室，每次都是母亲陪同。来访者的症状是不愿上学，情绪低落，觉得人生没有意义。"父亲很忙，经常出差，回家很晚，回家后也几乎不和我们交流，要么批评孩子懒，要么就说我把孩子带坏了。"这位来访者的母亲说。

5. 强势的父亲

来访者的父亲平时很严肃，妻子和儿子必须听自己的，否则就会很生气，少回家。他的父亲常常说的一句话就是："为了节省沟通成本，你们按照我说的做就可以了，不要问为什么。"

另一位来访者是一位 22 岁的女孩，她的父亲是一家跨国公司的高管，母亲是全职妈妈。来访者在国外读大学期间出现症状，表现为易激怒、冲动和情绪低落，无法完成学业。她从小学到大学的所有学业选择都是父亲安排的，而且从不和家人商量。父亲常说："你们听我的就可以了，肯定不会走弯路。"

6. 溺爱的父亲

来访者是一位 15 岁的女孩，父亲是一位普通职员，对女儿特别宠爱，大到孩子的学校选择，小到吃饭穿衣，样样都要过问。她说："我知道父亲很爱我，但是我真的很烦他。"她来就诊的原因是不愿意去上学。

7. 幻想型父亲

来访者现在高三，被诊断为强迫症，药物治疗效果并不好，依然很紧张和恐惧。他的父亲是一名小职员，很小的时候就将他送往各种兴趣班和辅导班，以培养和开发各种潜能。如今儿子 20 岁了，勉强能考上一所职业技术学院，但是父亲依然认为："我儿子如果没有生病，他的推理能力是同龄人中最出色的，是可以获得国际大奖的，可以免试进入清华北大。"

上述有问题的家庭中父亲的特点是"缺位"，在其位不谋其职，要么以生病或者工作忙等理由不发挥父亲的作用，要么以控制来粉饰父亲的缺席，要么以貌似投入和过分关注来让孩子填补自己内心的空虚和失望，有的父亲索性离开孩子和妻子。

父亲最重要的功能是"成功",一种在父性建立过程中逐渐被家庭成员塑造的成功,这种成功本质上是一段得到家庭认可的良好关系,通常以物质为载体,但绝不是物质本身。

一个学历不高、赚不了多少钱的父亲,可以是一个成功的父亲。

一个工作特别忙,没有太多时间照顾家人的父亲,也不妨碍他良好地发挥父亲的功能。

如何做一个好父亲,可以参阅本书的第 8 章。

什么样的母亲可能养出有问题的孩子

母子本为一人,母子共生是一种原生态。母亲决定着孩子的归属感(安全感),父亲决定着孩子的分离感(独立性),这是家庭塑造的人的两个最基本的心理意义。鲍温用"分化"一词来描述一个人的心理健康程度,其本质就是在描述一个人与母亲的分离程度。母亲对孩子的影响,一直以来都是儿童心理学家关注的焦点。依恋理论创始人约翰·鲍尔比(John Bowlby)甚至说过:"治疗一个孩子就是治疗他的母亲。"

什么样的母亲可能会损害孩子的心理健康呢?我们通过对问题孩子的母亲的质性分析,来看看这些母亲的特点。

1. 幼稚型母亲

这类母亲常常把孩子作为情感的寄托,自己却像个孩子,渴望从孩子那里得到安慰和理解,孩子就像母亲的"情绪配偶",负责理解和照顾母亲的感受。

一位 14 岁的男孩，主要症状是抑郁消极和不肯上学。父母在他两岁时离婚。这个男孩说："妈妈不开心，我就得哄她，否则她就像小孩一样生气，不理我。"

一个 17 岁的女孩，从高中开始出现情绪低落、易发火，被诊断为抑郁症。她说："妈妈每天睡前都要来和我说晚安，抱抱我、亲亲我。我觉得有点恶心，常常装睡不想理她，她缺爱应该去找她老公，不该来找我。"

2. 冷漠型母亲

冷漠型母亲看起来很严厉，似乎在努力培养孩子的独立，实则是自己内心极度不安全和恐惧，将创伤以冷漠的方式传递给了孩子。这样的孩子内心往往也会极度不安全，不相信别人会爱自己，严重者会出现抑郁、自伤，甚至自杀。

一位被诊断为抑郁症的大三女生说："上中学的时候，有一次放学时下大雨，到了地铁站后希望母亲给自己送伞，但是母亲拒绝了，让我为自己早上出门不带伞负责。我冒着大雨走回家，结果感冒发烧好几天。我觉得她根本就不爱我，总是告诉我自己的事情自己做。我后来就不敢相信任何人了，害怕和别人交往，觉得大家都不喜欢我。"

还有一位女生，目前被诊断为双相障碍和边缘型人格障碍，她印象中的母亲很严厉，不管自己哭得多厉害，母亲总是很冷漠，很少抱自己。她回忆说："大约四五岁时，自己不知道为什么又哭了，母亲就把我扔到了楼下的垃圾桶里，我自己爬了出来，上楼后，她不给我开门，我哭了好几个小时，还是邻居劝说，最后她才开门的。"

3. 控制型母亲

控制型母亲往往将孩子据为己有，希望孩子按照自己的意愿去发展，很少顾及孩子和其他家人的感受。孩子要么顺从，要么极度叛逆，情绪不稳定。

一位厌学男孩的母亲总是希望儿子事事按照自己的意愿去做，否则就不开心，儿子为了让妈妈放心或者开心，选择顺从。母亲用情绪控制了孩子。

另外一位母亲很强势，她的观点不容置疑，她常说的一句话是："你们必须听我的！"女儿进入青春期后经常和她发生冲突，变得厌学而暴力。

4. 挑剔型母亲

挑剔型母亲对孩子总是不满意，要么嫌弃孩子拖延、懒惰、不听话，要么认为孩子调皮、任性、不聪明，总之，孩子就是别人家的好！

来访者是一位35岁的已婚女性，自小是乖乖女，虽谈不上美貌，但也算相貌端庄。但是，她的母亲从小就挑剔她的鼻子不好看，走路姿势不优雅，表达能力差。她觉得自己是个丑女，令人讨厌，需要顺从和讨好才能和别人建立关系。她结婚两年了，经常被丈夫家暴，但是她没有勇气离婚，认为都是自己的错。

还有一位来访者的母亲常常说孩子笨,学习不如别人,给人很谦虚的感觉。私下里对孩子很严格,她的格言是:笨鸟先飞!来访者变得越来越厌恶学习,后来干脆不去上学了。

挑剔型母亲会让孩子觉得:我不够好,我低人一等!

5. 抱怨型母亲

抱怨型母亲总是自怨自艾,仿佛是个受害者,是世界上受过不公平对待最多的人;又仿佛是个斗士,与整个世界的邪恶在斗争。她们充满负能量,对谁都不满意,很少鼓励和表扬孩子。

一位 16 岁的少年被诊断为焦虑症,无法继续完成学业。他的母亲一直告诫他,这个世界上谁都靠不住,只能靠自己。孩子很努力,学习成绩很好,但是人际关系敏感,总是很紧张,害怕别人对自己不利。

有一位 35 岁的博士,换了好几个工作,都觉得公司的人排挤自己,怒而辞职,最终抑郁了。他几乎复刻了母亲的模式:我这辈子的不幸,都是别人造成的。

抱怨型母亲的孩子会无意中复制母亲的仇恨,代替母亲去怨恨世界,从而表达对母亲的忠诚。

6. 焦虑型母亲

焦虑的母亲总是充满不安,无处安放的焦虑会投注到孩子的衣食住行、学业、健康和人格品质上,总是期待或者设法帮助孩子吃得更好、穿得更好、学得更好、品德更高尚,怕孩子学习下降，怕孩子生病，怕孩子接触不良信息等。

一位焦虑型母亲的女儿已经17岁了，但是她还是事无巨细地照顾。每天帮女儿刷牙、洗澡、穿衣服。母女俩要么亲近得像一个人，要么大打出手，发生冲突时，女儿自残、离家出走，甚至扬言要跳楼。

另一位母亲每天都会给37岁的儿子打电话，天冷了要多穿衣服，冷的东西不能吃，外出不要喝酒。后来，儿子经常装作没接到电话，短信也不回，母亲抑郁了，儿子的家庭也破裂了。

焦虑型母亲无孔不入，时刻想渗透到孩子的生活中，就像苍蝇一样，拼命寻找孩子的不足，来转移自己的焦虑。

7. 虐待型母亲

虐待型母亲将仇恨和不满直接发泄到孩子身上，轻则辱骂，重则虐待甚至遗弃。她们的孩子基本上都会出现严重的心理问题。

一位25岁的职场女性，有严重的抑郁和轻生念头，被诊断为抑郁症。她的童年是在母亲的打骂中度过的，稍有不慎，母亲就恶语相向，拳打脚踢。最严重的一次，因为怀疑父亲有外遇，母亲用刀砍断了女儿的手指，以此来威胁丈夫。

8. 缺位型母亲

缺位型母亲生完孩子感觉就大功告成了，要么交给长辈抚养，要么忙于事业，无暇照顾孩子。或者即使每天陪伴，也心不在焉，对孩子的诉求几乎没有回应。孩子是被忽略的，这样的孩子在隔代抚养和留守儿童群体中最常见。他们极度渴望爱,又不敢表达爱,内心自卑敏感。

一位 13 岁的来访者,他在 6 岁前由爷爷奶奶抚养,母亲在创业,基本一个月才回老家看他一次。但是每次母亲都是趁自己睡着后偷偷地走,然后他就会因此哭闹好几天。如今他被接到了父母身边,但是有严重的肥胖和哮喘问题,现在又开始出现其他问题,不愿上学,打妈妈。

这些问题孩子的母亲在自己的成长过程中几乎都经历过创伤,她们也是受害者,这些创伤在代际间传递,造成了对孩子的伤害。

如果你已经成年,不必去怨恨曾经伤害自己的父母,但是要承认他们造成的客观伤害,在现实层面努力过好自己的生活。如果你已为人父母,请努力从自己开始,不要将创伤再传递给孩子。

我知道,这很难,但是也必须这样做。母亲们也不必自责,这不是你们的错;你们也不必做一个完美的母亲,只要不将自己的创伤传递给孩子,就是一个好母亲。

以下几点建议或许可以帮你做一个足够好的母亲(enough mother)。

- 尽量陪伴和支持家人。
- 保持良好的夫妻沟通,如果夫妻之间发生冲突,尽量在成年人之间解决。
- 保护孩子免受天灾人祸的侵扰。
- 和父亲一起设定家庭规则,维持家庭结构。
- 努力做一个有自我价值的人,并将生命的意义和价值传递给孩子。
- 要强大有力,起码要比孩子强大有力。

什么样的父母可能养出有问题的孩子

养育孩子是父母共同合作完成的事情，我们无法将责任完全归咎于父亲或母亲，他们是一个整体。那么，什么样的家庭容易养出有问题的孩子呢？我们通过一个家庭故事来呈现。

臣臣是一个15岁的男孩，曾被医院诊断为精神分裂症，已经两年没有去上学，一直在服用抗精神病药物。来到我这里就诊后，我修改了他的诊断：分离障碍，把抗精神病药物减到最小量。臣臣的发病情景几乎都与母亲有关，而且那些看起来怪异的行为呈发作性而非持续性。臣臣不发病时，一切都很正常，表达流利，极具幽默感和戏剧性，喜欢笑，爱好广泛，朋友多。这是分离障碍的性格基础：表演型人格。

经过一年多的治疗，臣臣的病情基本稳定，目前发作频率和程度已经大大降低。可是母亲认为儿子的病还没好，每次就诊时会细数最近一个月内臣臣的罪状，然后充满期待地盯着我，似乎要我为她做主。

每次就诊时，臣臣面对母亲罗列的重重"罪状"，不置可否。他说："我不知道发生了什么，就像做梦一样，很清晰，但是又感觉不是我做的。"这是一种人格解体的体验，用解离来防御内心的冲突。每次发作后，臣臣都会自责一番，向母亲道歉，然后就像什么都没发生一样，继续他不上学的生活。问及当时的发作情境时，一家三口的回答都出奇一致，要么回答："我不记得了！"要么说："我们也不知道他为什么发那么大火，我们什么都没说。"臣臣也很配合："我都不记得了。"

臣臣始终是那个有病的孩子。

有一次就诊时谈到了父亲。臣臣说："爸，你上班太辛苦了，身体又不好，不如换一个工作吧。"父亲说："我也不会做其他的工作，年龄大了又学不来。"臣臣说："没关系啊，大不了我们去讨饭，很多人靠讨饭都发财了呢……"父子俩不时哈哈大笑，看起来很和谐有趣。

突然间，啪的一声，母亲把病例本重重地摔到桌子上，满脸愤怒和委屈：你们俩太过分了，考虑过我的感受吗？家里谁的贡献大，谁最辛苦？你们竟然还在这里说说笑笑，如果你们觉得讨饭光荣，那我们全家都去讨饭吧，以后别来看病了。

母亲的话传递了四个意思：①我被忽略了，我很不满意；②我是对家贡献最大的，你们都要听我的；③我最辛苦，你们情绪上要以我为先，否则，你们都别想开心；④如果你们不听话，我就让你继续生病（威胁不看医生）。

果不其然，臣臣开始紧握拳头，咬紧牙，怒视母亲，全身僵直。我问母亲："臣臣要发病了，你知道为什么吗？"母亲似乎有所理解，但是又很无奈，哭了起来："我恨自己，但是我真的受不了孩子和父亲亲近。我受了那么多苦，整个家都是我撑起来的，你问这个男人他对家做过什么贡献，他不配做一个父亲啊！"

我问母亲："所以你把对丈夫的不满转移到了儿子身上？你想让儿子和你一样怨恨他的父亲吗？"母亲哭得更厉害了："都是我的罪过啊，我不想这样害孩子，但是我控制不住。"

当然，母亲不应该受到责备，但是她在家庭中的破坏性互动是需要被识别的，否则这个家庭不会改变。一个忠诚于母亲、被委派去怨恨父亲的孩子，一定会有心理问题出现，这是精神疾病发生的病理性家庭动力之一。臣臣的精神疾病某种程度上是对倾斜的家庭关系的平衡反应，用生病转移一部分父母之间的冲突，同时也在表达对母亲操控自己的不满意，渴望母亲能够理解自己。

最后，臣臣的母亲说："我改变不了我老公，为了孩子，我也不会离婚。我觉得我也需要治疗，我太容易失控了。"

这其实是一个无助的母亲！

孩子是否出现问题，还与家庭之外的因素以及孩子的个体特质有关，但是家庭对保护孩子免受这些因素的影响至关重要。上述这些父亲、母亲和家庭互动的病理性因素的呈现，并不是想归责于父母，而是想让父母尽量避免家庭的伤害性，让家成为每个人坚实的后盾。

第三部分
新家庭健康指南

　　从单身到组建新家庭，是家庭生命周期中跨度较大的一个发展过程，在这个转变过程中，存在诸多需要克服和适应的内容，这个时候也是家庭最容易出现问题的时候。如果在新家庭建立的初期，没有建立起具有弹性的家庭结构，在将来的家庭生命过程中，出现各类问题的可能性将会增加。因此，本部分将重点放在新家庭建立初期的互动过程上，基于对本书前面两部分的理解，来解析如何让新家庭更健康。

第28章

从我到我们：新家庭的组建

组建新家庭，你准备好了吗

我们从原生家庭中逐渐独立，独自行走很长一段时间，直到遇见人生中的另一半。我们两情相悦，决定厮守终身，组建新的家庭，这个阶段被称为"前家庭阶段"。组建新家庭，你准备好了吗？

首先来看两个小案例。

李璇30岁，与男友恋爱已经3年有余。春节回家，父母下达了结婚的命令。不是男友不够好，而是李璇对婚姻生活充满了恐惧。3年来，她和男友相处融洽，男友对她照顾得无微不至，但是一想到要走进婚姻、组建家庭，李璇就有一种莫名的恐惧。

张先生与妻子结婚两年，但是越来越觉得希望在一点点破灭。

他感到很失望,对妻子有诸多埋怨,甚至后悔当初仓促结婚。两年多以前,张先生与相恋 5 年的女友分手,此后不久认识了现在的妻子,觉得她应该是一个贤妻良母,温柔善良、知书达理,加之自己已经 33 岁了,于是他们半年后便领证了。

当组建新家庭时,我们常有两种心态。①不安:对将来生活状态的不确定;②兴奋:对将来美好生活的期待。这两种心态在前家庭阶段交织出现,会对个体形成压力,如果处理不当,不安就会变成恐惧和焦虑,期待就会演化成失望和愤怒。即将步入婚姻殿堂的两个人,最终不欢而散的不在少数。

美国心理学家罗伯特·斯滕伯格(Robert Sternberg)认为爱情由三个基本成分组成:激情、亲密和承诺。婚姻是希望承诺永远都在有效期内的社会性因素,爱情是婚姻的核心但不是全部。就一个个体而言,当婚姻这个"承诺"即将到来时,我们会感知到内在自我的一个"让渡"过程,即从"我"到"我们"的共同体的转变过程。在这个共同体内,有我不熟悉的部分,更重要的是,有需要我让步和妥协的部分。

一个健康的自我是允许妥协和让步的,对婚姻充满不安的个体实则是对妥协后的自己的恐惧,恐惧自己不再完整,怕失去自我。而对另一半有过度期待的个体,其实是不愿意妥协,没有做好为婚姻共同体让步的心理准备。

李璇是一个看起来好强能干的公司白领,实际上却是一个焦虑不安、有些自卑且缺乏安全感的女孩,她不相信男朋友会一如既往地对待她,害怕婚姻这个承诺不能永远有效。为什么她会如此恐惧婚姻呢?因为她成长在一个不幸福的原生家庭中,父母关系不和,经常吵架,记忆中的家庭是压抑、不快乐的。这些都会通过家庭中的代际传递悄无声息地保留下来。

张先生还未从上一段感情中走出来，结婚只是他迫切处理伤痛的一种回避方式，他并没有把新家庭当作一个共同体，结婚对象被物化了，成了他安抚自己、安慰他人的工具。

如果你准备进入婚姻，组建新家庭，那么你需要有一个成熟的自我，为自己做主，为自己的人生做主。当我们选择进入婚姻、组建家庭时，如果是因为在乎他人的看法，为了满足父母的期待，那么这时候的我们就是"假性自我"，建立在别人需求基础之上的自我，是不快乐的。即使得到了短暂的满足，也是不持久的。

在前家庭阶段，我们可以不安，可以和将来的妻子或丈夫协商如何去构建幸福的生活。我们一样可以满怀期待，但是要记住，这些美好是你和你的伴侣共同创造的，绝不是对方的给予和单方面的付出。持久稳定的亲密关系是一种动态平衡，将来的家庭生活中一定会有不同、矛盾、让步和妥协，但是你们需要不断了解彼此，为差异进行沟通，为爱一步步妥协，越来越接纳对方。

因此，即将走进婚姻殿堂的你们需要有这样一个信念：我们的家庭一定还会出现问题，但是我们之间的关系是坚韧有力的，不会被问题击溃。我们一定能够找到解决问题的方法，不管出现什么问题，你就是我想要陪伴一生的伴侣。

结婚前后，那些"烦人"的规矩要不要

结婚前后有很多的规矩，大到结婚典礼、婚纱照拍摄、见父母亲朋，小到礼物选送、迎亲时间确定，甚至衣服颜色款式的选

择等,不同文化背景下的仪式和风俗更是花样繁多。这些"烦人"的规矩对婚姻有什么意义吗?我们还要不要?

其实,结婚不仅仅是两个相爱的人从单身到组建家庭那么简单,更为重要的是角色的转变,你们会变成丈夫和妻子、女婿和儿媳,多元化的角色功能需要整合和分化。每一个角色的成立,是需要宣告的,告诉大家,告诉世界,最重要的是告诉自己,这个过程中仪式的象征性就尤为重要。它宣告了我们和过去的不同,让我们拥有了全新的身份,从我到我们,形成了一个共同面对所有幸福和困难的共同体。你给自己买的戒指,和爱人给你买的,即使价格款式一模一样,意义也不一样。爱人平时送给你的礼物和特别的日子送的礼物,意义也不一样。在婚礼上送给伴侣的定情信物,和私下送的又不一样。

所以,仪式是一种心理状态的载体,通过具体的物体和程序,将一种关系彰显,并且需要他人见证,所谓名正言顺,明媒正娶。

王女士和丈夫结婚已经5年了,女儿4岁,想当初,因为意外怀孕,匆忙和丈夫领了证,因为早孕反应特别大,就没有举办婚礼。这是王女士和丈夫商量后共同决定的,王女士相信只要两个人之间有爱情,共同为家付出,这些机械的刻板流程不要也罢,省下来的钱用于将来的家庭生活岂不是更好?

随着女儿的出生、生活压力的增加,王女士逐渐发现丈夫就像一个长不大的孩子,不知道如何做丈夫,如何做爸爸,而自己面对女儿的哭闹也有些情绪崩溃,无奈只能送回老家由外公外婆抚养。丈夫和他的家人对自己好像并不那么看重,直到一次和婆婆争吵时,婆婆脱口而出:"是你自愿嫁给我儿子的,我们又没逼你,有什么好抱怨的!"一副嫌弃和鄙夷的样子,让王女士无处遁形，尴尬至极。

结婚难道不是自愿的吗？为什么我的自愿和付出换来的是丈夫和婆家的瞧不起呢？王女士非常伤心和难过。

爱情的承诺部分是需要表达的，这种表达可以用一件实物来呈现，也可以用语言来表达，但是一定要向众人宣告，仪式就是这样一个宣告的过程。如果一个人说他很爱你，但是从来没有给过你承诺，没有给你买过礼物，那么我们说他还没有做好真正爱你的准备。

仪式的形式可以自由选择，礼物的实际价格也可以根据具体的经济条件而确定，但是过程是需要的。在某种程度上而言，你在他和家人心中的重要性是通过仪式来体现的，这是他和家人接纳你的一个过程，同时也是你接纳自己新身份的过程。

王女士和丈夫尚未做好结婚的准备，又省去了婚礼的过程，其实是他们内心都没有做好以新身份开启生活的准备。在一段没有被宣告的婚姻中，丈夫和妻子是很难以成熟的心态面对家庭生活的，生活矛盾在所难免，甚至会形成恶性循环，以致他们都没有办法做好爸爸和妈妈。我们自己都未做好接纳自己的准备，又如何期望别人接纳自己的身份呢？

仪式其实从相遇那一刻就已经开始了：你们在什么地方约会，第一次吃饭选在哪里，他是否送过你礼物，重要的日子他是否记得等。这些都是仪式，伴随着你们感情的发展。当然，仪式的具体形式和实物的价值可以共同商量，需要考虑双方的经济基础、文化背景和风俗。

如果时间和经济条件有限，可以简单地请好友家人小聚，宣布你们结婚了！也可以来一次蜜月旅行，但是要让其他人知道你们结婚了。请记住，这些仪式需要两个人共同商量决定。

没有亲朋好友见证的爱情不算爱情，没有仪式的婚姻很难持久！这个宣布的过程必不可少，千万不要天真地认为，两人相爱就可以了，没有仪式就没有爱的载体，爱情将逐渐消失在日常的柴米油盐中。

不仅仅在结婚前后，仪式在日后的家庭生活中更要不断演绎，一束花、一个礼物、一次旅行、一场聚会，你们就在这样的一次次或大或小的仪式中，幸福快乐地生活着。仪式有时候的确很烦琐，但是它很重要。

如何让婚姻渐入佳境

我们彼此相爱，给对方承诺，得到亲人的见证和祝福，一个新的家庭诞生，"我们"的新生活开始了。带着从原生家庭的烙印与爱人逐渐融合，新家庭幸福而美满，也有很多的不适和冲突。如何在冲突和差异中加深交流和情感，学会妥协和理解，是这个阶段的重要任务。

妻子怀孕了，他却要离开

杨女士怀孕6个月，挺着大肚子来找我咨询，尚未开口眼泪就已经流了下来，她一定是感受到了极大的委屈，很难过。原来，丈夫近期向她提出离婚，因为《婚姻法》规定：在女性哺乳和妊娠期间，只要女方不同意，是不能离婚的，所以丈夫说等孩子满周岁就会起诉离婚。

发生了什么事情，让这对新婚夫妻尚未真正开启新生活，就选择逃离？其实，听起来都是非常小的事情。杨女士和丈夫恋爱4年后结婚，婚后不久怀孕，为了家人照顾方便，她便和丈夫一起住到了离新家不远的娘家。父母照料小夫妻的生活，这本来是一件好事。可是杨女士的丈夫很快发现，岳母家的生活方式和自己的生活习惯差别很大，比如进门后鞋子一定要有序地摆放在鞋柜里，洗澡后一定要将卫生间的水擦干净，每个人吃饭后一定要把自己的碗洗干净……

按理说，每家都有每家的习惯，也无可厚非。可是，丈夫总是注意不到这些细节，杨女士觉得丈夫不遵守她家的规矩，是对父母的不尊重。每天只要丈夫一回家，杨女士就会不停地提醒他。丈夫觉得，这些都是无足轻重的小事，如果父母觉得不整洁，花几分钟就可以很快处理。妻子越抱怨，丈夫越愤怒，越来越不想回家，并提出要搬回自己的新房，但是遭到了岳父岳母和妻子的一致反对。于是，他选择越来越晚回家，回家后也是大部分时间在打游戏。

终于有一天，丈夫提出了离婚。他们没有大吵大闹，丈夫说："我觉得我们的三观差别太大，我没有觉得你和你们家人哪里做得不好，只是我无法适应你们的生活，无法接受你们的观念。"

新家庭的适应问题

现在的生活节奏越来越快，"七年之痒"都变成"五年之痒"

了。百合网的中国人婚恋调查报告显示，在婚后 3～5 年，夫妻双方的幸福感、婚姻满意度会达到最低值。婚龄 3～5 年的被调查者中，有 11.1% 的人表示下辈子不想和对方在一起，更有 8.9% 的人决定下辈子干脆不结婚。英国的一项调查发现，新婚后夫妻冲突最常见的原因是丈夫小便后不冲水。还有一些夫妻会陷入吃饭前刷牙还是吃饭后刷牙，牙膏从前挤还是从后挤的争论中。

新婚夫妻在意的真的是鞋子摆放和挤牙膏的方式吗？其实不是。他们在意的是我在家里的位置和新家庭秩序的缔造，即家庭中有我的一席之地吗，你重视我吗，你爱我吗？所有的争论到最后，都会演化成这三个关键问题，越想越愤怒，越想越伤心。

新婚夫妻面临的重要任务是互补和相互适应。我国传统文化中的男主外、女主内就是一种在特定文化中分化的夫妻互补功能。一个来自男主外家庭中的女孩，很难爱上一个男主内家庭中的男孩。

人的心理活动起源于原生家庭，夫妻适应就是两个家庭模式适应性的检验。因此，夫妻能否顺利度过这个适应阶段，要看原先的模式能否做出适应性的调整。

杨女士说，其实她在家里也不开心，只是习惯了，想想父母为了照顾自己，那么不容易，希望丈夫多体谅他们。丈夫说，我尊重他们，但是我无法按照他们的要求去做，那样我会更难过。我觉得我们还是回自己家住比较好。

是的，有冲突和争吵并不可怕，相反吵架可以增进交流和了解，有助于表达感受和情绪。如果对方的行为模式与自己不同，夫妻之间应该抱着理解的态度去沟通，如果这些行为仅仅是习惯，一方可以尝试不去改变对方。比如，丈夫的鞋子没有放好，如果妻子觉得应该放得更整齐，可以帮忙放整齐，这最多花费 30 秒的时间，但是如果为此和丈夫争论，那付出的可能就是数小时不开心的代价，甚至是婚姻关系的解体。

如果是一些原则性的问题，比如丈夫经常和朋友聚会而忽略家庭，或者妻子经常逛街，很少陪家人，夫妻二人还没有进入家庭生活状态，这种情况下，双方可以坐下来好好谈谈，谈谈自己的感受和期待，甚至是委屈和不满。只要有爱，有共同的目标，心平气和地提要求，远比吵架好。

当然，吵架也是一种沟通，如果吵架，要记住表达自己的感受和想法，而不是批评和攻击对方，可以大声说自己很难过、很愤怒，这是真实的感受，爱你的人，他会听得见。

"家庭不等于有爱情，但是家庭中是需要爱情的，家庭是让爱具有崭新意义的新场所，这些意义就是在新家庭最初阶段的不断融合中去彼此适应。

婚姻杀手

"婚姻教皇"约翰·戈特曼（John Gottman）通过对夫妻的互动研究，发现出问题的婚姻关系都遵循4个相似的互动模式，即批评、蔑视、防卫和冷战，它们又被称为婚姻关系的"末日四骑士"。

1. 批评

批评的互动模式是指夫妻一方或者双方，用指责或不满的态度对对方的人格或者性格进行攻击，双方不再就当下发生的具体事务进行争执。例如，丈夫在家打游戏，而没有帮妻子做家务，妻子不是对丈夫说"你可以帮我洗一下菜吗"，而是说"你就是很懒、很自私，一点都不懂得体谅我"。

"批评"和"抱怨"有所不同。抱怨是指由于对方的某些行为达不到自己的期待，对此表达失望和不满。例如，丈夫对妻子说："我希望你能多花一点时间在家里照顾孩子。"或者妻子对丈夫说："我希望你回家后能多陪陪我，少打游戏。"这些抱怨的确在传递一些不满情绪，同时也在表达期望，期待伴侣能够回应，有时候是有利于婚姻关系的。但是，如果抱怨得不到回应，不好的情绪就会持续涌上心头，可能产生破坏性的模式——批评。假如丈夫多次表达希望妻子多花一点时间留在家里，而妻子对此没有针对性回应，丈夫可能就会启动批评模式："你真是个糟糕透顶的妈妈，不懂得关爱孩子。"

2. 蔑视

蔑视是破坏婚姻关系的第二个骑士。夫妻之间未解决的冲突会暗地里渗透到亲密关系的各个方面，持久的愤怒情绪会导致一系列负性的互动模式。夫妻二人很快就忘记了最初是什么吸引彼此，婚姻的承诺和期待逐渐被不满和争吵消耗殆尽。此时，蔑视就很容易出现，夫妻之间的沟通不再聚焦于具体的期待和事务，取而代之的是"侮辱和精神上虐待伴侣"。伴侣的言行对对方来说充满了伤害，包括侮辱、直呼其名、敌意的玩笑和嘲讽，甚至家庭暴力。传递出厌恶感的肢体语言也属于蔑视，例如翻白眼或者嘲笑。例如，丈夫对妻子说："你这种不爱和别人交往的个性，是不受欢迎的""你要多学习多进步，别把坏习惯传给孩子""你真笨，连这点事情都做不好""我真倒霉，怎么遇到你这种人"，或者妻子对丈夫说："你一个月就挣那么点钱，有什么资格管我""你要多向别人老公学习，一点都不懂得体贴老婆""瞧你那长相，嫁给你真后悔"等。

3. 防卫

当一个伴侣表现出蔑视时，另一个自然就会防卫。防卫会以多种形式表现出来，最简单的一种方式是为行动找理由或者拒绝承担责任。也有可能对方并没有表现出蔑视或批评，防卫性一方会假设伴侣在指责或蔑视自己，他们拥有"负性的读心术"。例如，妻子想和朋友出去聚会，丈夫那天晚上正好有事，建议妻子不要去了，妻子却解读出了丈夫对自己的指责和不满，采用了防卫模式："你很讨厌我跟姐妹们出去，你认为我就应该留在家里带孩子。"丈夫连忙解释道："不是这样的，那天晚上我正好要出去和客户谈事情。"

有些防卫性的夫妻会陷入"胜人一筹"的模式，抱怨或批评不断升级。例如，妻子："你从来不想请别人来家里吃饭，你太懒了。"丈夫："要是你偶尔把家里打扫一下，我们就能请人来了。"

4. 冷战

冷战是指夫妻双方在沟通或者争执时，一方或双方（往往是男人），从这段关系中完全抽离出来的情况。冷战可表现为互相或单方不回应对方，关闭沟通渠道，甚至离家出走，失去联系。通常，冷战者会说他只是在尝试安静，为了不让争吵进一步激化，但他们释放出来的信号却是没那么在乎对方，且带有蔑视意味。还有一种冷战模式，就是一有冲突一方就表示要分手或者离婚，不愿再就冲突本身进行讨论。例如，妻子觉得婚姻维持不下去了，想和丈夫谈谈，如果双方无法达成一致，就和平分手。丈夫知道妻子想离婚时，愤然离家，1年里没再回过家，只是通过电话表达不想离婚的念头，没有任何改善夫妻关系的行动。

上述四种婚姻杀手常常交织出现，杀伤力不断升级，一种模式引起另一种模式，对婚姻关系产生更大的破坏。当两个独立的个体走到一起时，他们身后是两个家庭模式的差异，在彼此的日常互动中一定会有很多冲突，在磨合过程中要学会识别这四种具有杀伤力的沟通模式。在本章开头的案例中，杨女士与丈夫在有关生活习惯的沟通中存在批评和蔑视，而丈夫采用的是防卫和冷战的方式，直至要离婚。

让婚姻和谐长久的 7 个原则

戈特曼和他的搭档娜恩·西尔弗（Nan Silver）在《幸福的婚姻》一书中，提出了让婚姻和谐长久的 7 个原则。

1. 完善爱情地图

你的伴侣就像一张地图，存储在你的大脑里，说明你对他的了解有多少。例如，妻子喜欢什么，不喜欢什么，她的好朋友有哪些，她喜欢去哪里聚会，她的担忧和烦恼是什么，她的理想和目标是什么，等等。相反，妻子也需要了解丈夫的"地图"。幸福婚姻的第一个法则，就是要完善你和伴侣的"爱情地图"，目的是表达对对方的理解和欣赏。

2. 培养喜爱与钦慕

还记得当初你嫁给他或者你娶她的理由吗？那个当初决定厮守终身的伴侣身上有哪些值得珍藏的优点？那些优点都还在吗？安静下来的时候，想想对方身上让你欣赏的特质，包括外在的和内在的。也可以和你的爱人一起聊聊过往幸福的时刻，美好的体验会让你的婚姻保鲜。在地铁上、开车时、闲暇时，想想那些美好的瞬间，为自己决定走入婚姻鼓掌，为自己的决定找一些证据吧，写写你伴侣的优点、长处，做过的有意义的事情或者让你感动的事情，目标是50条。

3. 靠近彼此

靠近彼此是指与伴侣产生心理上的联结。在生活小事发生之时能够相互支持和理解，对伴侣的建议和诉求要予以关注，并在情感和行为层面给予善意的回应。如果能够将不满和冲突以幽默的方式化解，那最好不过了。这样的互动方式会让你们的心理距离越来越近。例如，妻子愤怒地质问丈夫："你和那个女人是什么关系？"在搞清楚事情的来龙去脉以后，"靠近彼此"的回应方式可能是:"听你这么说,我虽然有点委屈和不满,但是我很感动,也感受到了你对我的在意和爱。我也为那些误会带给你的伤害表示歉意,当时没有充分考虑到你的感受。"

4. 接受影响

妻子下班回到家后,发现丈夫买了许多精美的食材,正在厨房准备晚餐。"亲爱的,今天是什么特别的日子吗?做了这么多好吃的?"妻子看见丈夫忙碌的身影甚是欣喜。丈夫说:"今天晚上,我邀请了张硕和他爱人来我们家吃饭,大家一起聚聚,好久没见了。"可是那晚的聚会中,妻子一直不太开心。丈夫很是纳闷,那对夫妻是他们共同的好朋友,来家里做客是他们一直期待的,他明明在做一件让大家很开心的事情,为何妻子不高兴呢?

妻子不开心的原因并不是客人的到来,而是客人到来的决定这个家庭的女主人并不知情。家庭是一个共同体,家庭事务的决策过程要接受相互的影响,即分享权力,在做决定时把伴侣的意见和感受考虑进去,让她/他成为你的合作伙伴。

5. 聚焦问题

如果夫妻之间因为某件事情无法达成一致,以致影响接下来的家庭决策和目标,那就需要聚焦到这个问题的本身,来尝试解决。例如,妻子想给孩子报一个课外英语辅导班,但是丈夫觉得没有必要,不赞同孩子去上辅导班。夫妻俩就需要解决这个问题中存在的冲突。

首先，在解决问题的过程中不能将"末日四骑士"带入，不能有批评或蔑视，以一种正面的姿态表达个人的需求和观点。例如，丈夫说："我觉得孩子年龄还小，可以明年再去学，你觉得怎么样？"

其次，如果在沟通中很难达成一致，双方要学会阻止负面情绪升级到不可控的言行，在讨论敏感话题时，夫妻要做降低紧张感的努力。例如，妻子拒绝了丈夫明年再给孩子报英语班的建议，坚持今年报。面对完全相反的观点，为了避免冲突升级，丈夫可以这样表达："我们的想法很不同，容我们再考虑考虑吧？"

再次，当一方拒绝另一方的建议时，被拒绝方常常会沮丧和失落，此时不强求对方为自己的情绪负责，而是要自我安慰，并且安慰对方。丈夫不建议孩子现在上英语辅导班的建议被妻子否决，并且妻子坚持自己的看法。沮丧的丈夫要学会自我安慰："妻子的坚持也有她的道理。"同时也可以理解妻子："你这么坚持，一定是做了不少功课吧！"

最后，家庭中往往最终只能采纳某一方的建议，或者折中处理，不管怎样，都需要一方或者双方做出妥协和让步。一旦家庭中决定采用某种方法解决问题，双方都要对这个决定支持。如果丈夫最终同意妻子给孩子报英语辅导班的决定，家庭就要共同为这个决定服务并准备。我们要避免的局面是："我不同意，你要报就你负责。"这样的处理并没有解决问题。

6. 打破僵局

当夫妻之间的冲突持续发生，彼此都不妥协时，一方会感到被伴侣拒绝，此时家庭僵局就出现了。你们可能会尝试沟通，甚至争吵不断，但是止步不前，都死守自己的立场不愿让步。每次沟通之后，都倍感受挫或受伤。随着时间的推移，你们会越来越固执，甚至对伴侣诽谤中伤，出言不逊，这会让你们更加僵化在自己的立场中，变得更加极端，也更不愿意妥协。最终，会从情感上相互分离开来。

僵持不下的婚姻局面，会让伴侣双方倍感压力，为何要将自己置于这种境地呢？戈特曼认为，僵局背后一定有伴侣双方的其他诉求未被满足。例如，妻子坚持送女儿去上英语辅导班的背后，是对丈夫对家庭事务不作为的反映。妻子的坚持，是想唤起丈夫对家庭的关心。同样，丈夫不同意妻子的决定，可能源于在家庭中的权力认同受损，只是希望能够得到妻子的认可。因此，无论夫妻是如何陷入僵局的，为了摆脱僵局，他们所需要的就是去探索导致这种局面的隐藏问题的动机和意愿。要想打破僵局，其中一方就要尝试听听对方坚持背后的其他诉求，大多与家庭权力的争夺有关，家庭权力的争夺是对对方是否够爱自己的检验。不要让这份爱意在僵持中消耗殆尽。

7. 创造共同意义

婚姻从精神维度来说是创造一种具有"共同意义"的内心生活。这种内心生活是一种充满象征符号和仪式感，同时对将你们连接在一起的伴侣的身份和目标充满欣赏的文化。这种文化能够让你们理解成为家庭的一部分意味着什么。当婚姻有了共同的意义感时，冲突就会变得不那么强烈，那些无法解决的问题也就不太会导致僵局发生了。

　　丈夫可能会支持妻子去读一个学位，学一个课程，甚至仅仅赞美妻子新买的一件心仪已久的衣服或配饰，这就是在创造共同的意义。学位、课程和衣服就成为你们婚姻共同意义的符号象征、一种精神认同和欣赏的象征。

第30章

如何做好新手父母

为什么要生孩子

创造新生命是大部分新家庭的任务,稳定的夫妻关系、良好的家庭氛围是迎接新生命的基础。新生命会将家庭的二元关系拓展为三元关系,丈夫和妻子也将面临新身份的挑战。

李女士最近很为难,她和丈夫结婚两年了,她30岁,丈夫33岁,两人都处于事业的上升期。自己的妈妈和婆婆都在催他们抓紧生小孩,李女士有些动摇,但是丈夫觉得可以晚几年,等事业稳定一些了,经济基础更雄厚一些,再要也不迟。李女士认同丈夫的想法,可是又觉得自己年龄越来越大,生孩子风险就会增加。他们举棋不定。

孕育生命是人类的本能,随着社会经济文化的高度发展,这些本能驱力在慢慢减弱，人类的发展不再仅仅通过人口数量来实现，繁衍和生殖就显得不那么急迫了。决定不要孩子的丁克家庭也越来越多。

从生理角度来看，女性的最佳生育年龄为 26～29 岁，而男性为 30～35 岁，近年来的调查也显示，女性的平均生育年龄从 26 岁推迟到了 28 岁。而养育一个孩子，不仅要从生理角度考虑，还要考虑社会心理因素，具体到每个家庭又不一样。

简单来说，你对新生命的到来充满期待吗？生孩子是自己的意愿还是父母的意愿，或者是因为在意别人的眼光？如果生孩子是为了满足别人的要求，你们就变成了生育工具，生理学上的父母很难承担起心理父母的责任。生育和养育孩子不是仅仅将他养大，一个被期待的生命尚未出生就已经对家庭产生影响。一个孩子能够健康成长，一定是父母对他充满美好的期待，欢迎他来到这个世界。生了孩子交给祖辈抚养，这是不太合理的。孩子不是帮助你或者家族来完成某种愿望的工具，被物化的孩子一定是不快乐的，这样也就不会有快乐的家庭。

一个焦虑万分的女性前来咨询，原因是女儿都 30 多岁了还不生孩子。她很气愤，极度不开心，觉得女儿不孝。我问这位女士，女儿自己过得怎么样？她说，他们小两口就知道玩，过得很开心，工作很出色，但是他们的想法她不能接受。

这位妈妈的幸福要建立在子女的孝顺基础之上，而这个孝顺的标准是她来制定的，而不是子女。我说："当你觉得只有子女孝顺时，你才开心幸福，你的幸福就拱手交给别人来决定了，哪怕这个人是你的亲闺女，你也无法完全掌控，因为脑袋是长在她身上的。"我又问她："女儿对你好吗？"她说："很好，除了不生孩子，其他方面都对我们老两口非常好。"

我给她的建议是，从现在开始，将开心和幸福的决定权拿回来。是否生孩子，由他们自己决定，是否幸福由你自己决定。当然，父母可以表达自己的意愿和建议，但不能控制、强迫，甚至威胁。

生孩子是夫妻共同决定的吗

家庭是一个共同体，孕育生命是两个人的事，而不是一方的决定，否则家庭就会陷入分裂状态。如果孩子的出生没有得到父母的支持，那么这个孩子的人生势必会困难重重。如果夫妻二人意见不和，或者举棋不定，不妨做一个小实验。

如果你想生孩子，丈夫或妻子不那么情愿，可以和对方坐下来沟通，问问对方的感受，现在生小孩的顾虑是什么，如果生了，5年和10年后的家庭会怎样？如果现在不生，选择推迟几年，那么5年和10年后的生活又会怎样呢？这个方法同样适用于自己举棋不定的时候。假设当前做了某个决定，展望一下未来，结果是自己想要的吗？困难是否通过推迟生小孩解决了呢，还是困难依旧？

比如前面提到的李女士的困扰，我让她和丈夫展望了一下5年和10年后的生活。李女士说，如果现在决定生小孩，5年后孩子三四岁，已经开始上幼儿园，自己就会有时间再投入到工作中，从整个人生长河来看，三四年的时间其实对事业可能没有那么大的影响。10年后，孩子上小学了，自己的事业积累也足够了，事业上面临的困难可能并不是通过晚生小孩来解决的，相反，当自己40多岁时，孩子大了，工作经验比较丰富可能更有利于事业第二春的绽放。丈夫想了一下 10 年后的生活，觉得还是早点生比较好，因为他们从未决定不生小孩。

生育背后的举棋不定，是内在焦虑的体现，担心过不上自己想要的生活。我们往往被自己的假设困住，凭空想象过多的困难，被未发生的事情吓住。你需要考虑的是，为了应对未发生的恐惧，牺牲了现在的生活，将来的困难就一定能解决吗？养育的恐惧和焦虑更多来自家庭，对方能给我足够多的支持吗？我能做个好爸爸或好妈妈吗？

如果我们对养育孩子没有信心，那么可能我们还没有真正长大，如果没有真正长大，那就等你成熟了再决定要孩子，只是我们不要被自己的想象吓到。当你对新生命有着强烈的憧憬时，说明你已经做好了准备，那么就开始吧。没关系，我们都是第一次做父母，只要你用心，孩子会和我们一起成长的。孩子是上天赐予我们的礼物，同样我们也是孩子最好的礼物。

产后新妈妈的心理健康

小生命呱呱坠地时，那清澈的哭声像一股泉水涌入心窝，感动瞬间升腾，我们有了一个崭新的身份——父母。但是接下来，你会发现，这个小家伙除了给你们带来喜悦和幸福，还有很多挑战。

刘女士的孩子已经 3 个月了，但是喜悦和幸福并没有随着儿子的出生而降临。相反，她感到紧张不安，疲劳乏力，每隔 2～3 小时就哺乳一次，3 个月来从未睡过一个完整的觉，她觉得自己几乎要崩溃了，心慌气短，情绪极度低落。她不得已给儿子断了奶，想自己睡个好觉,但是又感到内疚自责,觉得对不起儿子,开始后悔仓促生小孩。她和丈夫来到我的诊室,除了憔悴的面容,丝毫看不到初为人母的喜悦和幸福,一开口就泪流满面,她自责和委屈,甚至想到了自杀。

刘女士的丈夫工作非常忙,在她怀孕期间,丈夫仍然早出晚归,很少晚上10点之前回家,大部分时间都是刘女士自己照顾自己,后期妈妈来到上海照顾她。丈夫只在生孩子的那几天在家陪她,整个月子里也是全身心扑在工作上。直到妻子决定断奶,诉说自己不想活了,丈夫才意识到问题的严重性,减少了部分工作,来陪伴妻子。

调查显示,产后80%的女性会出现焦虑和抑郁情绪,高达30%左右的女性出现病理性的抑郁和焦虑,10%～20%的女性被诊断为产后抑郁症和焦虑症。新妈妈产后的不良情绪,不仅对自己的健康不利,更会影响小宝贝的发育,使孩子的慢性疾病增多,身体素质下降,对很多疾病易感,甚至发生意外事故的危险性也会增加。

怀孕和分娩是大自然通过分泌数百种激素而吹奏的一曲气势磅礴的交响乐。在怀孕期间,子宫内的胎盘分泌大量的雌性激素,使其浓度相当于平时的100倍。在分娩中,产妇感受到的剧烈疼痛会引发大脑释放大剂量的内啡肽,它不仅能够有效地止痛,而且可以让产妇产生兴奋感和快乐感。可是,一旦新生儿出生、胎盘脱离了子宫,这一曲交响乐就会骤然结束,雌性激素和其他激素就会在很短时间内降到正常水平。其间,雌性激素从100降到1,其影响就相当于这位孕妇在短时间内进入了"更年期"。知道了这些,我们就不难理解,为什么有些孕妇在产后会脾气暴躁、疲惫、失眠、焦虑，甚至面临"产后抑郁"的风险。

　　当然，大自然并没有让生命的音乐停止，只是换了一首柔和舒适的曲子而已。孩子出生以后，新生儿和母亲的体肤接触、母乳哺育以及夫妻和家庭的和睦会促使产妇大脑释放其他激素，包括被称为"拥抱荷尔蒙"的催产素，最终稳定新妈妈的心理。也就是说，新妈妈心理平衡的关键在于夫妻和家庭的和睦！新父母的心理健康，除了与体内的激素变化有关之外，家庭关系也是产后抑郁和焦虑的重要影响因素。

　　生孩子不仅仅是女性的任务，而且是夫妻和全家共同面临的挑战。女性在生产完，身体需要两个月左右的恢复时间，从心理学和医学角度来看，这两个月是协调新生儿、产妇和丈夫之间的关系，并帮助他们顺利度过各自生理和心理转型的最佳时期。坐月子是我国的一个传统，但是内涵已经与过去不同。不洗澡、不洗头、不能吹风等陋习已经逐渐被摒弃，但是家人的悉心照料不能少，尤其是丈夫的角色不能被忽略。我们不仅要关注新妈妈的身体和营养，更要关注她们的心理健康。世界卫生组织提倡，婴儿出生后要多和父母接触，产妇因为生育后身体虚弱，新爸爸需要承担照料的责任。

　　对于新妈妈的情绪，需要着重关注，以下几个问题有助于判断是否有病理性的抑郁和焦虑。

- 总是觉得不开心或心烦意乱吗？
- 总是觉得生活没有意义，甚至想到自杀吗？
- 总是悲伤难过或自责，觉得对不起宝宝或家人吗？
- 总是不安紧张，担心不好的事情发生吗？

以上 4 个问题中如果有一项回答"是",那么新妈妈可能就处于病理性的焦虑或抑郁困扰中,需要接受专业的心理评估和干预。

对丈夫来说,妻子的怀孕、分娩以及新生儿的诞生就像一部别人拍的电影一样,一直在眼前闪耀着,却很难找到自己的角色。更有甚者,他们发现自己在日常生活中既插不上手,也帮不了忙,常常感到不知所措,最终让他们深感自己的无用、无能和无奈。从丈夫的角度看,新生儿的出生既是"失落",也充满着"怀疑"!不难想象,有些丈夫会悲伤地感到,原本十分和睦的夫妻关系现在开始"变味"了。全家都在一心关注新生儿和产妇,自己不再是主角,而且在这个小家庭里变得微不足道、无所事事、毫无作为。于是,他们开始焦虑地寻找自己的新角色。知道了这些,我们就不难理解,为什么一些丈夫在妻子生产后也会面临"产后抑郁症"的风险?为什么另一些丈夫会干出不着边际的蠢事?为什么还有一些丈夫会为了逃避新家庭,一头钻进工作里?

如果我们将孩子看作"爱情的结晶",那么新生儿的出生就是"新家庭的成晶核"。虽然每一个家庭都是独一无二的,但是和睦的家庭首先需要父亲、母亲和孩子三个稳定的支撑点。也就是说,要寻求小家庭的和谐,不仅仅需要"高质量地养育"新生儿,更需要寻求父亲和母亲的心理平衡,三者缺一不可!

如何做好新爸妈

在日常生活中,该如何做好新爸妈呢?

(1)提高家庭成员养育新生儿的参与度。家庭成员共同承担养育孩子的责任,尤其是丈夫,一起换洗尿布,帮助家人给新生儿洗澡,共同购买婴儿用品,一起学习育儿知识,一起给宝宝取名字,一起外出散步,呼吸新鲜空气等。最重要的是参与和帮助,减轻新妈妈的压力。丈夫可以给新妈妈按摩,因为喂奶的妈妈的肩背部会经常酸痛。

(2)新妈妈本人要适当地运动锻炼,及时和家人沟通情绪,学会表达。如果有情绪波动,也不要担心,这只是身体变化过程中的自然现象,可以适当放松、听音乐、冥想,体会做妈妈的辛苦和快乐。珍惜每一个睡眠机会,新妈妈很辛苦。

(3)新生命是家庭的希望,但是不要忽略新妈妈的存在,家人关注孩子的同时,也要关注新妈妈。妈妈产前是家庭的焦点,产后也一样,因为健康的妈妈才会有健康的宝宝。

(4)换位思考,彼此理解。因为新添了小宝贝,新爸爸会感到压力很大,他们会更勤奋地工作,新妈妈要理解丈夫的辛苦和对家庭的贡献,不要认为只有自己"劳苦功高"。而丈夫也应该理解妻子产后身体的变化与照顾小宝贝的辛苦,主动分担家务,不能全丢给妻子。夫妻之间要相互理解、多交流,不要把对彼此的不满放在心里。

养育新生命是一个让父母成长的过程,当我们能够由衷地体会到孩子的喜怒哀乐,感到心疼和喜悦之时,我们也会随着孩子的长大逐渐成长。总而言之,只有和睦的家庭,才能为孩子提供高质量的养育。

第31章

如何培养孩子的健康人格

孩子是父母关系的观察者

很多父母都对孩子寄予厚望,孩子承载着家族所有的希望,他们努力使自己胜任。孩子刚出生时好比一张白纸,如何成长和发展,早年父母的养育和家庭关系有很大的影响。英国精神分析学家唐纳德·温尼科特(Donald Winnicott)说,这个世界上没有婴儿这个东西,只有母亲眼中的婴儿,也就是说,孩子如何成长与父母的态度有关。他认为,健康的养育方式就是做足够好的父母,而不是完美的父母。孩子是如何认识和定位自己的呢?最初的来源就是母亲对待他的态度。

不管你现在是成人还是孩子,或者是耄耋老人,你内心的敏感和自信都源于早年与父母的关系。很多孩子最怕的不是怪物和魔鬼，而是父母的不满意、不开心，怕父母分开。

在我的心理门诊中，因为孩子的问题来求助的家庭是最多的。

小杰是个8岁的男孩，上小学二年级，母亲带他来就诊的原因是老师反映他多动，上课捣乱，学习成绩差。在评估中，我发现小杰并没有多动的症状，相反很是安静。我问小杰："你现在最大的心愿是什么？"小杰睁大眼睛，胆怯地说："我希望爸爸妈妈不再吵架。"原来小杰的父母一直关系不和，经常因为小事吵架，甚至多次要离婚。妈妈说，为了让孩子有一个完整的家，才没有选择离婚。在高度紧张的家庭氛围中，孩子往往是焦虑的，很难集中注意力去做自己想做的事情，总是观察父母是否开心，是否会吵架，是否会分开。

妈妈经常在小杰面前抱怨爸爸不负责任，不管孩子，是个坏爸爸。当父母吵架时，小杰总是在做调和者，告诉爸爸不要再玩游戏了，不然这个家就完蛋了。这是一个懂事的、让人心疼的孩子。

小杰在学校的捣乱行为，从心理学上来说，一方面是出于焦虑，另一方面是为了吸引父母的关注，让他们将冲突转移到自己身上，以此来维持家庭的稳定。小杰说："都是我的错，如果我学习好了，听话了，妈妈就会开心一些！"从妈妈不开心的眼神里，小杰读出来的是自己的问题，而在父母眼中，最操心的也是孩子的教育问题，他们没有心思来调和夫妻的关系。小杰牺牲了自己来成全父母，但是事实上父母的关系并未好转，抱怨和指责反而逐渐增加，爸爸指责妻子连个小孩都教不好，妈妈抱怨丈夫对家庭关心太少。

培养孩子的健康人格

孩子的性格在 3 岁之前逐渐形成，不稳定的家庭关系往往会导致孩子敏感、自卑、抑郁和焦虑，或者总是生病，不爱学习，成为熊孩子。家庭治疗大师米纽庆将这些孩子称为家庭中的"替罪羊"，即孩子的问题替代了家庭问题，实质上是家庭关系的病态三角化，夫妻或家庭冲突将孩子裹挟进来，让孩子手足无措，高度紧张，容易形成一系列的心身问题。

如何培养孩子的健康人格呢？

首先，也是最关键的就是夫妻关系稳定，家庭氛围轻松和谐。成年人之间的问题要在成年人之间解决，发生家庭冲突之后需要跟孩子解释，哪怕这个孩子只有几岁，也需要跟他说明："这是因为父母之间的观念不同，不是因为你，我们都爱你。"

其次，学会欣赏和鼓励孩子。著名的皮格马利翁效应告诉我们，你用什么态度对待孩子，孩子可能就会朝向你态度的方向发展。焦虑担心的父母养的孩子往往会自卑，做出一些让父母担心的事情。越是自信，越是对孩子充满期待和欣赏的父母，孩子也会越多地展现自信。

最后，了解孩子正常的心理发展过程。孩子成长基本遵循一个结构式的发展规律，比如新生儿需要的是无微不至的照料，及时满足他的生理需求，跟他进行良好的母婴互动，经常和他说话、交流、玩游戏。1～2 岁的孩子开始对外界无比好奇，这时要鼓励他多探索，但是做好陪伴防护工作，而不是由于担心而限制他探索。3 岁的孩子已经有性别意识了，认识到男女的差别，认识到父母的差异，并开始出现第一个叛逆期，寻求独立，开始拥有属于自己的物品。

比如用自己喜欢的方式吃饭，开始学习穿衣服，这个时候是性格形成的关键时期，鼓励、表扬和肯定很重要。性心理也从这一刻开始发展，同性父母增加陪伴，告知男女的差别，避免与异性父母共浴。

孩子的培养没有标准模板，行为主义心理学创立者约翰·华生（John Watson）曾说过，给他一打婴儿，他可以培养出各种人才，但是结果证明他是错误的。惩罚和奖赏只能在某种程度上纠正行为，但是并不能让孩子朝着你期待的方向发展。对于孩子来说，最重要的是父母对他的爱，只要你是足够成熟的父母，足够关注你的孩子，拥有良好的夫妻关系、稳定的自我情绪，你的孩子就会健康发展。

父母之爱是什么呢？20世纪50年代，英国心理学家哈里·哈洛和他的助手为了解码"母爱"，用恒河猴做了一系列实验。首先，他们在新生猴子出生后不久就将它们从母亲身边带走，并且为它们提供了两个可以自由选择的"代理母亲"：一个是由铁丝做成、随时可以提供奶水的"妈妈"；另一个是全身包着舒适的绒布，能够给它提供体肤接触的"妈妈"。结果发现，新生猴子更愿意和柔软、温暖的"妈妈"待在一起。每天有将近18个小时，它们都拥抱着那位能够给予体肤接触的"妈妈"，而只有3个小时，它们爬到能够给它奶水的"妈妈"那里吃奶，其他时间在两边跑来跑去。他们后续的实验发现，假如出生后缺乏能够给予温暖体肤接触的"妈妈"，新生猴子长大后就很难跟其他猴子进行正常的社会交往，而且这种"欠缺"长大后再难改变。

哈洛的结论是，"母爱"不仅仅是尽力满足孩子的生理需求，它更应该包括对孩子的爱抚、体肤接触和心理关怀，为他们提供依恋感，这一切才是"父母之爱"的真正含义，也是孩子身心健康的根本保障。简单来说，父母之爱就是把孩子抱在怀里！

第32章

如何健康地说分离

不断攀升的离婚率

组建新家庭时,我们都拥有美好的愿景和承诺,也相信承诺的真诚,但是家庭关系处理不当,会逐渐减弱家庭的情感功能,甚至导致家庭关系解体。米纽庆都曾说过,他这一辈子有数万次想要离婚的念头。

我国民政部门的调查显示,近10年来,结婚率在逐渐下降,而离婚率逐年上升。2008年离婚人数仅226.9万对,2018年上升至446.1万对,比上一年增长2.0%。2019年全国离婚登记人数延续上升的趋势,2019年三季度全国登记离婚人数310.4万对,同比增长7.1%。从2003年起,我国离婚率连续15年上涨,由1987年的0.55‰上升为2018年的3.2‰。离婚已经成为家庭处理问题非常重要的方式之一,从某种角度来看,这也是一种进步。

进一步的调查显示,离婚率最高的阶段就是新家庭阶段和孩子出生以后。离婚最主要的三个原因是:出轨、家庭暴力和性格不合。那么,一旦家庭中出现不可调和的矛盾,一方或者双方决定离婚,如何才能健康地分离呢?

妻子爱上了别人

王先生和妻子结婚3年,因忙于工作,二人暂时未决定生孩子。两个月前,妻子突然提出离婚,理由是性格不合。王先生和妻子恋爱5年,结婚3年,怎么就突然性格不合了呢?他百思不得其解。经过调查,发现妻子爱上了别人。妻子也承认这一点,开诚布公地说,她不爱他了,想离开。

王先生很伤心,试图挽留,还叫来了双方父母和女方闺蜜,轮流劝告,但都无济于事。王先生也曾愤怒过,甚至想过将妻子出轨之事公布于众,散播到妻子的单位。但是冷静一想,这除了能发泄自己的情绪,对解决问题没有任何帮助。王先生的伤心难过、愤怒冲动,是应激过程中正常的心理反应。分离或者一方的出轨,本质上是一个丧失的过程,我们会有哀伤的情绪,这需要时间来处理。尤其是被分手的一方,受到的影响会更大。

健康地处理一段关系的关键是和过去告别,告别的第一步是好好地讨论这一段经历。王先生和我谈起他们相识、相知、相爱的过程,情到深处自然浓,悲伤也一样。王先生几次控制不住自己的情绪，悲恸落泪。伤心是因为这段关系有过美好，也是为了记住自己曾经的付出。"想到这些美好，你想和她说些什么吗？"我引导王先生对过去道谢，谢谢过去，也谢谢那段关系中的自己，关系破灭可能源于外界的因素，而不是因为自己做错了什么。

王先生说，他真的很感谢妻子陪伴她这么多年，之前很多时候自己并没有真正意识到对妻子的忽略。对过去的道谢，并不是为了责备自己。我说："你也要谢谢自己，谢谢自己曾经为这段关系付出过。"爱过，谢过，才能告别！

让痛苦具有意义

这段关系已经不在了或即将从你的生活中远去，如果可以从这段关系中找到一些经验，你觉得哪些可以运用到将来的生活中呢？我们终究要开启新生活，可能还会组建新家庭。所有的过往，都是为了将来更好地生活，不管她在不在。王先生说，如果将来再组建家庭，他一定会比现在要好，会更懂得如何处理家庭问题……

从另一个角度来看，一段关系的结束，也就意味着另一段关系的开始，如何带着过去的经验，去适应新生活，是健康处理分离的关键。王先生最后说，他很庆幸当初没有采取极端的方式去处理离婚这件事。不然，他现在可能更难过。

大部分离婚的夫妻之间是会有矛盾的，不然就不会选择分开了。但是极端的方式并不能挽回关系，相反可能让自己和对方更加痛苦。一方会责备另一方无情无义，另一方会责备自己无能无用。极端方式有时候更多是出于对自己的痛恨，不想看到那个被抛弃的自己。

一个真正成熟的人，是不怕分离的，分离只是在人生的某个阶段，各自想选择另外一种更舒适的生活方式罢了。每个人都有追求自己幸福的权利，妻子出轨，从道义上来说可能是不可取的，但是不爱了还勉强在一起，可能更不可取，是对关系和对自己的不负责任。

伤害我们的往往是不知情

另一种常见的情况是，家里有了孩子，父母为了孩子选择不离婚，或者悄悄地离婚，孩子不知情。李女士就选择了这样的处理方式。她不确定丈夫是否有了外遇，但是多年来，他们几乎没有沟通，丈夫也大多数时间不在家里，声称是工作特别忙，需要经常出差。半年前，丈夫提出离婚，净身出户，李女士说为了孩子，不愿意离婚。丈夫起诉到了法院，经过调解无效，最终离婚。但是李女士不敢告诉8岁的儿子，要求丈夫周末仍然回家看望孩子。不久，孩子出了问题，学习成绩迅速下降，上课不注意听讲，扰乱课堂纪律，老师多次叫家长谈话。

李女士带着儿子前来咨询，她告诉我，千万不能说她和丈夫离婚的事情。但是，这个8岁的男孩其实什么都知道。他哭喊着对妈妈说要爸爸回来。孩子是家庭中最敏锐的观察者，家庭秘密只对保守秘密的那个人有效，对其他人都无效。李女士是一位忍辱负重、坚强善良的女性，面对分离，她不知所措。她本是为了孩子好，结果对孩子的伤害更深。在生活中，伤害我们的往往是不知情。

分离并不一定有我们想象的那么可怕，离婚对孩子的影响也没有想象的那么大，对孩子伤害最大的是处理事件过程中的情绪，以及我们想象出来的困难。我们常常被我们的恐惧打倒！家庭成员缺席而不告知孩子，维持一个形式上的完整家庭，这样的伤害远远大于坦诚地告诉孩子。家庭秘密会让孩子承受无形的焦虑，孩子的承受力其实比成人强得多，我们不要轻易低估孩子。

害怕孩子有一个不完整的家，有时候是父母自己恐惧分离，而不是孩子。好聚好散，让每一个家庭成员都知情，这是最好的尊重。

新家庭面临的挑战

一个新家庭的诞生,结婚只是开始,幸福生活是需要双方共同经营的。与外界交流,丰富家庭的内涵,是健康家庭的重要功能之一。如何带着对家的忠诚与外界交流,是新家庭阶段非常重要的任务之一。夫妻在执行这些重要任务时,往往会造成家庭冲突,我们称为任务型压力。

婆媳冲突

子女成年后,从原生家庭中独立,与相爱的伴侣结合,新家庭诞生。家族文化以家庭为载体代代相传,而新家庭又承担着发展的任务,与原生家庭有分离和超越,这势必会产生冲突,典型的冲突是婆媳矛盾和翁婿矛盾。

周先生的儿子刚刚出生不久，母亲和岳母都来到家里帮忙照顾，新生命到来的喜悦却掩盖不住这个家庭的烦恼。周先生说，妻子最近总在他面前抱怨他妈妈欺负他岳母，周先生极力跟妻子解释，说可能是误会，又怕月子里的妻子受到委屈。自己作为儿子，又不能去讨伐母亲，关键是他并没有发现妻子描述的所谓欺负。妻子说，都是暗地里的，你不知道而已！

终于有一天，妻子和婆婆爆发了冲突，妻子指责婆婆强势独断，想让她明白这个家谁做主。婆婆也不甘示弱，我给你做家务、打扫卫生、带孩子，任劳任怨，你竟然这么没有良心。

其实，婆媳之间的争吵往往没有结局，本质上是新家庭的拓展、新主人与旧势力的决裂。一个在家做惯女主人的妈妈，在儿子家里很难快速进入角色，这不是婆婆的错，是一种必然。而新家庭的女主人需要挑战权威，建立新规则，婆媳之间往往看不惯彼此的行为，这也是必然。没有这两个必然，新家庭不容易独立，丈夫或妻子一直生活在原生家庭的庇佑下，没有与父母划清独立的界限，就很难进入丈夫和妻子的角色。婆媳之争本质上是两个女性在家庭中的权力之争，是新家庭独立必然要经历的。

周先生的妻子与婆婆大吵了一架后，该说的都说了，结果发现都是一些鸡毛蒜皮的小事。比如妻子认为全家准备吃饭的时候没有叫自己的妈妈，妈妈还在客厅婆婆就随手关了灯，婆婆总是给孩子盖太多、说话总是怼人等。吵架的结果是什么呢？结果就是冷静后，妻子跟婆婆道歉，说了对不起，承认自己的态度不好。婆婆说自己也不对，平时没有注意说话方式。

冲突常常发生在新加入家庭成员之后，新成员带入的规则与原生家庭可能会格格不入，会有很多不适应，是选择顺应妥协还是坚持自己？代际冲突与夫妻冲突的处理原则有些不同。夫妻之间强调理解和妥协，而代际之间强调界限和独立。

强调界限的最好方法是尊重。我们主张新家庭独立处理自己的任何事务，不要一方面依赖老人，另一方面又不尊重他们。如果家庭因为某些困难，确实需要和老人一起生活，要以尊重的姿态邀请老人到新家庭帮忙，这种情况下需要表达感谢，必要时甚至可以付一些费用，送一些礼物。这样做的目的不是讨好，而是划清界限，你们用行动告诉长辈："我们都已经长大，可以为自己负责，这是我们的家，欢迎你常来，也感谢你的帮助，但是这里我们做主！"

大部分父母都乐意看到子女成熟独立，为自己的人生负责，做好自己的事情，生活幸福。他们其实并不乐意插足子女的生活，很多时候是我们年轻人太依赖父母，把父母想象得太恐怖。

家庭关系的复杂在于多重身份。一个男人既是儿子，又是丈夫，还是爸爸；一个女人既是女儿，又是妻子，还是妈妈。如何在这些身份中自如转换很重要，专业术语叫分化，即你能在不同的角色中分化出独立成熟的自己吗，你能区分出自己和他人吗，你能区分出感性和理性吗。

一个家庭中如果代际冲突比较明显，大多时候是作为家庭核心的夫妻双方没有分化好，一方过于依赖或者维护原生家庭，另一方感到不被重视，不得不也回到原生家庭，结果形成双方家庭的论战。这像两个孩子过家家，不像成年人的婚姻生活。

家庭中最重要的是夫妻关系，不是亲子关系，从结婚那一刻开始，你生命中最重要的人就是妻子或者丈夫，而不是你的父母或者孩子。当然不是说父母不重要,而是你的伴侣最重要,这个核心轴稳固了,你才可以更好地处理亲子关系和父母关系。

当妻子和婆婆发生冲突时,成熟的、分化好的丈夫会一方面极力安慰妻子,理解妻子,但是又不卷入她们的冲突,鼓励婆媳自己解决问题:"你有什么不满就直接和我妈说吧。""妈,你对她有哪些不满意可以直接告诉她。"当传话筒的丈夫或者妻子,容易卷入三角化,有冲突的双方却没有直接对话,这样就形成了三个人之间的冲突,是解决不了问题的。

其实,他们拉你卷入,不是真的要解决问题,而是"争夺"你这个对他们来说最重要的人的支持。你明白这个道理,就不会卷入,她们的冲突也就减少了,大不了吵一架。如果一个家庭中,婆媳问题突出,那么需要解决的一定是夫妻关系问题。请记住,家庭的核心是夫妻关系,而不是纵轴的亲子关系。

个人爱好的冲突

有报道称,每次世界杯之后,离婚率就会上升。很多女性说,通过世界杯才发现,原来丈夫更爱足球,不爱我。而当下,更多女性抱怨的是丈夫爱游戏,不爱她。随着数码产品的风靡,我们足不出户就可以享受到各种便利,包括情感上的需求。我常会问我的来访者,如果你丈夫从今天开始不玩游戏,不看足球,你觉得你们家会发生什么变化吗?女性来访者往往会说:"他就会更爱我了啊。"我会追问:"你确定吗?是什么让游戏和足球比你更可爱的呢?"

很多夫妻把对方的爱好当成自己的竞争者，其实二者未必对立。我们都渴望自己是对方心目中的唯一，如果"沦落"到要和游戏、足球竞争爱，那么你需要考虑的是你们的关系，而不是足球和游戏究竟有什么好玩的。

有时候，另一方不在自己身上花时间，可能是一种逃避关系压力的表现。但是更多的时候，个人爱好只是一个爱好，未必有我们想象的那么严重，每个人都有属于自己的空间，都有维持自我完整性的驱力，爱好就是自我完整性的重要表现。所以，经营婚姻的第一步是允许对方有自己的空间，有自己的爱好。这是一种对对方的接纳和肯定。

对方不告诉我密码，我很生气

很多妻子会抱怨，丈夫银行卡的密码不告诉她："他究竟爱不爱我？他的手机设置了开机密码，我也不知道他每天在和什么人聊天，他还爱不爱我？难道我们不是一个共同体吗？我们不是一家人吗？"

新婚家庭这种疑虑更常见。如果爱不爱靠给不给密码来体现，那么你们的爱情就太不牢靠了。共同体并不意味着对方没有秘密和隐私，相反，有独立生活圈子的夫妻，婚姻幸福感会更高。当我们执着于探索别人内心有没有我们，其实是不够确信自己是否被爱，这种信念是不能用对方是否告知密码来打消的。只要两人能够为家付出，经济决策共同决定，你体会到爱和被爱的感受，账户密码、私人生活就都不会妨碍你们经营幸福家庭。

当然，如果你的爱人选择告诉你所有密码，经济大权由你来决断，这也无妨，尊重对方这样经营婚姻的权利。

前任就像一把杀猪刀

前任是个敏感的话题，似乎在家庭里是禁忌。其实，前任并没有那么可怕，如果你可以和你的丈夫或妻子，一起讨论过往的情感经历，甚至陪他们一起怀念曾经深爱的那个人，这是最好的一种告别。要想充分地远离过去，首先要陪他一起重拾记忆。是记忆里的那个人重要，还是陪他一起笑看花开花落的那个人重要呢？记忆终究是过去，而陪伴是终生。

当丈夫爱上了别人

在婚姻破裂的家庭中，有超过一半是因为第三者插足。而在出现第三者的情况中，男、女方占比相当，各占20%。双方都出轨的情况也不鲜见，接近10%。不过，调查也显示，如果渡过最初的感情危机，夫妻感情就会慢慢回温。所以，只要彼此提前做好心理准备，"白首偕老"的誓言还是有可能实现的。外遇是我诊室里夫妻咨询最常见的困扰。

欧女士电话预约时说，她有很紧急的困难，需要尽快安排咨询。她35岁，和丈夫同龄，女儿5岁，活泼可爱。她是公司的高管，干练而优雅，但是我眼前的欧女士有着难言的疲惫和伤感。一周前，欧女士发现丈夫的信用卡上有一次开房记录，而且是钟点房，下午4点到晚上10点，她清楚地记得，那天丈夫说要加班。

丈夫并没有辩解，坦诚告诉她，和单位的一个女同事开了房，也向她承诺以后绝对不会再这样了。欧女士怎么都没有想到内向老实的丈夫，竟然会干出这种事情，她愤怒、伤心，提出离婚，但是丈夫不同意。她逼问丈夫，那个女人是谁，要找到她问问究竟发生了什么。丈夫整个过程中都显得恐慌和木讷，不愿多做解释。一向心高气傲的欧女士，无法接受这个事实，坚决要离婚！

我问欧女士，你想好了吗？她痛哭了起来："如果我想好了，就不来咨询了，以后我们的生活怎么过呢，我心里会有阴影。"我又问道："也就是说，你是想和先生一起生活下去，只是不知道怎么过眼前这个坎。""是的。"这个好强能干又美丽的女性，从来都没想过自己会被背叛，她无法接受自己被这样对待。

"是什么让你在遇到这么大困难的情况下，还想着和他一起生活呢？"

欧女士开始诉说丈夫对她的好，在诉说中也体会到了自己在这段关系中的责任。

外遇有时候就是一针强心剂，只是这个针的力道有点太大了。从家庭心理学的角度来看，外遇也是三角化的一种，大部分是因为夫妻关系失衡，一方在关系中的存在感较弱而选择出轨。而出轨的这段关系，可能并不是他真正想要的，或许是需要一种不一样的体验，更可能是想通过这段关系来疗愈冲突中的夫妻关系。出轨的一方会有意无意地让伴侣发现，有时候甚至看起来都有些"可笑"，他可能并不想真的离开这段关系，只是利用这段关系来迫使对方改变。这样的夫妻关系看起来稳定，实则暗流涌动，夫妻二人之间的情感表达不通畅，只能通过出轨来表达自己。

出轨的一方首先要认识到自己的行为对婚姻造成的影响，认真地向对方道歉。另一方也不要始终纠结于这件事，气愤过，表达过，接下来需要冷静地思考，该怎样过好以后的生活，从过往的关系中寻找可以修复的部分。是选择永远记住这段不愉快的经历，还是反思自我是否有需要改变的地方，前提是你们还想继续这段婚姻。如果彼此不爱了，对方也没有真诚回归家庭的意愿，健康地分手可能是最好的选择。

一旦你举棋不定，可以想想你做了某个决定 10 年后的结果。如果你真的过不去这道坎，你们可以一起去寻求专业的心理帮助。

家庭是一个动态的平衡系统，会有很多的幸福和惊喜、快乐和美妙，也一定需要一些冲突和矛盾，打破平衡，再重建平衡，这就是生活，我们都生活在这样一个不断修复、前进的关系世界中。新家庭的生活刚刚开始，肯定会有挑战，挑战背后其实是幸福。

参考文献

[1] 保罗·瓦茨拉维克,约翰·威克兰德,理查德·菲什. 改变:问题形成和解决的原则[M]. 夏林清,郑村棋,译. 北京:教育科学出版社,2007.

[2] 简·尼尔森. 正面管教[M]. 玉冰,译. 北京:京华出版社,2009.

[3] 安妮·费舍尔. 青少年家庭治疗[M]. 姚玉红,魏珊丽,译. 上海:华东师范大学出版社,2017.

[4] 凯博文. 苦痛和疾病的社会根源[M]. 郭金华,译. 上海:上海三联书店,2008.

[5] 迈克尔·尼克尔斯,西恩·戴维斯. 家庭治疗:概念与方法[M]. 方晓义婚姻家庭治疗课题组,译. 11版. 北京:北京师范大学出版社,2018.

[6] 凯瑟琳·艾尔薇. 食物瘾君子:经历并战胜贪食症[M]. 黄雪,译. 上海:华东师范大学出版社,2015.

[7] Khazaie H, et al. Exploration of the reasons for dropping out of psychotherapy: A qualitative study[J]. Eval Program Plann, 2016, 56: 23-30.

[8] Gregory E Simon, et al. Is Dropout After a First Psychotherapy Visit Always a Bad Outcome[J]. Psychiatr Serv, 2012, 63(7): 705-707.

[9] Jensen HH, et al. Drop-out from a psychodynamic group psychotherapy outpatient unit[J]. Nord J Psychiatry,

2014, 8（8）：594-604.
[10] 苏珊·福沃德，克雷格·巴克. 原生家庭：如何修补自己的性格缺陷［M］. 黄姝，王婷，译. 北京：北京时代华文书局，2018.
[11] 鲁格·肇嘉. 父性［M］. 张敏，译. 北京：世界图书出版公司，2015.
[12] 百合网，2015中国人婚恋状况调查报告，百度百科：https://baike.baidu.com/item/2015中国人婚恋状况调查报告/19269841?fr=aladdin
[13] 陶建青，龚冀荣，陆锦滢. 我国产后抑郁患病率的Meta分析［J］. 中国健康心理学杂志，2018，26（2）：172-174.
[14] 赵文滔，许皓宜. 关系的评估与修复：培养家庭治疗师必备的核心能力［M］. 上海：华东师范大学出版社，2015.
[15] 张卫奇. 痛苦的妈妈和失落的爸爸：如何应对新生儿带来的家庭关系变化. 心理科陈博士公众号，2018-5-18.
[16] 弗洛玛·沃西. 正常家庭过程：多元性与复杂性［M］. 刘翠莲，等译. 上海：上海三联书店，2013.
[17] 约翰·戈特曼，娜恩·西尔弗. 幸福的婚姻［M］. 刘小敏，译. 杭州：浙江人民出版社，2014.

基金项目

本书受到以下项目支持:国家自然科学基金面上项目(81771464);上海市卫生健康委员会卫生行业临床研究专项项目(2020475);上海市浦东新区卫生系统学科带头人培养计划(PWRd2019-08);上海市浦东新区医学临床高原学科建设项目(PWYgy2018-10)。

原 生 家 庭

《母爱的羁绊》
作者：[美] 卡瑞尔·麦克布莱德 译者：于玲娜

爱来自父母，令人悲哀的是，伤害也往往来自父母，而这爱与伤害，总会被孩子继承下来。
作者找到一个独特的角度来考察母女关系中复杂的心理状态，读来平实、温暖却又发人深省，书中列举了大量女儿们的心声，令人心生同情。在帮助读者重塑健康人生的同时，还会起到激励作用。

《不被父母控制的人生：如何建立边界感，重获情感独立》
作者：[美] 琳赛·吉布森 译者：姜帆

已经成年的你，却有这样"情感不成熟的父母"吗？他们情绪极其不稳定，控制孩子的生活，逃避自己的责任，拒绝和疏远孩子……
本书帮助你突破父母的情感包围圈，建立边界感，重获情感独立。豆瓣8.8分高评经典作品《不成熟的父母》作者琳赛重磅新作。

《被忽视的孩子：如何克服童年的情感忽视》
作者：[美] 乔尼丝·韦布 克里斯蒂娜·穆塞洛 译者：王诗溢 李沁芸

"从小吃穿不愁、衣食无忧，我怎么就被父母给忽视了？"美国亚马逊畅销书，深度解读"童年情感忽视"的开创性作品，陪你走出情感真空，与世界重建联结。
本书运用大量案例、练习和技巧，帮助你在自己的生活中看到童年的缺失和伤痕，了解情绪的价值，陪伴你进行自我重建。

《超越原生家庭（原书第4版）》
作者：[美] 罗纳德·理查森 译者：牛振宇

所以，一切都是童年的错吗？全面深入解析原生家庭的心理学经典，全美热销几十万册，已更新至第4版！
本书的目的是揭示原生家庭内部运作机制，帮助你学会应对原生家庭影响的全新方法，摆脱过去原生家庭遗留的问题，从而让你在新家庭中过得更加幸福快乐，让你的下一代更加健康地生活和成长。

《不成熟的父母》
作者：[美] 琳赛·吉布森 译者：魏宁 况辉

有些父母是生理上的父母，心理上的孩子。不成熟父母问题专家琳赛·吉布森博士提供了丰富的真实案例和实用方法，帮助童年受伤的成年人认清自己生活痛苦的源头，发现自己真实的想法和感受，重建自己的性格、关系和生活；也帮助为人父母者审视自己的教养方法，学做更加成熟的家长，给孩子健康快乐的成长环境。

更多>>>　《拥抱你的内在小孩（珍藏版）》 作者：[美] 罗西·马奇-史密斯
　　　　《性格的陷阱：如何修补童年形成的性格缺陷》 作者：[美] 杰弗里·E.杨 珍妮特·S.克罗斯科
　　　　《为什么家庭会生病》 作者：陈发展